北京国家会计学院审计与风险管理研究所系列丛书

Typical Cases of Financial Shared Service Center in China

中国财务共享服务中心典型案例

张庆龙　聂兴凯　潘丽靖　主编

電子工業出版社
Publishing House of Electronics Industry
北京·BEIJING

图书在版编目（CIP）数据

中国财务共享服务中心典型案例 / 张庆龙，聂兴凯，潘丽靖主编. —北京：电子工业出版社，2016.7
ISBN 978-7-121-28794-7

Ⅰ. ①中… Ⅱ. ①张… ②聂… ③潘… Ⅲ. ①企业管理－财务管理－商业服务－案例－中国 Ⅳ. ①F279.23

中国版本图书馆 CIP 数据核字(2016)第 099813 号

策划编辑：尉　敏
责任编辑：李慧君　　文字编辑：杨振英
印　　刷：北京盛通数码印刷有限公司
装　　订：北京盛通数码印刷有限公司
出版发行：电子工业出版社
　　　　　北京市海淀区万寿路 173 信箱　邮编 100036
开　　本：720×1000　1/16　印张：21.5　字数：362 千字
版　　次：2016 年 7 月第 1 版
印　　次：2024 年 12 月第 23 次印刷
定　　价：58.00 元

凡所购买电子工业出版社图书有缺损问题，请向购买书店调换。若书店售缺，请与本社发行部联系，联系及邮购电话：（010）88254888，88258888。
质量投诉请发邮件至 zlts@phei.com.cn，盗版侵权举报请发邮件至 dbqq@phei.com.cn。
本书咨询联系方式：（010）88254199，sjb@phei.com.cn。

特别鸣谢以下咨询公司、案例单位、软件公司（排名不分先后）

ACCA

德勤管理咨询

安永管理咨询

久其软件

用友集团

金蝶集团

中兴通讯云服务有限公司

阳光保险集团财务共享服务中心

深圳平安综合金融服务有限公司

中国铁建财务共享服务中心

协鑫集团财务共享服务中心

国家开发银行财务共享服务中心

蒙牛集团财务共享服务中心

中交二航局财务共享服务中心

四川长虹财务共享服务中心

新奥集团财务共享服务中心

中国国旅集团有限公司财务共享服务中心

序言

当今世界已经迈入“互联网+”时代，习近平总书记提出要“让互联网发展成果惠及13亿中国人民”，“努力把我国建设成为网络强国”，为“互联网+”背景下的财务转型指明了方向。大数据、云计算等现代信息技术对会计核算和财务管理工作产生了重大影响，会计人员的职业生涯也将面临重新规划。

财政部等国家机关不仅在会计准则制定方面发挥着重要作用，还掌舵着当前财会领域管理方法和工具的最新动向。虽然有人认为财务共享服务属于企业集团个性化管理的范畴，不应当由政府部门以颁布法规的形式来推行，但是本书作者在研究和实践过程中发现，如果没有财政部和国务院国有资产监督管理委员会（简称国资委）等部门的大力宣传和推进，很多企业集团及其财务管理者甚至还不知道财务共享服务为何物。为此，财政部在《企业会计信息化工作规范》中提出：“分公司、子公司数量多、分布广的大型企业、企业集团应当探索利用信息技术促进会计工作的集中，逐步建立财务共享服务中心。”这一制度为我国大型企业集团建立和实施财务共享服务提供了重要的政策性依据。在《财政部关于全面推进管理会计体系建设的指导意见》中，财政部在要求企业推进面向管理会计的信息系统建设方面，提出“鼓励大型企业和企业集团充分利用专业化分工和信息技术优势，建立财务共享服务中心，加快会计职能从重核算到重管理决策的拓展，促进管理会计工作的有效开展”。并且，国资委早在《关于加强中央企业财务信息化工作的通知》中要求“具备条件的企业应当在集团层面探索开展会计集中核算和共享会计服务”。

目前来看，中国特色财务共享服务中心建设是我国企业加强企业集团管控能力的重要手段之一，而不是单纯的降低成本。企业集团可以采用人员管控、全面预算和资金集中管理等手段加强对下属分子公司的管控，加强集团整体风险管理水平，而财务共享服务中心建设与这些管控手段相辅相成。甚至可以说，如果没有财务共享服务中心作为基础，其他管控手段实施的效果也将大打折扣。财务共享服务中心建设通过掌握基层会计信息来掌握集团整体运作状况，而并非把基层事权集中起来，因而不会干涉下属分子公司的基本经营。当然，财务共享服务中心建设作为集团管控的手段，会影响部分人的利益，也会改变很多人的工作习惯，因此会遭受一定程度的企业内部力量的抵制。根据本书作者的经验和体会，只要根据本企业集团的实际情况切实推行，利大于弊的效果还是非常明显的。

我国在经济转型时期呼吁财务共享服务中心建设等集约型管理手段的大力推行。目前，我国企业集团普遍已从依靠“跑马圈地式”发展的初创期走向“拼成本”的成熟期。财务共享服务中心通过将大量分子公司的会计运营工作集中到一个或多个机构中，实行会计处理的规模化“生产”，可以大幅度降低运作成本。虽然建设财务共享服务中心需要购买服务器以及各种软件，投入成本可能比较大，但是根据本书作者的调研，绝大部分企业集团在财务共享服务中心建设方面的投入会在很短时间内收回。

财务会计向管理会计转型的前提是通过财务共享服务把会计人员从繁杂的核算中解放出来。传统的财务会计专注于核算，没有从管理会计分析和决策的角度设计各级会计科目，其结果是数据虽多而信息不足，导致财务会计和管理会计在支持经济决策方面发挥的作用远远不够。通过财务共享服务中心建设，可以将会计基础核算等低附加值的工作集中起来，基于流程再造和IT系统整合，最终提升会计核算业务的处理效率。财务共享服务中心可以为战略、经营决策提供重要的信息和分析，以支持更能为公司创造价值的管理会计活动。通过建立财务共享服务中心，企业可以提升会计核算处理的效率，降低成本，释放大量的财务会计人员。让他们从大量低附加值、重复、劳动密集型的基础核算工作中解脱出来，可以集中精力去从事所谓的业务型财务和战略型财务，从而实现财务与业务、战略的一体化，让管理会计真正落地实施，实现财务为企业增加价值的目标。集团公司能够随时获取各分子公司的财务经营结果，并基于财务共享服务中心产生的数据进行财务分析。财务共享服务能够实现企业内部信息的快速传输和有效交流,使企业财务流程和业务流程紧密联系起来，运转更为顺畅。

本书作为《财务转型始于财务共享》的姊妹篇，是在财政部《财务共享服务典型案例研究》重点课题的基础上扩充和完善而来的。本书作者自2014年7月起，先后在中兴通讯、阳光保险集团、四川长虹、中国铁建集团、华为集团、中国平安集团、国家开发银行、苏宁电器等多家大型企业集团调研其财务共享服务中心的建设和运行。在此基础上，作者又调研了协鑫集团、金蝶集团、中交二航局、蒙牛集团、新奥集团、中国国旅集团等，在获得上述企业集团授权的基础上编辑出版本书。

本书不仅把国内成功实施财务共享服务中心的案例纳入其中,还深入分析了典型案例的实施经验,并结合电子发票等新生管理手段展望未来财务共享服务中心的发展趋势，为企业集团实施财务共享服务中心建设提供建议，分析在建设和运行财务共享服务中心过程中存在的问题和应对策略。

如果您是已经建设财务共享服务中心的负责人或准备建设财务共享服务中心的大型企业、企业集团、跨国公司财务负责人和信息部门管理者，或者您作为政府部门管理者希望通过建设财务共享服务中心加强对行政事业单位的财务管控,或者您是高校从事财务管理和管理会计教学的教师或其他致力于了解和研究财务共享服务的有识之士,本书将为您提供案例借鉴和经验总结方面的帮助。

本书是由张庆龙教授、聂兴凯副研究员领衔的北京国家会计学院审计与风险管理团队根据财政部2014年的课题改编完成的。由于本书作者水平有限，错误之处还望您指出，以便后续出版改进优化。联系邮箱：zhangql@mail.nai.edu.cn。

本书编写组

2016年4月

目录

第一篇　财务共享服务概述

第二篇　基于问卷调查的中国财务共享服务现状分析

第一篇

财务共享服务概述

第一章

财务共享服务中心建设的必要性

一、什么是财务共享服务

（一）国外企业和学者的认识

财务共享服务源于共享服务的理念。共享服务最早由 Robert Gunn 等人在 1993 年首先提出，他们认为所谓共享的核心就是在于提供服务时共享组织的成员和技术等资源，使得公司能从分散管理中取得竞争优势的一种新的管理理念。作为共享服务研究的主要奠基人，Barbara E. Quinn 在 *Shared Services：Mining for Corporate Gold* 一书中提到：共享服务是一项商业经营，其理念是“以顾客为中心+服务收费=商业”，这一理念准确地概括了共享服务的核心思想。哈佛教授 Bergeron Bryan 在《共享服务精要》中指出，共享服务作为一种创新理念和一个协助企业成长的平台，所涵盖的内容往往从最常见的财务服务领域延伸至信息技术、人力资源和采购等领域。在今天复杂的商业环境中，即使你没有使用共享服务，但也可能正在服务于某个运用这种模式的公司或正在享受运用这种模式的公司所提供的服务。

从国外共享服务的研究发展看，在 1993 年之后的几年间，已经逐步明确了共享服务是作为一个独立的组织实体，通过整合或合并公司各项业务并进行重新集中配置，从而为公司各业务单元提供服务，依据正式或非正式的契约即服务水平协议收取费用的服务活动。

（二）基于国内实践的认识

我国学者关于共享服务的专门研究并不多见，主要成果集中在财务领域，并且起步较晚。其中比较有代表性的观点包括：

张瑞君、陈虎等（2008）认为："共享服务是跨国企业集团一种新的管理模式，可以显著降低集团日常事务的处理成本，提高效率，并支持企业集团战略有效执行，因此共享服务模式得到了理论界和实务界的广泛关注。所谓财务共享服务是在财务组织深度变革基础上所建立的管理模式。企业组织将独立核算的财务组织进行剥离或依托于法人单位的财务组织，使得分支公司的财务组织合并划归到共享服务中心，由共享财务服务中心承担全集团成员单位简单的、重复的、共同的、标准化的业务，从而实现财务集中管理和核算。"①

陈虎、董皓（2009）指出，"财务共享服务是通过一个或多个地点对人员、技术和流程的有效整合，实现公司内各流程标准化和精简化的一种创新手段"。②

此外，我们搜索了中国知网数据库。可以看到，从2009年开始，对于该领域的学术研究逐渐增多，但从成果的数量和质量来看，还有很多欠缺，更是没有引起学术界广泛的研究兴趣。究其原因还是来自科研成果评价机制：财务共享服务中心建设是实践性非常强的领域，如果以此为主题发表文章，则很难在以实证研究为导向的国外期刊发表。而实务界专注于研究在本行业和本企业践行财务共享的特殊难题，很难有时间总结财务共享在实施中的共性问题。

本书的作者来自北京国家会计学院，侧重理论与实践的结合，期望通过实践调查研究了解我国目前已经开展的财务共享服务的现状与存在的问题，总结成功的案例模式，提出有价值的政策建议，以期为财政部下一步制定相关制度提供第一手的参考资料，为我国企业集团财务共享服务中心的实践提供经验借鉴。

本书作者自2014年7月起，先后将中兴通讯、阳光保险集团、四川长虹、中国铁建集团、华为集团、中国平安集团、国家开发银行、苏宁电器等多家企业作为调研对象，开展了典型案例的实地调研活动，完成了财政部《财务共享服务典型案例研究》重点课题。在此基础上，作者又调研了协鑫集团、金蝶集团、中交

① 张瑞君，陈虎，胡耀光，常艳. 财务共享服务模式研究及实践[J]. 管理案例研究与评论，2008（6）.

② 张瑞君，张永冀. 构建财务共享服务模式的策略[J]. 财务与会计，2008（7）.

二航局、蒙牛集团、新奥集团、中国国旅集团等，进一步充实了财务共享服务中心建设案例的涵盖行业，增强了本书的适用范围。

综合共享服务的基本理念及国内对于财务共享服务概念的论述，我们认为，财务共享服务是指将企业集团大量重复、易于实现标准化、流程化的会计核算从分散的业务部门抽出，集中到一个新的独立运营的业务单元（财务共享服务中心）进行流程再造、标准化、集中处理，以达到提升业务处理效率，进而降低成本、加强管控、提升客户满意度、创造价值的目的，最终提升集团整体财务管理水平的一种作业管理模式。

二、财务共享服务中心建设的时代必然性

财务共享服务中心需要建立强大的网络系统，需要强大的企业信息系统作为 IT 平台，只有利用现代的 IT 技术，才能使企业集团的财务共享服务真正落到实处。当前，我国正处于“互联网+”和“大数据”的变革时代，如此，会计集中核算平台升级为财务共享服务中心就有了技术基础，而当前电子发票制度的实施更为财务共享服务中心的落地实施创造了可能。

（一）国家政策要求

2013 年 12 月 6 日，财政部印发《企业会计信息化工作规范》。其中，第三十四条规定：“分公司、子公司数量多、分布广的大型企业、企业集团应当探索利用信息技术促进会计工作的集中，逐步建立财务共享服务中心。”这一制度为我国大型企业集团建立和实施财务共享服务提供了重要的政策依据。财政部在 2014 年颁布的《财政部关于全面推进管理会计体系建设的指导意见》中，要求企业推进面向管理会计的信息系统建设方面，提出“鼓励大型企业和企业集团充分利用专业化分工和信息技术优势，建立财务共享服务中心，加快会计职能从重核算到重管理决策的拓展，促进管理会计工作的有效开展”。国务院国有资产监督管理委员会（简称国资委）早在《关于加强中央企业财务信息化工作的通知》中要求“具备条件的企业应当在集团层面探索开展会计集中核算和共享会计服务”。而对于如何开展财务共享服务中心建设，所要达到的标准是什么？财务共享服务中心的适用范围是什么？财政部作为实施会计监管的政府部门，其在推动财务共享服务中心建

设中的角色和定位是什么？这些问题随着这一制度的出台基本得到解决，但后续的相关规定还没有具体的说法或提法，需要我们先总结实践中的经验，进行理论的探索，为下一步财务共享服务中心工作的开展奠定基础。

虽然财务共享服务中心建设强调“标准化”，但在不同行业的企业集团落地过程中，其行业特征决定了其实施路径存在很大差异（特别是有些行业对财务共享相关的资金管理有特殊要求），国家简政放权的改革方向决定了政策层面不可能提供现成的解决方案，所以本书就成为财务共享政策实现的有用工具。

（二）财务会计转型要求

传统的财务会计专注于会计核算，但是财务会计不应当仅限于此，在“有助于财务会计报告使用者做出经济决策”③方面发挥的作用还远远不够，管理决策过程中财务人员与经营管理者之间的沟通不畅是常见现象，更不要说真正发挥管理层智囊的作用。通过财务共享服务中心建设，促进大部分传统核算性财务人员实现转型，管理会计才能具备实现的条件，才能推动企业建立、完善现代企业制度，实现管理升级，增强核心竞争力和价值创造力，进而促进经济转型升级，④真正实现会计目标。

从财务会计转型到管理会计，是当前我国会计领域变革的重大趋势。对于大型企业、企业集团来说，通过建立财务共享服务中心的方式，可以将会计基础核算等低附加值的作业劳动集中起来，基于流程再造和IT系统整合，可以最终提升会计核算业务处理效率。在巩固财务会计基础、加强管控的同时，作为后台服务的财务共享服务中心，可以为战略、经营决策提供重要的信息和分析，以支持更能为公司创造价值的管理会计活动。通过建立财务共享服务中心，企业不仅提升了会计核算处理的效率，降低了成本，加强了管控，更为重要的是，通过建设财务共享服务中心，企业会释放大量的财务会计人员，让他们从大量低附加值、重复、劳动力密集型的基础核算工作中解脱出来，从而集中精力去从事所谓的业务型财务和战略型财务，实现财务与业务、战略的一体化，让管理会计真正落地实施，实现财务为企业增加价值的目标。

---

③《企业会计准则——基本准则》对财务会计报告目标的规定对于财务转型是有导向性作用的。

④ 余蔚平：《全面发展中国特色管理会计 加快推进我国经济转型升级》，2014年11月26日在《关于全面推进管理会计体系建设的指导意见》发布会上的讲话，来源：财政部会计司网站。

（三）企业集团实践要求

共享服务（不仅限于财务共享）自20世纪80年代，由美国通用、福特等大型制造业企业集团提出后，经过30年的发展，已经被广泛应用于企业运营管理中。虽然我国已经出现了中兴通讯、阳光保险集团、四川长虹、中国平安、华为集团、海尔集团、协鑫集团、蒙牛集团、金蝶集团、中国电信、中国网通、苏宁电器等一大批较早实践财务共享服务的大型企业集团，甚至随后又出现了中铁建集团、国家开发银行、中国海油、中华保险集团等企业集团进一步的广泛尝试和实施，但是，对于中国大多数的企业和企业集团来说，财务共享服务还是一件新鲜事。

从宏观视角来看，我国经历了快速发展的30年，未来依靠内涵式发展实现经济结构调整将成为主流。从微观视角来看，我国企业集团也普遍从依靠跑马圈地式发展的初创期走向拼成本的成熟期。企业集团一旦进入成熟期，或者经济处于下行趋势，或者开展全球运作，必将面临收入增长缓慢、成本持续增加、对分子公司管控不力等突出问题。财务共享服务中心通过将大量分子公司的会计运营工作集中到一个或多个机构中，实行会计处理的规模化“生产”，从而大幅度降低运作成本。财务共享服务中心的出现，还为集团管控水平的改进提供了一个很好的平台和工具。集团公司能够随时获取各分子公司的财务经营结果，并基于财务共享服务中心产生的数据进行财务分析。财务共享服务能够实现企业内部信息的快速传输和有效交流，使企业财务流程和业务流程紧密联系起来，运转更为顺畅。

财务共享服务特别针对走出去的企业集团具有重要的实践意义。尤其是随着我国“一带一路”战略的实施，越来越多的企业集团走出国门，其财务管理的水平将直接影响企业战略目标的实现。建设财务共享服务中心之前，集团公司分散在全球各地业务单位的业务处理标准不同，财务管理人员要求不同，管理方式、管理规则不统一等问题给企业管理尤其是跨国公司的管理带来了很多难题。财务共享服务中心的建设可以将会计核算职能集中到共享服务中心处理，有利于集团公司内部业务的及时调整和新业务全球发展的推动，对新增加的业务单位只需派遣少量的财务管理人员，在成本约束下有效地控制机构和人员数量。通过财务共享服务中心高效、标准的管理服务，加速集团公司战略目的的达成。

三、会计集中核算向财务共享转型的必要性

（一）会计集中核算与财务共享的总体差异

很多国内企业集团（甚至包含一些事业单位）为了加强对下属单位的管控，在会计管理中采用了会计集中核算。很多人在刚刚接触财务共享服务这个概念时容易把二者混为一谈，其原因在于会计集中核算和财务共享服务都是将分散的资源和业务集中在一起，都存在启动成本和人员的转移。同时我们还要看到，财务共享服务与会计集中核算之间还是存在很多差异的，或者说财务共享服务是会计集中核算的高级阶段。也许有读者会问：既然二者是同一事物的不同发展阶段，难道一定要对二者进行严格区分吗？如果您考虑到人类是从类人猿发展而来，但是二者又有本质区别，这个问题就很容易理解了。会计集中核算与财务共享服务的区别如表 1-1 所示。

表 1-1 会计集中核算与财务共享服务的区别

会计集中核算	财务共享服务
一种企业战略	一种商业经营
注重集中控制、降低成本	降低成本、提高效率、标准化、资源整合
原流程、标准不变	一致的标准、流程、系统和模式
简单集中	关注流程优化与流程再造
向管理层负责	以顾客需求为中心
事务处理者	服务提供者
业务单元无选择权	客户有选择权
业务单位不参与监督	客户可参与服务质量的监督
一般设在总部	地点选择与总部无关

资料来源：陈虎，董皓. 财务共享服务[M]. 北京：中国财政经济出版社，2009.

（二）会计集中核算与财务共享的具体差异

1. 侧重点方面的差异

会计集中核算是企业的一种经营战略，其侧重于资源的集中管理、控制和成

本降低。而财务共享服务是将企业分散进行的重复性、同质性、易于标准化、低附加值的业务活动整合到财务共享服务中心来处理，以减少大量业务部门重复性工作，从而促进企业集中精力和时间专注于高增值的核心业务，增强企业竞争力。财务共享服务是一种商业经营策略，它需要根据市场和服务协议向客户提供专业化服务，并通过服务收费来弥补成本，其目标是提高效率、降低成本、加强管控和提高顾客服务的满意度。对比而言，会计集中核算没有选择性，是强制性的。而财务共享服务是一种商业经营行为，其运作活动必须以顾客需求为导向，通过与客户签订服务水平协议，明确服务的内容、期限、质量等，必须要想顾客之所想，向顾客提供及时有效、质优价廉的服务，以便与其他服务供应商竞争。如果共享服务中心不能提供更高的服务质量或更低廉的服务成本，不能满足客户要求，客户有权选择其他供应商以获得更高质量、更高效率、更低成本的服务。因此，客户的满意度直接影响合同是否续约；而集中化仅对企业的高级管理层负责，业务部门除了将业务交给他们处理之外没有其他选择，因此不需要与外部服务供应商竞争，没有失去客户的压力。

2. 服务成本和质量监督方面的差异

在财务共享服务中心模式下，业务部门或外部客户参与对共享服务中心的监督，财务共享服务中心对其提供的服务成本和质量都承担责任。而在会计集中核算化管理的模式下，业务部门则无权参与对服务质量和成本的监管。

3. 办公地点选择方面的差异

在办公地点的选择上，财务共享服务中心考虑到业务的特点和要求、成本节约、运作灵活和雇员态度等因素，一般会选择成本较低的地区，而不一定会选择在企业总部所在地；而会计集中核算化管理则为了方便集中管理和控制，通常设在企业总部。同时，两者对发展方向的关注点也是不同的。实施会计集中核算的企业对未来的发展主要是面向企业集团内部进行拓展，强调业务的可靠性和稳定性，对于规模的扩张和营利性的要求并不突出。而财务共享服务对未来的发展则更多关注于业务的拓展，这种拓展包括企业集团的内部业务及外部业务。因为，财务共享服务中心未来将成为独立运营的利润中心（可独立外包），并将营利作为其首要考虑的发展因素。正因为会计集中核算更关注控制，而财务共享更关注成本节约与优化服务，主导意图的差别使两者在做法上也各有所重。例如，会计集中核算规定成员单位不得开设账户、会计审核尽量看到原始凭据，财务共享运作则允许但不强求这些。财务共享需对人员工作定量与服务标准做出规定，要求机构选址前有可行性论证，会计集中核算则很少提到。

（三）从会计核算走向财务共享服务的必要性

基于以上分析，我们会发现，会计集中核算缺乏后期财务共享服务中心所进行的持续流程优化和全面的运营管理优势，其未来创造价值的能力将远远落后于财务共享服务中心。尤其是，信息化改造后财务共享服务所增加的客户越多，越能够凸显规模经济所带来的成本降低优势，这恰恰是财务共享服务的生命力所在。当然，也必须承认，目前我国许多企业集团构建财务共享服务中心，严格来说还停留在会计集中核算阶段，还没有实现真正的财务共享服务中心，更没有显示出财务共享服务中心的优势。虽然会计集中核算也保证了会计记录和报告的规范、结构统一，但它并不能够解决大型集团公司财务职能建设中的重复投入和效率低下的弊端。财务共享服务中心更容易做到跨地域、跨部门整合数据，加强财务分析，使得财务会计与管理会计的分离、业财一体化的实现成为可能。财务共享服务中心的服务优势使得更多财务人员从会计核算中解脱出来，能够为公司业务部门的经营管理和高层领导的战略决策提供高质量的财务决策支持，促进核心业务发展，支持企业集团的发展战略。

第二章

财务共享服务中心建设要点

一、财务共享服务中心的模式类型选择

了解财务共享服务中心的模式类型，有助于企业集团确定适合自身发展需求的财务共享服务模式，是建立有效的财务共享的关键。

（一）按照财务共享服务中心的建设目的进行分类

依据企业发展的战略定位，从财务共享服务中心的建设目的出发，可以分为成本节约型、管控型、成本节约与管控结合型三种。

1. 成本节约型财务共享服务中心

成本节约型财务共享服务中心的主要建设目的是在确保企业持续有效运行的情况下，最大限度地降低企业的财务运作成本。该类财务共享服务中心纳入范围的业务多为劳动密集型、发生频率高的会计核算业务，侧重实现会计集中化核算；然后通过不断优化业务流程，提高会计业务处理质量和效率，保证集团内部会计核算工作的标准化和规范化，逐步释放规模效应，降低财务人员人力成本，提高财务核算水平与效率。从建设阶段来说，其往往是初期财务共享服务中心建设的目标。尤其对于新设的业务单元，会计核算成本的降低尤为明显，财务共享服务中心的规模效应会因为不断增加业务单元而凸显，因为它不需要再设置所谓的会计核算岗位。本类型财务共享服务中心适用于不断进行业务扩张、处于发展中的在全国乃至全球范围内具有同质业务的企业集团。

2. **管控型财务共享服务中心**

管控型财务共享服务中心的建设目的是将其作为企业集团管理控制的一项重要手段。其核心理念认为，管理的核心在于控制，控制的核心在于会计控制。其希望通过财务共享服务中心的集中管控功能在会计控制领域实现规范化、流程化、标准化，然后以此去带动业务的流程化、标准化，实现集团公司对于分子公司管控的目标。这种模式下的财务部门往往是强势部门，其强势来自高级管理层对于财务工作的重视。通过财务共享服务中心的流程再造，有利于整合财务管理和风险管理资源，对集团下属公司实施财务全程化管控，为集团战略制定提供高质量财务决策支持、促进核心业务发展，实现集团对其下属企业或部门的实时监测，提高集团的综合掌控能力，从而有效支撑企业集团的发展战略。对于以管控为主要建设目的的企业集团，通常是已经处于成熟期，业务类型多元化，重组、并购、变革频繁，并且已经实现全国乃至全球运营的企业集团。

3. **成本节约与管控结合型财务共享服务中心**

单纯的成本节约或管控，都不能充分发挥财务共享服务中心的全部优势，因此更多的公司采用了成本节约与管控结合模式。它结合了前两种模式的优势，以企业战略发展为依托，在释放规模效益、节约成本的同时发挥整体管控作用，建立从基础核算、预算管控到决策分析的全方位财务管理。它可以有效提升企业整体管理水平，为企业发展和持续管理优化提供全面支持。

（二）按照财务共享服务中心的运作形式进行分类

按照财务共享服务的运作形式来划分，财务共享服务中心主要包括四种模式：基本模式、市场模式、高级市场模式与独立经营模式。依据财务共享服务中心的发展趋势，四种模式呈现出递进的关系（见图 2-1）。

1. **基本模式**

该种模式下的财务共享服务中心定位为企业内部的一个职能中心，主要为企业内部业务单元提供跨组织、跨地区的专业支持服务，如基础会计核算、出具财务报表、进行财务信息的数据加工等。这时候的财务共享服务中心的建立，大多通过合并和整合日常事务性会计核算处理工作和资金交易活动，实现规模经济并消除冗余，最终以降低成本和流程规范化、标准化为目标。这种模式下的财务共享主要强调标准化的流程、灵活化的组织、专门化的分工和核心化的能力。

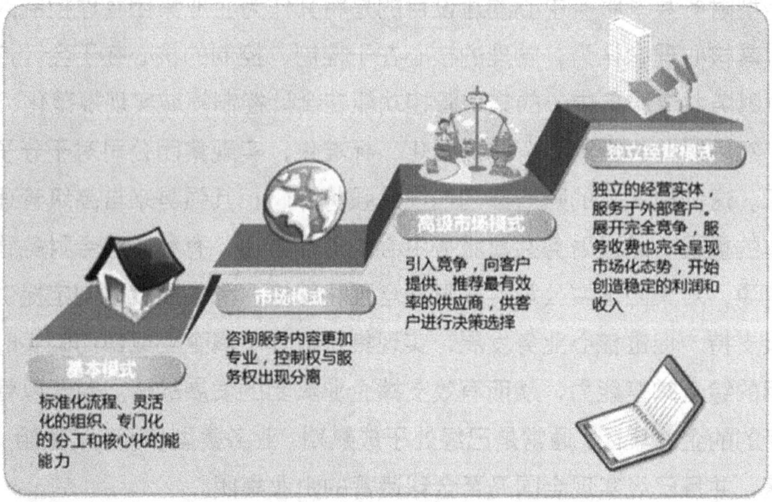

图 2-1　财务共享服务中心四种模式演进

2. 市场模式与高级市场模式

市场模式是在基本模式基础上进一步发展起来的，它摆脱了内部职能部门的定位，强调财务共享服务中心独立运营责任主体的地位。作为虚拟的经营单位，该模式下服务不再是托管式的，决策权由接受服务的客户全面掌握。财务共享需要不断提升自身服务质量、优化流程、加强沟通，根据确定的服务流程与标准提供服务，提升自身服务的专业化。除此之外，财务共享服务中心还需要基于基础信息提供更为专业的顾问和决策咨询服务。

高级市场模式的外向型特征更加明显，它使得财务共享服务中心面临更多的外部竞争，服务的客户存在更大的自主权，他们可以在现存的两个以上的共享服务机构中进行选择。如果他们认为内部共享服务机构的服务数量或质量难以满足需求，则可以自由更换，甚至从外部购买自己所需要的服务。可见，高级市场模式的目的是引入竞争，向客户提供、推荐最有效率的供应商，供客户进行决策选择，最终有利于提升内部财务共享服务中心的服务质量。

3. 独立经营模式

独立经营模式是财务共享服务中心模式发展的最高阶段，其特征主要体现在

"独立"二字上。这种模式下的财务共享服务中心是作为独立的经营实体来运作的，其定位是外部服务提供商。它不仅向企业内部客户提供产品和服务，而且还服务于外部客户。该模式下，财务共享服务中心凭借其专业技能、技术及知识与第三方外部服务机构、外部咨询机构等展开完全竞争，服务收费也完全呈现出市场化态势。由于完全没有来自投资企业的先天庇护，迫使这种类型的财务共享服务中心创造稳定的收入和利润，并且不断提供服务与产品的升级或更新，以便吸引更多的新客户，维持老客户，从而不断发展壮大。这时的财务共享服务中心已经从过去的成本中心转型为价值创造中心。

目前来看，我国大多数财务共享服务中心的运作形式采用了基本模式和市场模式两种。从一些跨国公司成熟财务共享服务中心的经验来看，其大多也是从一个企业的内部服务单位发展而来的。案例研究表明，模式的选择是个复杂的过程，必须从企业自身的文化特征、所处生命周期、公司治理特征、战略定位等因素出发，选择适合自身现状及企业整体发展的运行模式。

二、财务共享服务中心的业务范围

典型案例的研究表明，在纳入业务范围这一问题的考虑上，大多数企业在初期本着简单易行、平稳可控的原则，权衡成本效益，将最易于标准化、低附加值、非核心业务、业务量大且重复性高、可自动化、容易见效的会计基础核算业务纳入财务共享服务中心的业务范围。一般来说，下列业务属于最早纳入财务共享服务中心的业务范围：① 应收账款管理；② 应付账款管理；③ 费用管理（报销）；④ 总账及明细账管理；⑤ 资金管理；⑥ 资产管理等。对于个性化较强的业务，建设初期一般不纳入共享服务中心的业务范围。当然，随着财务共享服务中心运营管理的不断成熟、专业水平的持续提升、技术手段的优化升级，原本留在本地的很多专业程度较高、难以标准化的工作未来也可能会越来越多地被纳入共享服务中心的业务范围，如财务报表编制、财务分析、税务管理等。纳入财务共享服务中心的业务范围体现了不同的企业对于自身的战略发展规划及财务共享服务中心定位的考虑。例如，部分企业会考虑将高附加价值的个别内容纳入财务共享服务中心，主要原因在于它们与交易性内容的联系较为紧密，存在前后端的关系，更容易被标准化。例如，差旅费管理、风险管理等。但是，与管理决策相关性较强或涉及商业秘密的内容，以及涉及政策法规和专业性强的内容，企业通常不会纳入财务共享服务中心的业务范围。

需要指出的是，有些企业将资金管理纳入了财务共享服务中心的业务范畴。通常包括：① 账户管理，即账户的开设、日常维护和使用、变更、撤销、用途管理等；② 资金内部结算，即资金的归集管理、上划下拨、头寸管理等；③ 资金外部结算，即资金外部结算交易管理、资金交易平台的搭建及日常管理等；④ 资金信息分析，即通过企业资金系统与银行系统直联或与第三方支付公司系统对接集中资金信息，实现对资金信息的实时监控，加强对资金流入、流出规律分析、运营资本效率分析、收入回现分析、流动性风险分析等；⑤ 资金风险管控，即通过对资金流动的动态监控，实时掌握各级账户和资金流入、流出信息，对账户开设和大额资金流动进行动态监控，降低资金风险；⑥ 资金报表管理，即通过企业资金系统与财务系统的对接，实现自动对账和生成会计凭证，并编制资金余额调节表等资金报表；⑦ 其他资金管理，即资金相关制度管理、资金印章管理等。即便是资金管理，其内容还主要集中在资金流动性管理上。对于已经实现将资金管理纳入财务共享服务中心业务范围、在未来出于对资金管理重要性的认识、单独成立财资管理部或企业司库部门进行运作的企业集团来说，财务共享服务中心则更多地发挥了支付工厂的作用，这将大大提升资金管理的运作效率与服务质量，并且降低资金管理的成本。

三、财务共享服务中心的适用范围

是否所有的企业或企业集团都适合采用财务共享服务中心运作模式？回答当然是否定的。从公司规模上来说，财务共享服务主要适用于大型的跨国企业、跨地域企业或企业集团。因为这些类型的企业或企业集团规模、体量通常比较大，如果将各业务单位的非核心业务整合到财务共享服务中心，可以大大减少业务人员数量，降低人力资源成本；与此同时，各业务单位的非核心业务整合后有利于快速统一服务标准、行为方式、业务规则等，继而大大提高运营效率和标准化程度，形成规模经济，从而间接降低企业成本。否则，财务共享服务中心难以体现其规模经济效应。

当然，财务共享服务中心还可适用于那些重组、并购、变革比较频繁的企业。

财务共享服务中心将企业的财务后台支撑业务都整合到共享服务中心集中处理，当企业建立新业务、扩大规模时不必考虑为新业务、新业务单元建立财务等支撑性职能。这样既可以大大降低管控难度，又可以促进新业务的快速整合。在跨地域或跨国经营中，高成本区域的财务雇员多于低成本区域的雇员、财务交易频繁、会计核算占整个财务人员比例明显偏高的企业适合开展财务共享服务中心运营模式。企业集团必须考察自身实际情况，认真评估成本与收益，正视可能存在的风险，精心组织、稳步推进，才能实现战略目标。

当然，这也并不意味着中小集团公司不能采用这种组织运营形式并从中获益。只要一个公司拥有多重业务，并且每个业务单元都需要建立各自的财务体系，那它就可以尝试推行财务共享服务中心的建设。

从已经实施财务共享服务的行业来看，电信、旅游、运输及物流、零售及餐饮行业采用财务共享服务的比例最高；软件及高科技、能源及化工、物业行业采用财务共享的比例最低；医药及生命科学、消费包装品及制造业、银行、金融服务、保险行业处于中间比例。

四、财务共享服务中心的办公选址

据不完全统计，我国境内已有超过 450 家财务共享服务中心，并且涵盖了各行各业。从布局上看，大部分财务共享服务中心选址在大城市或周边地区，其中包括上海、北京、广州、深圳、大连、成都、西安和武汉。这些城市凭借自身的资源禀赋分别在教育资源丰富性、服务辐射性、行业代表性等三个方面呈现出各自的特色。例如，从教育资源丰富及降低人力资源成本的角度上来说，成都、武汉、西安是不错的城市选择；从服务辐射区域来看，全球性的财务共享服务中心大多布局上海，大连则在服务东北亚地区市场有较明显优势，而深圳在服务东南亚市场有较大优势；从行业角度来说，财务共享服务中心地址的选择大多呈现出与本地优势行业紧密关联的特点，如上海在金融业共享服务中心拥有量上占有绝对优势，而苏州在制造业上拥有优势。

从典型案例的经验分析来看，比较常见的是总部式选址，即将财务共享服务中心建设在集团总部所在城市，其目的主要是加强集团管控，这在财务共享服务中心建设初期较为常见。其实，将财务共享服务中心的办公选址设立在哪个国家或城市是一个相当复杂的问题，需要考虑许多因素并在这些因素之间进行权衡。一旦决策失误，它将直接影响到共享服务的优势发挥、投资报酬率及业务执行的整体效果。

具体来说，财务共享服务中心的选址可以从城市环境因素和公司内部因素两个层面进行考察，如图 2-2 所示。

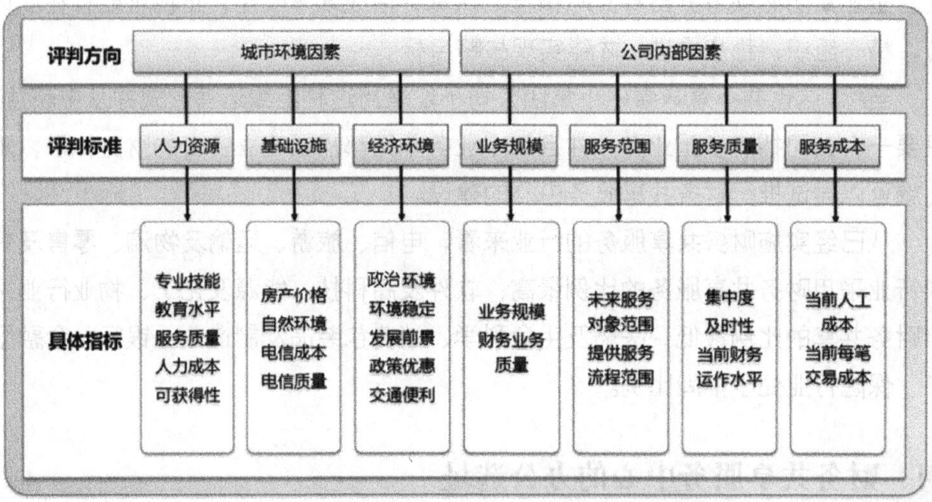

图 2-2 财务共享服务中心选址考虑因素

值得注意的是，财务共享服务中心进行一次选址后，并不是一成不变的，很可能会随着外部环境和公司业务的变化，进行二次选址。例如，中兴通讯财务共享服务中心在深圳运行两年后，重新启动了二次选址。为了选择合适的地点，中兴通讯展开了对 17 个城市的对比调查。在成都和西安之间最终选择在西安。其主要原因有：丰富的教育资源、中国电信骨干网八大节点城市之一、生活的幸福指数相对较高、当地大学教育资源丰富且成本不高。同时，中兴通讯将在西安建设其在国内最大的研发生产基地，这也是中兴通讯财务共享服务中心选址西安的重要原因。此外，中国平安考虑到灾备、成本、人才供给等问题，在上海、成都等多个不同的城市构建后援中心。阳光保险集团也出于灾备和成本的考虑，在北京和成都分别构建了两个财务共享服务中心。

对于跨国公司而言，设置一个财务共享服务中心显然很难满足全球的时区差异、语言差异和文化差异，而打破大区划分的管理界限也并非容易之事。在发生灾难之时，一个财务共享服务中心又会因为没有备份体系使得全球流程陷入瘫痪。因此，跨国公司往往会布局两个以上的财务共享服务中心，彼此之间在时间和地域上互为补充。采用多个财务共享服务中心时，往往会考虑区域差异和职责差异。同时，具体地点的选择还要考虑经济因素、成本因素、战略因素和人才素质因素等。其中，成本是很重要的因素，一般包括劳动力成本、通信成本和物业成本等。

第二篇

基于问卷调查的中国财务共享服务现状分析

第三章

ACCA与德勤管理咨询中国企业财务共享服务现状调研报告（2013）

2013 年，特许公认会计师协会（the Association of Chartered Certified Accountants, ACCA）与德勤管理咨询[①]共同完成了关于中国财务共享服务中心[②]现状的调研报告，首次从财务共享服务中心的建设目标、业务范围、选择等方面做了详细说明和分析。

一、调研背景

共享服务起源于 20 世纪 80 年代，由美国通用、福特等大型制造业企业集团提出。通过把内部不同的事业单元之间相同的、重复设置的财务流程集中到独立的共享服务中心处理，借助规模效益推动效率的提升和成本的节约。在之后的 30

① 本章内容来自 ACCA 和德勤管理咨询的调研报告，作者进行微调，在此对德勤管理咨询和 ACCA 表示感谢。

② 本调研所称财务共享服务是作为广义范畴的财务共享服务的概念来定义的，但是当分开使用时，财务共享服务仅指狭义范畴的概念。广义范畴的财务共享服务、狭义范畴的财务共享服务、外包和混合模式的定义如下。a. 财务共享服务（广义）具体包含财务共享服务（狭义，指企业自建的财务共享服务能力）、外包、共享服务自建和外包的混合模式。b. 财务共享服务（狭义）指企业内部运作的财务共享服务，不包含任何形式的服务外包。c. 外包指财务服务外包，即将选定的财务工作流程外包给外包服务提供商的财务职能运营模式。d. 混合模式指财务共享服务（狭义）和外包混合使用的财务共享服务模式。背景、要点和结论部分所称财务共享服务术语是指广义范畴的概念，其他部分使用的则是狭义范畴的概念。

年间，随着共享理念和实践应用的进一步发展，依托信息化手段的提升，共享模式也被广泛应用于世界各地不同行业的企业集团的财务、信息技术、人力资源等综合职能部门，并成为一种行之有效的职能运营模式。ACCA 在 2012 年年初，就做了一个全球调研［*Finance Leaders on Sourcing Success*（ACCA，2012），简称全球调研］，探索财务高管对采用财务共享服务的实施情况。

在中国，由于市场经济开放时间晚，企业集团普遍地域跨度广，加之不同地域之间的政策法规、文化乃至商业习惯差异较大，导致共享服务实施难度较大，即使在一些潜在规模经济效益极大的超大型企业集团中也很少应用。但最近的五年内，随着全球经济一体化、监管政策的趋同及信息化的高度发展，越来越多中国企业开始实施或规划财务共享服务中心的建设。因此 ACCA 与德勤管理咨询共同展开此次调研，对不同行业、不同规模、不同共享经验的中国企业集团财务管理者进行问卷调研及访谈，基于他们对财务共享理念及实践的认识，归纳总结并分享。

ACCA 与德勤管理咨询在 2012 年年底向位于中国大陆及香港特别行政区的首席财务官、财务总监及财务共享服务中心负责人等财务高管发出调研问卷，探索在中国企业（中国大陆企业及香港企业）中所采用的财务共享服务战略。调研收回了 249 份有效问卷，同时在调研过程中与四家实施财务共享服务的企业财务高管进行了深入访谈。受访企业都是在财务共享服务领域领先实践的企业，它们有着复杂的业务范围、广阔的地域覆盖，在实施财务共享服务中心方面有超过五年的经验，而服务中心的涵盖范围亦很广泛。此次调研清楚描述了中国企业实施财务共享服务的现状和成熟度，同时明确勾勒出中国财务共享服务的通行模式、常见问题及挑战，更分享了中国企业的领先实践。

从调研的结果来看，中国企业开始实施财务共享服务的比例已经接近一半。这表明中国企业对财务共享服务的关注度已经较高，同时它们对财务共享服务所能带来的财务转型及财务能力提升都有较为明确的认知和期待。

中国企业的关注点更侧重于财务共享服务在整合和推广标准的财务管理流程、支持核心业务、增强运营效率等方面所发挥的成效，期望通过实施财务共享服务提升整体的财务管理能力。

二、调研关注要点

（一）财务共享服务范围仍集中在交易性业务流程

中国企业在财务转型与集中管理的过程中，把财务共享服务涵盖的重点集中在重复性的、容易标准化的、交易量比较高的交易性流程，如应收账款、应付账款、总账和报表、员工薪酬、费用报销等，显示它们十分关注流程集中管理所带来的效益。和全球调研结果类似，中国企业仍然选择将大多数高价值流程保留在总部财务和业务财务部门管理，而不是放到财务共享服务中去。

（二）建设财务共享服务中心的首要目标是促进标准化和能力提升

调研显示，中国企业采用财务共享服务最为看重的业务目标主要集中在提升财务部门能力、转型到标准/预先设定的财务流程（如应付账款/员工薪酬）及降低财务成本。而先前的全球调研显示，提升效率、降低财务成本和提升总体业绩是受调研企业利用财务共享服务的前三大目标。

（三）财务共享服务中心选址青睐成熟地区

有91%的受调研企业选择将财务共享服务中心设立在有成熟的共享服务中心集中的城市和公司总部所处的城市。与此同时，受访企业均表示在财务共享服务中心选址时需要同时衡量并平衡多种因素。例如，是否有很多成熟的财务共享服务中心，是否靠近集团总部以及人才成本、所在城市人才池丰富程度如何等。

（四）财务共享服务在梳理标准流程、提升服务质量方面取得了很好的成效

调研显示，中国企业在改变工作流程、迎接信息技术挑战、达到约定服务水平/流程效率及达成财务目标等四方面较好或很好地解决了挑战。而先前的全球调研显示，前三位比较好解决的挑战分别为改变工作流程、治理有效性和变革管理。

（五）依赖财务绩效仪表盘衡量财务共享服务成果，促进财务绩效持续提升

与先前的全球调研结果类似，中国企业衡量财务共享服务成果时十分依赖财

务绩效仪表盘、内部领先实践对标及客户满意度调研等传统的绩效监测工具。而相比全球调研结果，中国受调研企业更加注重全球最佳实践的借鉴与吸收，无论是实施全面治理流程，还是采用六西格玛/精益流程的比例都高于全球调研结果。

（六）服务质量管理是企业在实施财务共享服务项目中最受关注的挑战

在中国，即使有一定数量的企业尚未启动财务共享服务建设，但是它们对实施财务共享服务可能带来的改变和实施前的准备工作都已经有较清楚的认识。它们对实施中的服务质量控制和实施后的持续提升十分关注，对于整个实施过程对公司文化的冲击也较为清楚。同时受到关注的挑战还包括变革对团队士气和流程效率带来的影响，以及与已有商业模式的契合度。

（七）财务共享团队的组建、人才转型、招聘与发展最受财务管理者的关注

中国企业对推动财务共享服务所面临的人力资源方面的挑战十分清楚，专注度也很高。它们十分注重财务共享服务中心作为财务人才储备库和训练营的作用。同时，它们也很清楚，清晰的职业规划和职业上升通道是保证财务共享服务品质、保留财务共享服务人才的关键成功要素。中国企业所面临的前五大人力资源挑战分别是：提高员工素质及效率，招聘及保留合格的管理层员工，职业计划及晋升，变革管理，以及跨文化管理。

（八）财务共享服务促进财务转型目标实现

调研显示，中国企业在推动财务转型战略实施时，排在前三位的任务分别为财务流程改革、内部控制及风险管理和优化成本。财务共享服务正是促进这些任务有效达成的一个理想手段。

三、调研的总体情况

此次 ACCA 与德勤管理咨询对财务共享服务的联合调研一共收到 249 份回复问卷。其中 60%的受调研企业的财务职能没有使用任何共享服务/外包，21%的受调研企业使用了共享服务，9%的受调研企业采用了外包，10%的受调研企业则采用了共享服务及外包相结合的混合模式（见图 3-1）。

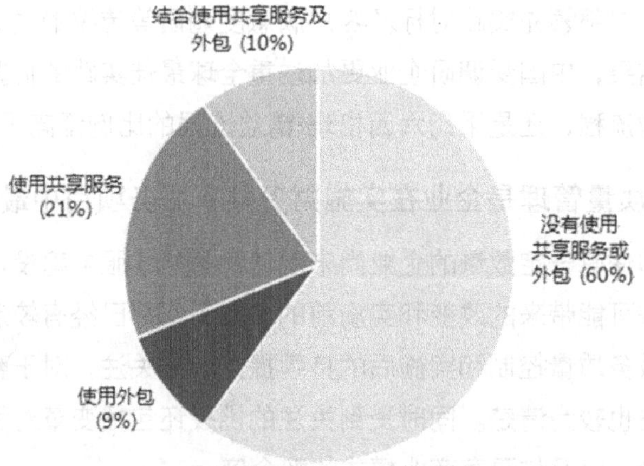

图 3-1 财务共享服务/外包使用情况一览

从行业的角度来分析，公共部门、公共事业及电信、医疗保健与银行、金融服务/保险行业采用财务共享服务的比例最高，均接近 50%（我们也注意到显示为公共部门、公共事业及电信和医疗保健等行业受调研者的数量较小，特此作注解）。娱乐媒体出版业及物业采用财务共享服务/外包的比例则最低，只有接近 20%（见图 3-2）。

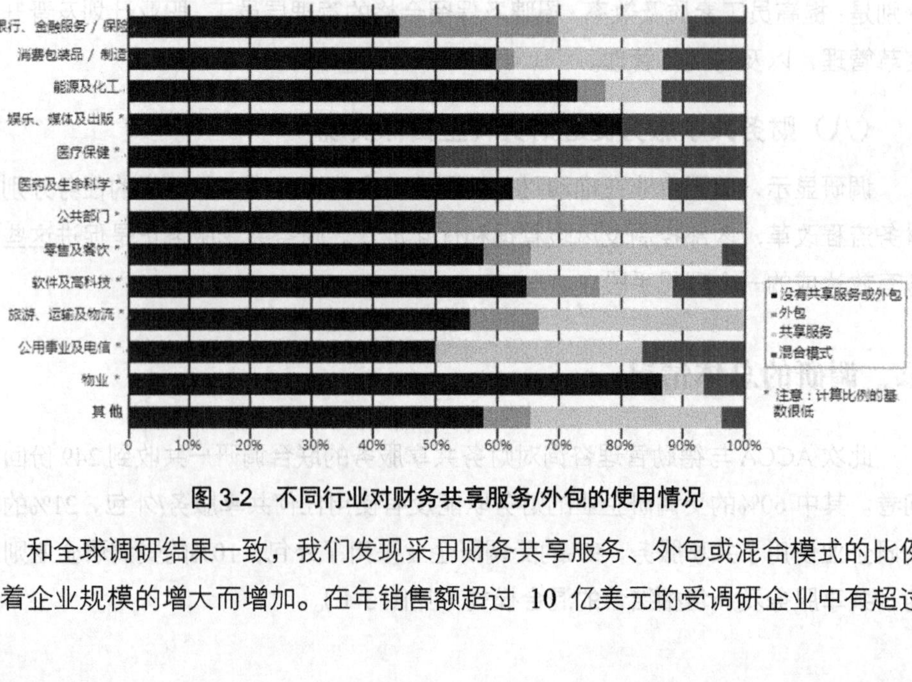

图 3-2 不同行业对财务共享服务/外包的使用情况

和全球调研结果一致，我们发现采用财务共享服务、外包或混合模式的比例随着企业规模的增大而增加。在年销售额超过 10 亿美元的受调研企业中有超过

40%的企业采用财务共享服务/外包模式，这一比例对于年销售额超过 30 亿美元的受调研企业而言更超过 70%。相比而言在年销售额小于 1 亿美元的企业中，采用财务共享服务/外包的比例只有不到 30%（见图 3-3）。

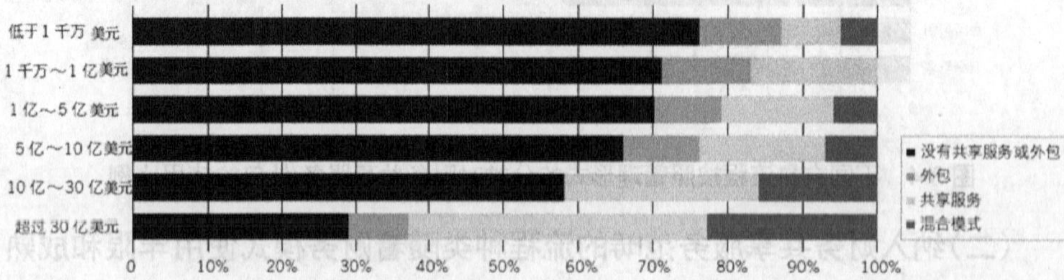

图 3-3 不同规模企业采用财务共享服务/外包的比例

四、采用财务共享服务/外包模式企业的分析

（一）财务共享服务范围仍集中在交易性业务流程

构建有效的财务共享服务/外包体系，必须了解需要将哪些流程纳入财务共享服务/外包的范畴中。在财务转型与集中管理的过程中，最常见的被纳入财务共享服务/外包的流程通常是与日常操作业务相关的流程，因为这些流程与管理决策相关度较低、交易量较高且操作流程相对容易标准化。

在问卷调研中，受调研企业被询问是否共享了七大常见纳入财务共享服务/外包范畴的流程，这些流程包括应收账款、应付账款、总账、员工薪酬、固定资产、费用报销和资金管理。全球调研的结果显示这七项流程被纳入财务共享服务/外包的比例都高于 40%。与全球调研结果略有不同，在问卷调研中，我们发现采用财务共享服务/外包的受调研企业中，所有这些流程都有超过 50%的应用，如图 3-4 所示。其实除了固定资产和资金管理之外，其他的流程都有超过 60% 的应用，而应付账款的应用更超过 70%。不过，和全球调研结果类似的是，员工薪酬管理采用外包的比例最高，采用财务共享服务/外包的受调研企业中超过 20% 选择外包员工薪酬管理，如果加上混合模式，这一比例更超过 30%。

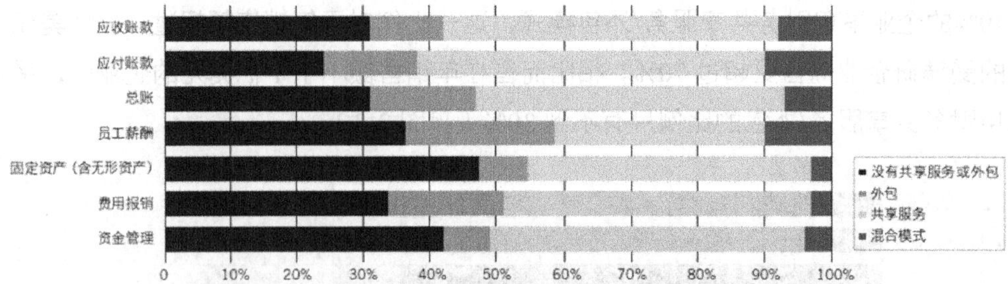

图 3-4　不同交易流程按照管理形式的分类对财务共享服务/外包的使用比例

（二）纳入财务共享服务范畴的流程种类随着财务模式使用年限和成熟度的提高而增加

调研显示，在不同的交易流程应用财务共享服务模式时，随着现有财务运营模式应用年限的增加，各流程的应用比例逐年提高，特别是运营五年以上的企业，整体普及程度超过 70%。

实施现有财务模式不到两年的企业，在应收账款、应付账款和资金管理流程方面使用率超过 60%，使用比例最低的是固定资产管理流程；实施现有财务模式两到五年的企业使用财务共享服务和外包最多的流程是应收账款、应付账款、总账和费用报销，使用率均超过 60%，比例最低的是固定资产管理，约为 40%；实施现有财务模式五年以上的企业有 60% 以上在应收账款、应付账款、总账、员工薪酬、固定资产、费用报销方面使用财务共享服务及外包。在所有的流程中，固定资产管理使用的比例都是最低的（见图 3-5）。

可见随着企业现有财务模式使用年限和成熟度的提高，财务共享服务/外包的应用程度和纳入共享范畴的流程种类呈上升态势。

（三）高价值流程通常采用非共享管理模式

在高价值的流程领域内，财务共享服务和外包的使用比例又是如何呢？我们界定的高价值流程涵盖：财务计划及分析、预测与预算、管理会计及报告、财务及法定报告、业务支持、税务分析、纳税申报、资金运作、内部审计、风险管理、公司治理、投资者关系和融资项目。

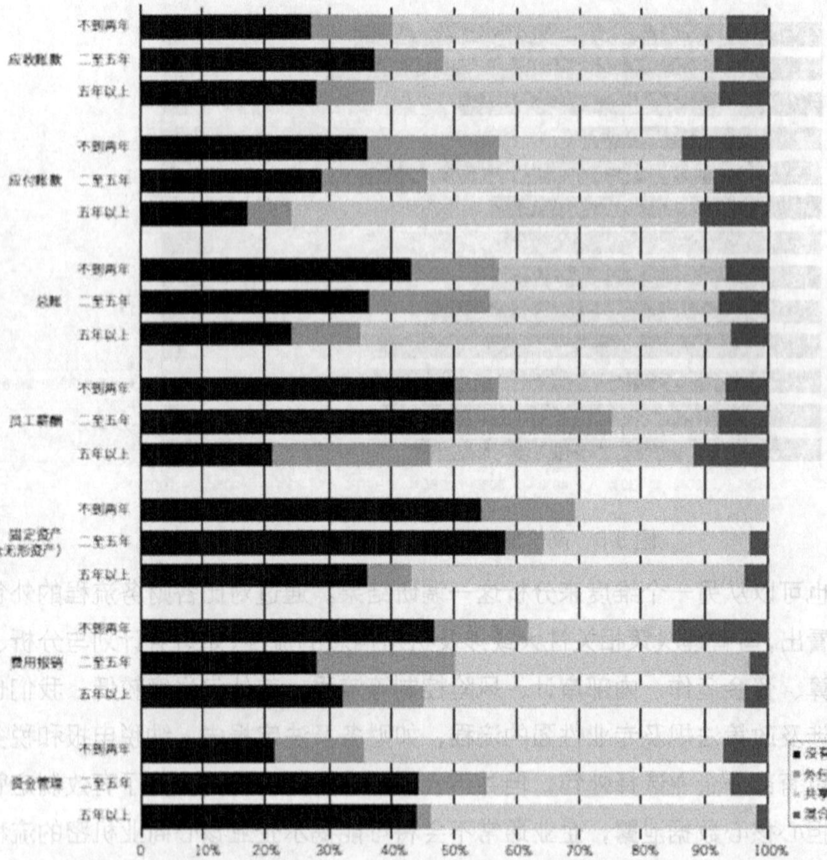

图 3-5　不同交易流程就现有财务模式成熟度对财务共享服务/外包的使用比例

本次调研结果与全球调研结果基本一致：受调研企业倾向于将高价值流程保留在原有财务业务单元当中，而不选择共享。然而同时，我们观察到也有接近 50%的受调研企业选择将某些高价值流程纳入共享服务当中。这些流程主要是财务及法定报告、税务分析、纳税申报以及资金运作管理，原因是这些流程和交易性流程的联系较为紧密，存在前后端的关系，更易被标准化；而不包括那些和业务活动结合更为紧密的流程，如财务计划及分析、预测与预算等（见图 3-6）。

值得一提的是，在与领先实践企业的访谈中，有企业就特别提到已经将资金管理职能也并入了财务共享服务中心，这一职能具体包括金融风险管理、资金运营管理及融资平台管理，涵盖了即通常意义上的财务司库管理的大部分工作。

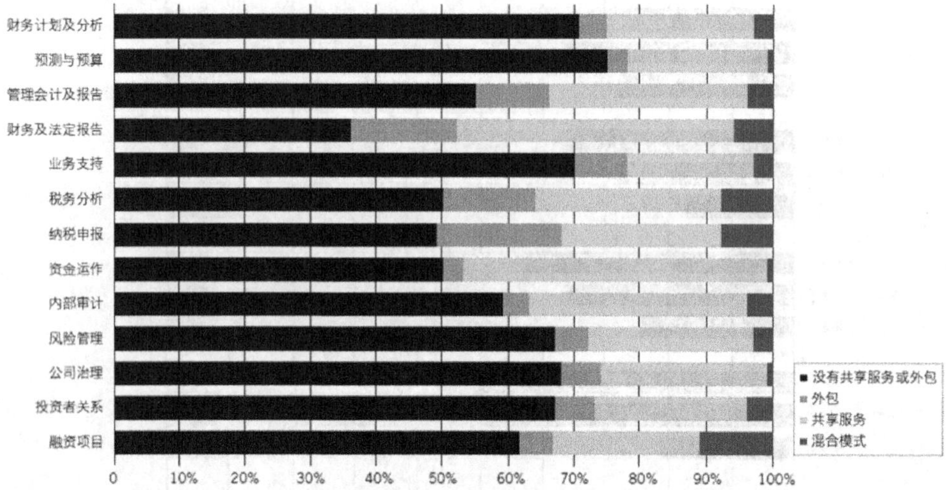

图 3-6　高价值流程使用管理模式分析

我们也可以从另一个维度来分析这一调研结果。通过对比各财务流程的外包程度可以看出，与管理决策相关性大或涉及机密信息的流程，如财务计划与分析、预测与预算、资金运作、内部审计、风险控制等流程，其外包程度较低。我们也了解到，涉及政策法规及专业性强的流程，如财务及法定报告、纳税申报和税务分析等，也有部分企业选择外包，但并不代表一个广泛的趋势。为了有效制定管理决策及担心核心数据泄露，企业通常不会将可能揭示企业核心商业机密的流程外包。同样，对于某些兼具专业性强和易标准化特质的流程，而在企业内部共享并不能达到成本效益的优化，外包给专业机构则能提供更高的流程管理和质量控制水平，因此这类流程外包的比例也会较高。

某选择混合模式的大型企业就选择将外包供应商有专长的业务外包出去，一个明显的例子就是费用报销流程，而其自身有优势的流程则更多由内部财务共享服务中心来负责，如采购至付款的流程就由外包人员和内部财务共享人员共同处理。他们认为，这样的安排有助于推进双方提升效率、降低成本；同时，企业也引入了流程外包的供应商竞争机制，争取更大的效率提升。

（四）不同类型的财务共享服务模式在满足企业主要业务目标时均取得了较好的成效

在被询问到采用财务共享服务/外包最关注的目标时，已经使用财务共享服务和外包模式的受调研企业中有一半以上认为最重要的目标是“提升财务部门能力”、“转型到标准/预先设定的财务流程”、“降低财务成本”、“提升财务流程效率”、“利用保留的财务职能用于更有价值的工作”，这和有计划使用财务共享服务和外包模式的受调研企业的关注点有一定区别。（在本报告的“财务共享服务/外包应用目标及所面临的挑战”中详细分析这一问题。）

我们发现接近一半的受调研企业都认为其各自的模式对于实现上述最为关注的五大目标是有效的。其中，混合模式在综合满足五大目标方面是最有效的，特别是在财务转型到标准/预先设定的财务流程、提升财务流程效率、利用保留的财务职能用于更有价值的工作等方面；财务共享服务模式和混合模式在降低财务成本方面有较为明显的优势；在提升财务部门能力方面，外包模式有更为直接明显的效益体现。

在比较财务共享服务、外包及混合模式对实现业务目标的有效性时，调研结果显示，采用混合模式的受调研企业中，有高达 55%的企业认为该种模式对于“转型到标准/预先设定的财务流程”、“实现总体财务转型”、“支持公司对共享服务/外包更广泛的战略议程”、“让财务职能更全球化”是有效和非常有效的；使用共享服务模式的受调研企业中，有超过 45%的企业认为该种模式对于“推动合规及监管要求”及“转型到标准/预先设定的财务流程”是有效和非常有效的；使用外包模式的受调研企业中，有超过 45%的企业认为“提升财务部门能力”、“改善控制/监管要求的透明度”、“提升财务的服务质量”及“获得税务优惠”是有效和非常有效的（见图 3-7）。

（五）财务共享服务对成本降低、效率提升及整体业绩改善有积极的影响

当我们分析财务共享服务/外包模式对企业财务运营成本、财务运营效率、整体业绩改善的影响如何时，调研发现有接近或超过 40%的企业认为有正面影响。而只有约 10%的企业认为有负面影响，如图 3-8 所示。成本可能仍然是企业选择财务共享服务或外包所面临的主要问题。据我们观察，很多财务共享服务中心经常被设立在其总部所在地（如北京、上海等一线城市），人力成本和运营成本很高。同时，构建共享服务中心所需的前期系统实施成本也很高。可能的解决方案是在人力成本低且人力资源丰富、信息化程度较高的中西部地区城市建立财务共享服务中心。

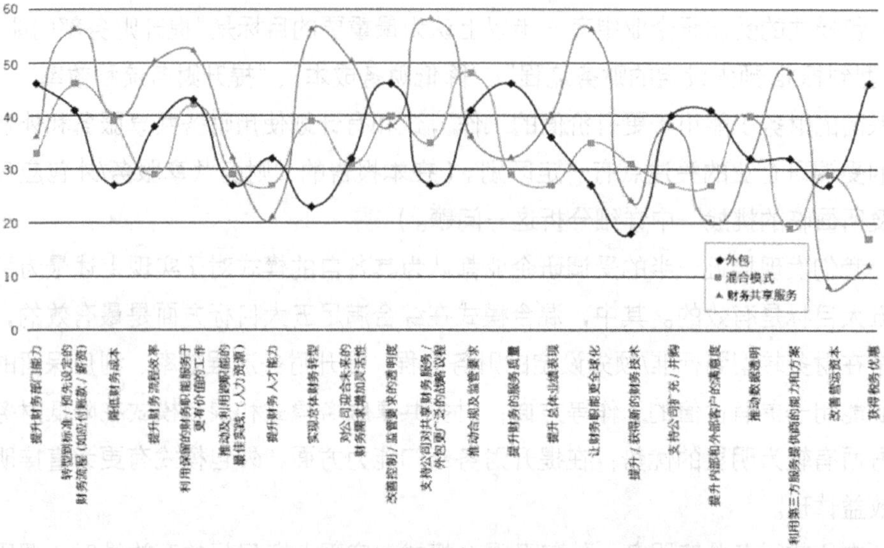

图 3-7　不同管理模式达到各项业务目标效果的有效性分析③

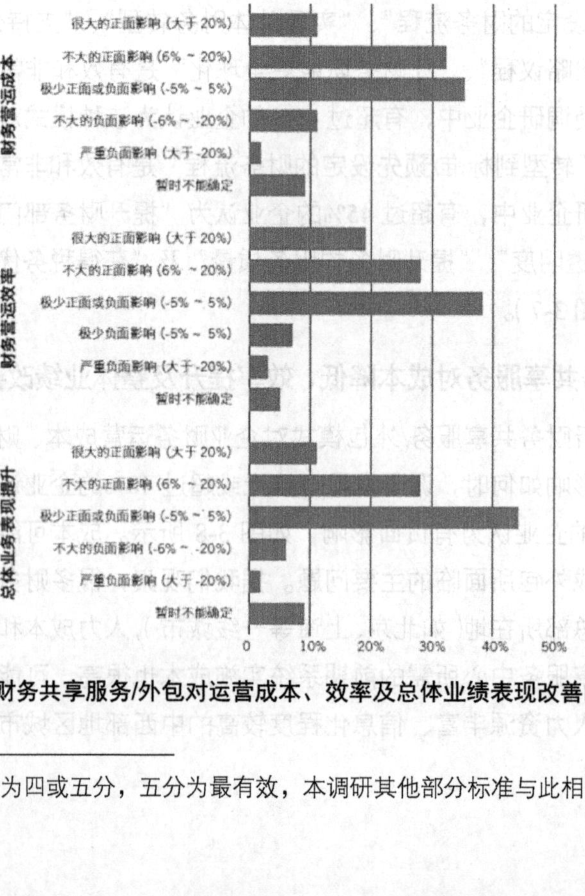

图 3-8　财务共享服务/外包对运营成本、效率及总体业绩表现改善的影响

③ 受调研企业评分为四或五分，五分为最有效，本调研其他部分标准与此相同。

（六）使用成熟的方法论、工具和指标衡量、监测及促进财务共享服务绩效

企业会采用哪些工具来监测财务共享服务/外包的效果？我们的调研结果与全球调研结果类似，受调研企业最常用的三种监测工具包括财务绩效仪表盘、内部领先实践对标及客户满意度调查如图 3-9 所示。

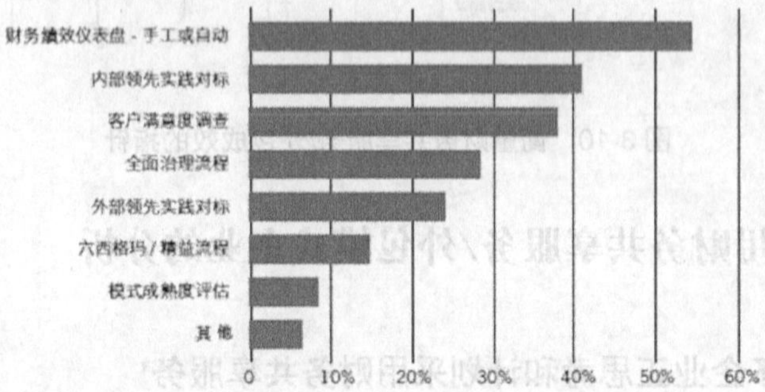

图 3-9　监测财务共享服务/外包成效的工具

与全球调研结果略微不同的是，中国的受调研企业无论是实施全面治理流程或采用六西格玛的比例都高于全球调研结果，分别为 28%和 15%（相应全球调研结果为 17%与 11%）。我们也注意到部分受访企业提出，领先实践对于其财务共享服务中心建立的帮助很大，能将成功的、先进的管理理念带给管理者。在实际运作中，持续的流程改善也是许多受访企业所关注的。有相当一部分领先实践企业在财务共享服务中心专门设置流程管理团队，依托成熟的流程质量管理体系，如摩托罗拉的“六西格玛”和丰田的“精益管理”促进流程标准化与优化的工作，并最终持续推动财务共享服务的绩效提升。

企业采取何种方式去衡量财务共享服务/外包的成效呢？我们的调研与全球调研结果基本一致，显示成本削减目标（60%）及服务水平协议（58%）是最常用的衡量目标。虽然中国的受调研企业在采用投资回报目标、利润贡献目标或股东价值影响（每股收益率）等衡量指标的比例跟全球调研结果显示都一样少，但是他们更关注业务影响分析（36%，相较于全球调研结果的 17%），如图 3-10 所示。在访谈中，提升效率、质量改善、财务信息的质量及透明度的提升都是受访企业关注的衡量财务共享服务/外包成效的重点。

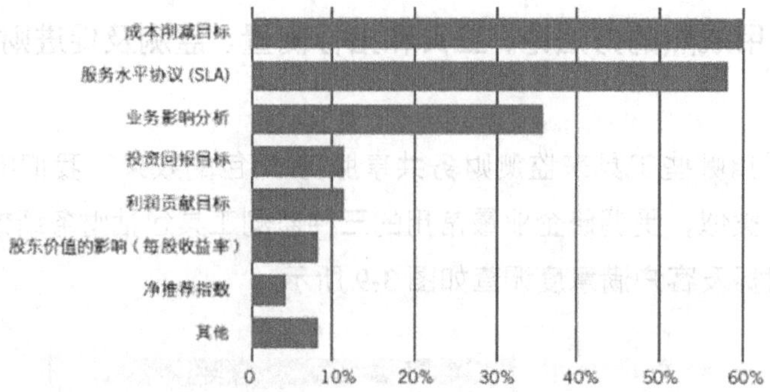

图 3-10　衡量财务共享服务/外包成效的指针

五、尚未采用财务共享服务/外包模式企业的分析

（一）更多企业正思考和计划采用财务共享服务

在受调研的企业中，有 60%的企业还没有采用财务共享服务/外包模式。在这些尚未建立财务共享服务或采用外包的企业中，有 15%在未来二至五年的时间内有计划建设财务共享服务或实施外包，另外有 20%的企业也表示有实施财务共享服务/外包的想法，但没有确定的计划。相反，接近一半的受调研企业表示没有任何实施财务共享服务/外包的计划，另有 17%的受调研企业表示不清楚，如图 3-11 所示。

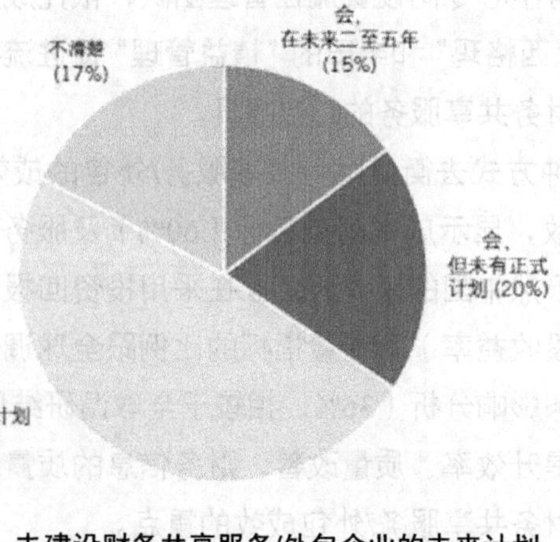

图 3-11　未建设财务共享服务/外包企业的未来计划

（二）财务共享服务中心选址青睐成熟地区

在有意向建设财务共享服务/外包的受调研企业中，39%的企业表示希望将财务共享服务/外包中心放在公司总部所在的城市，而52%的企业表示会设在拥有众多成熟共享服务中心的城市，如图3-12所示。这一点显示企业在选择财务共享服务中心时有十分明确的衡量标准和参照系。

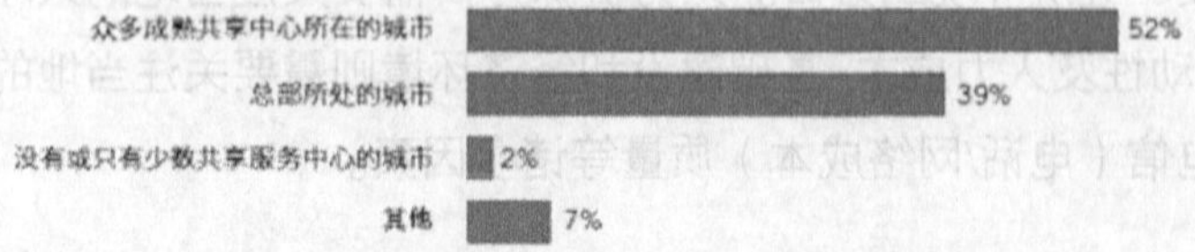

图3-12　财务共享服务中心所在地的选择

而将财务共享服务中心设立在总部所在地的情况在建设初期较为常见，因为在沟通和管理上比较方便。北京、上海、广州、大连、天津、苏州作为成熟的财务共享服务中心城市已经走过了十年以上的历史，整体上具有较高的共享服务水平，但是由于一线城市（尤其是北京、上海和广州）人力成本和运营成本不断上升，企业开始转向二、三线城市寻找成本较低的替代中心。随着信息化的发展和成熟的共享服务中心孵化地的建立，使得在成本较低的地区建立共享服务中心成为可能。成都、西安、武汉、杭州、芜湖都是值得关注的城市。

在我们的访谈中，我们看到了不同的选址模式。一些受访企业将财务共享服务中心设在总部所在地，并在短期内没有在其他地区建设分中心的计划。这些企业选择在总部所在地建设财务共享服务中心的考虑在于充分利用总部的资源培育财务共享服务人才，将中心作为财务人才储备库和训练营。我们了解到，一些受访企业要求所有新入职的基础财务人员都需要进入共享服务中心进行锻炼。借助共享业务专业化、流程化分工的特点，帮助他们快速而体系化地熟悉和掌握业务，通过这一方式更快地培养和储备企业未来发展所需的财务人才。某一受访企业表示，财务共享服务中心人才培养的一个重要方向，就是培养未来会计基础扎实、熟悉企业业务的财务经理。

也有企业选择在中西部建立财务共享服务中心，通过一定的技术筛选出理想的城市。某受访企业就在全国设立了多个中心，除了在上海设立综合管理中心之外，在深圳、苏州、成都、眉山、内江及洛阳设立了六个作业中心。该企业内部有一个选址的模型，设定一定参数，涵盖当地经济水平、消费水平、学校数目、人才水平等指标，像漏斗一样筛选出适合建立财务共享服务中心的城市。

在为财务共享服务中心选址时，除了寻求低成本的地方外，也需要充分理解当地人才的整体情况，过早选择人力成本较低的城市，在当地经验积累和人才储备还没有达到要求之前，往往会面临诸多问题。因此，企业可以重点考察人力资源、基础建设、经济环境三方面。人力资源方面需要关注当地的人才专业技能、教育水平、流动性及人力成本；基础建设和经济环境则需要关注当地的房产价格、自然环境、电信（电话/网络成本）质量等诸多因素。

（三）在规划财务共享服务时，企业普遍认为对交易性流程进行共享是比较有效率的

那么，在没有进行财务共享服务/外包的受调研企业看来，哪些流程能通过共享或外包得到更有效率的处理呢？大部分受调研企业认同的排名前五位与日常业务相关的流程分别为应收账款、应付账款、内部审计、总账和费用报销，如图 3-13 所示。这显示计划采用财务共享服务/外包的企业所关注的重点仍然是流程方面集中管理所带来的效益。

信息技术的配套是成功实施财务共享服务的最关键保障。对于计划建立财务共享服务/外包的受调研企业而言，我们看到排名前三位的指针分别为程序的改变与技术的改变能很好地配合，加强行政支持与配合及加入更好的项目管理技巧，如图 3-14 所示。不难看出，对计划实施财务共享服务/外包的企业来讲，它们的主要目的是用财务共享服务来支持核心业务，增强运营的效率。

六、财务共享服务/外包应用目标及所面临的挑战

（一）已有财务共享服务的企业最关注标准化建设和能力提升

从调研中我们发现，对于目前正在使用财务共享服务/外包的受调研企业来说，提升财务部门能力、转型到标准化的/预先设定的财务流程（如应付账款/员工薪酬）及降低财务成本是它们最看重的业务目标，如图 3-15 所示。此外，提升财务流程效率，利用保留的财务职能服务于更高价值的工作，推动及利用跨职能的最

佳实践（如人力资源）也被超过 50% 的受调研企业认为十分重要。

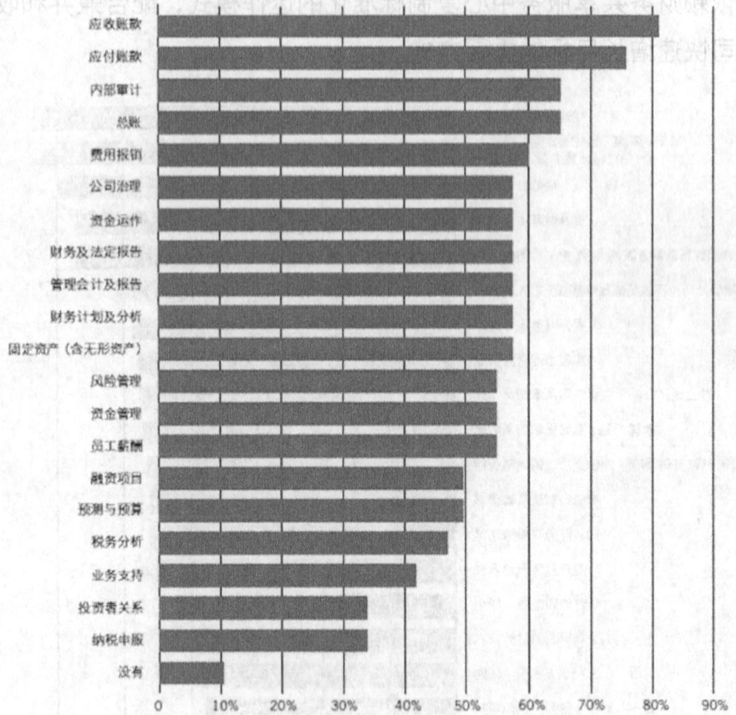

图 3-13　财务共享服务/外包能有效处理的流程

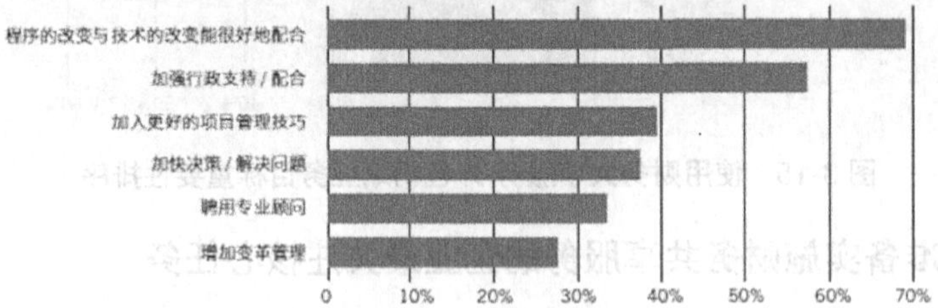

图 3-14　反映财务共享服务/外包成果的指针

这一调研的结果与全球调研结果有一定差别。在全球调研中，提升财务流程效率、降低财务成本和提升总体业绩表现是受调研企业利用财务共享服务或外包的前三大目标。出现这一差别可能与中国发展的特点有关，不同地区财务人员的能力和素质差距较大，许多中国企业仍然没有应用企业级 ERP 平台，此外不少企业为了保持快速的增长速度，进行较为频繁的兼并和收购，导致它们对标准化的流程变得十分关注。调研的结果在我们的访谈中也得到印证。一些受访企业明确提出，依赖财务共享服务中心复制标准化的运作模式，配合兼并和收购行动，是支撑公司快速增长目标的重要方式。

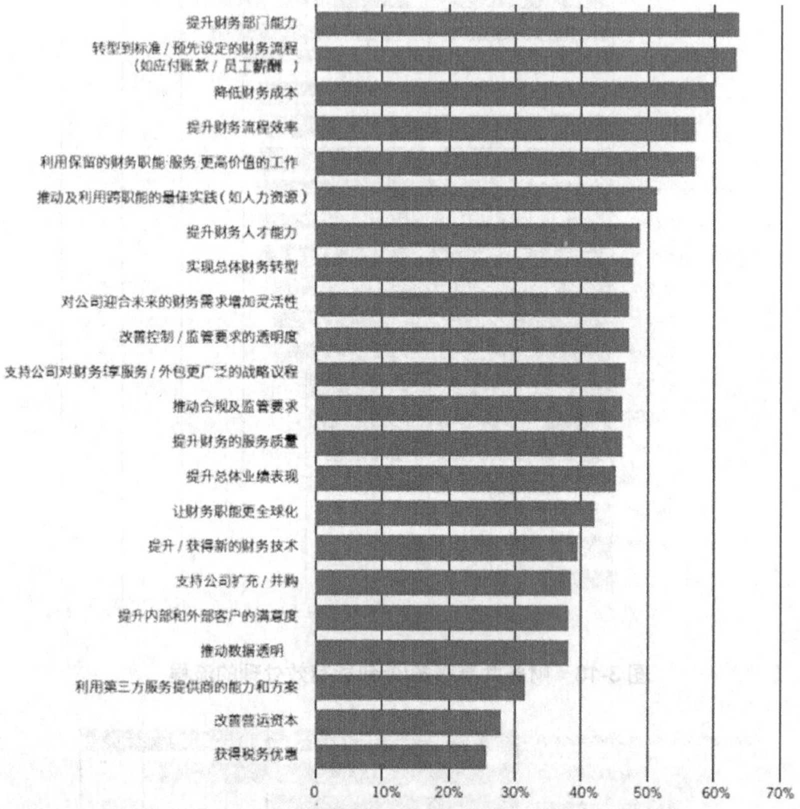

图 3-15 使用财务共享服务/外包初期业务目标重要性排序

（二）准备实施财务共享服务的企业最关注核心任务

在有意向建立财务共享服务或采取外包模式的企业中，他们想实现的业务目标有哪些？我们从调研中发现，排在前五位的目标分别是利用保留的财务职能服务于更高价值的工作，提升财务流程效率，对公司迎合未来的财务需求增加灵活性，支持公司扩充/并购，以及提升总体业绩表现。如图 3-16 所示，企业对于财务共享服务 / 外包的期待仍然很高，对于财务共享服务/外包所能推动的财务组织架构变化和财务转型也有一定的理论认知。

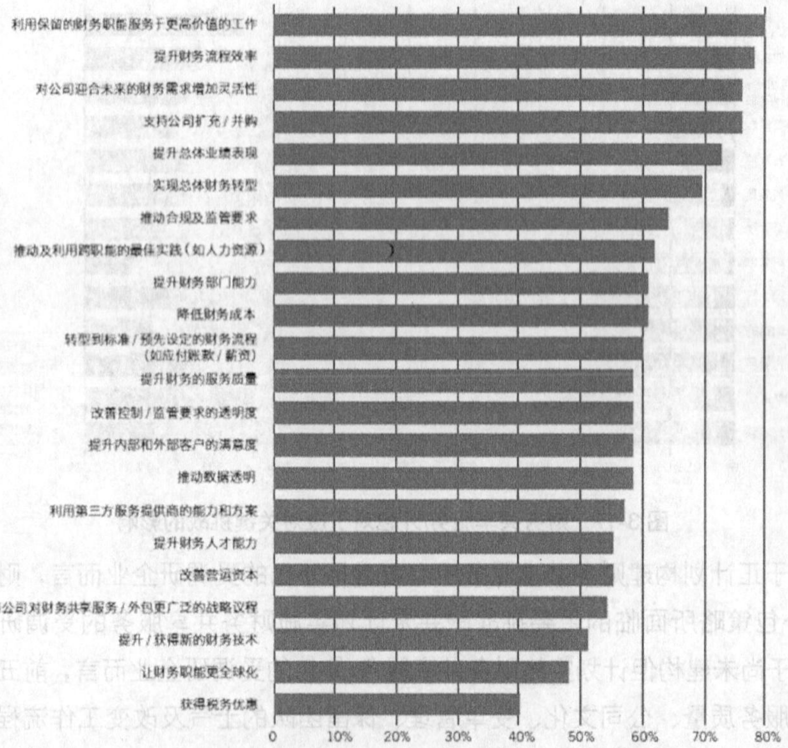

图 3-16　计划使用财务共享服务/外包企业业务目标重要性排序

（三）服务质量管理是企业在实施财务共享服务项目中最受关注的挑战

我们在调研中发现，在改变工作流程、迎接信息技术的挑战、达到约定服务水平/流程效率及达成财务目标这四方面，约60%的受调研企业认为很好地解决了这些方面的挑战。在全球调研中，前三位被认为较容易解决的挑战分别为改变工作流程、治理有效性和变革管理，如图3-17所示。

而在跨文化管理、留存保留的团队人员及语言问题三个领域，只有约40%的受调研企业认为较好或很好地迎击挑战，这一点与全球调研基本一致。我们了解到，一些大型跨国企业在小语种地区，由于各国文化不同，财务共享服务中心雇员需要审核包括阿拉伯文、波斯文和土耳其文在内的原始凭证，而同时掌握上述几种语言及中、英文的合格雇员人数一直成为制约业务处理的瓶颈因素。

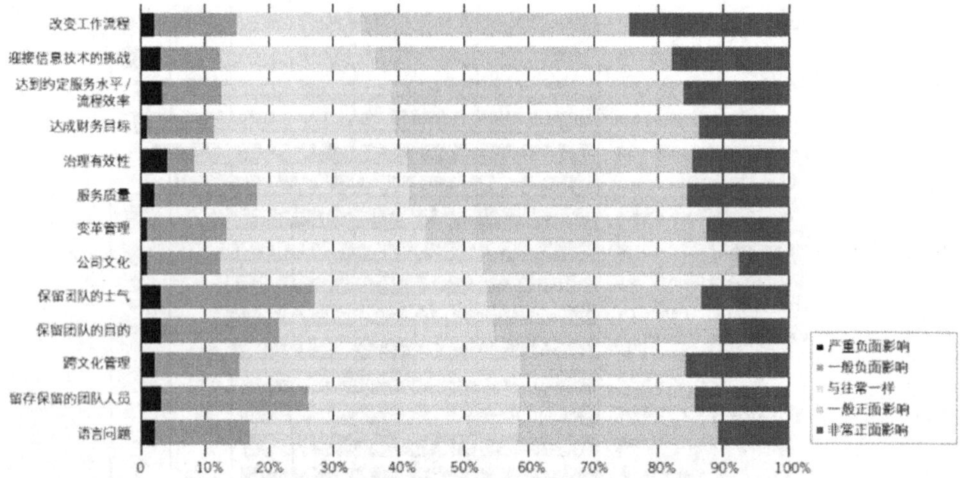

图 3-17　财务共享服务/外包对于应对关键挑战的影响

对于正计划构建财务共享服务中心或选择外包的受调研企业而言，财务共享服务/外包策略所面临的主要挑战跟并未计划实施财务共享服务的受调研企业不同。对于尚未建构但计划实施财务共享服务/外包的受调研企业而言，前五大挑战分别为服务质量、公司文化、变革管理、保留团队的士气及改变工作流程。而对于那些尚未计划实施财务共享服务/外包的受调研企业而言，前五大挑战则分别为缺乏最高管理层的支持、公司文化、服务质量、流程效率和商业模式不能支持，如图 3-18 所示。

两者的共同点在于，尚未实施财务共享服务/外包的受调研企业对于服务质量都很关注，对于所需要的公司文化转变也很担心。计划实施的受调研企业对于实施过程中所面临的具体挑战更为关注，而尚未计划实施的企业则认为，推动财务共享服务/外包必须确立高层的支持和明确商业模式是否适合采用财务共享模式。这些反馈都很明确地显示，无论是否计划实施财务共享服务/外包，中国企业对于财务共享服务/外包的概念及所需要的转变都有较为清楚的认识。

（四）财务共享团队的组建、人才转型、招聘与发展最受财务管理者的关注

人才管理是成功建立财务共享服务中心的关键议题，也是中国企业面临的重要挑战之一。建立财务共享服务中心或选择外包，本身就是对企业财务组织进行

大的变革。这种变革，一改财务人员分散在各个企业花费大量时间进行基础核算会计业务的局面，让财务人员的专业化分工更为明显，对业务的支持也更有效。某受访企业就提出了这样的分工：70%的业务财务、20%的共享服务、10%的技术财务；另一受访企业则把财务人员分为负责战略制定的总部财务、作为业务伙伴的业务财务和财务共享服务中心的财务人员。

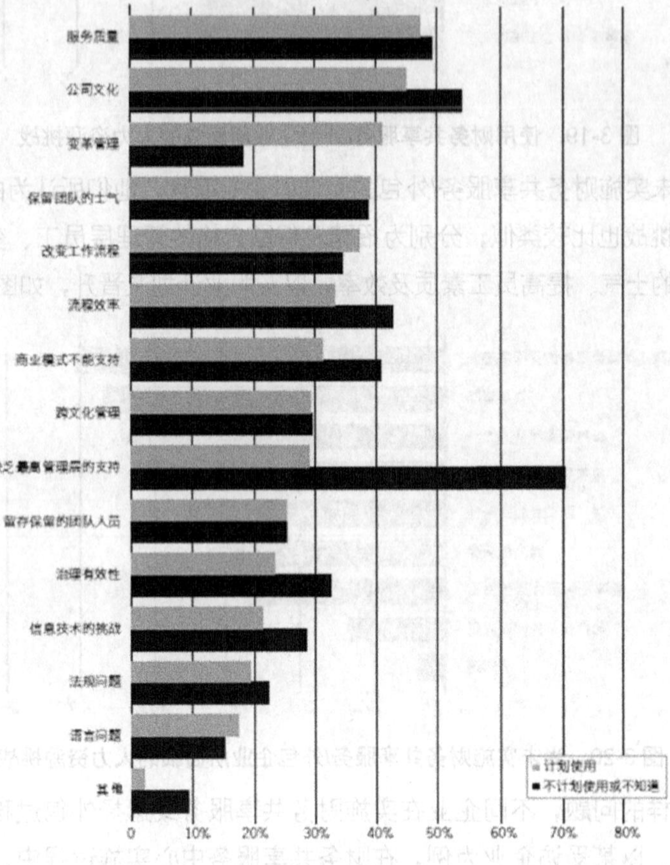

图 3-18　财务共享服务/外包策略面临的主要挑战

财务部门这样的变革与发展必然对既有的财务团队产生巨大的影响。一些员工的转岗和流失成为必然。我们在调研中看到，目前采用财务共享服务/外包的受调研企业所面临的前五大人力资源挑战分别是：提高员工素质及效率，招聘及保留合格的管理层员工，职业计划及晋升，变革管理，以及跨文化管理，如图 3-19 所示。

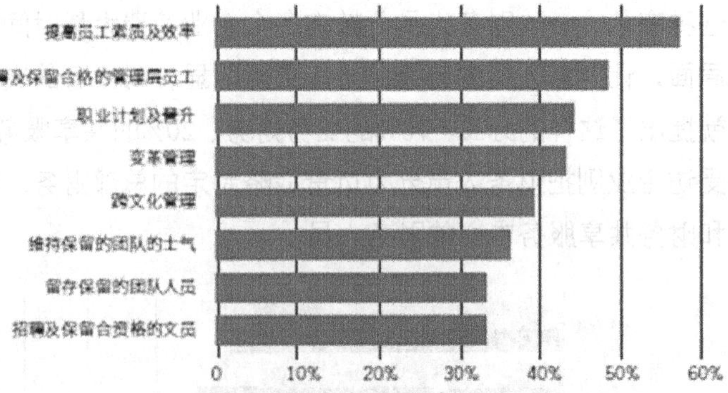

图 3-19　使用财务共享服务/外包企业所面临的人力资源挑战

对于尚未实施财务共享服务/外包的受调研企业而言，他们所认为的前五大人力资源方面的挑战也比较类似，分别为招聘及保留合格的管理层员工、变革管理、维持保留团队的士气、提高员工素质及效率，以及职业计划及晋升，如图 3-20 所示。

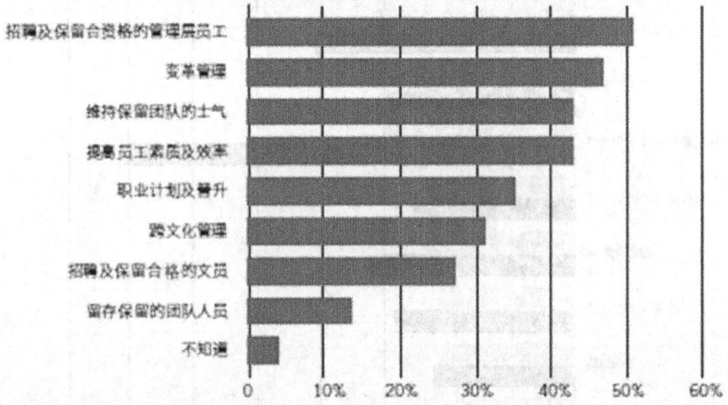

图 3-20　尚未实施财务共享服务/外包企业所面临的人力资源挑战

针对这样的问题，不同企业在实施财务共享服务或选择外包过程中都需要有详尽的规划。以某受访企业为例，在财务共享服务中心实施过程中，该企业将相关流程的岗位及其人员一起纳入财务共享服务中心，并按能力类型进行分流管理：让有创新和流程经验的同事组成共享服务中心的核心团队，要求他们以流程为导向帮助共享服务中心分阶段地上线；对于有操作经验的同事则安排他们做具体的交易处理，这个核心团队是财务共享服务中心的运营基础，需要有很强的责任心并足够细心与耐心；对于能力特质介于二者之间的人员，该企业在充分尊重员工的个人意愿的前提下，会鼓励他们向业务骨干方向发展。该受访企业指出，人员与团队建设是一个长期的过程，人员转型与提升也是一个长期的过程，过分急进往往事倍功半。该受访企业在财务共享服务中心人员管理上也确定了一个重要方向：培养未来会计基础扎实、熟悉企业业务的财务经理。

（五）账务共享服务促进财务转型目标实现

我们在调研中发现对于已经使用财务共享服务/外包的受调研企业，按照重要性排名前五位的财务转型战略目标分别为财务流程改革，内部控制及风险管理，优化成本，计划、预算和预测，以及财务人员能力的发展，如图 3-21 所示。对于计划采用财务共享服务/外包的受调研企业，则为优化成本，财务人员能力的发展，内部控制及风险管理，业绩管理及商业智能，以及计划、预算与预测，如图 3-22 所示。

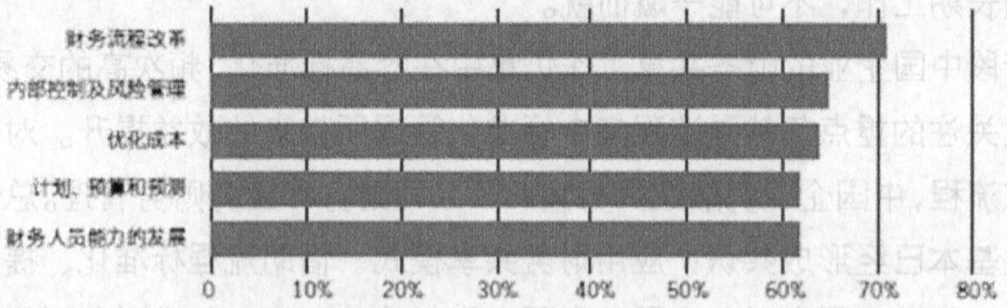

图 3-21　已经使用财务共享服务/外包企业财务转型战略的前五项重要目标

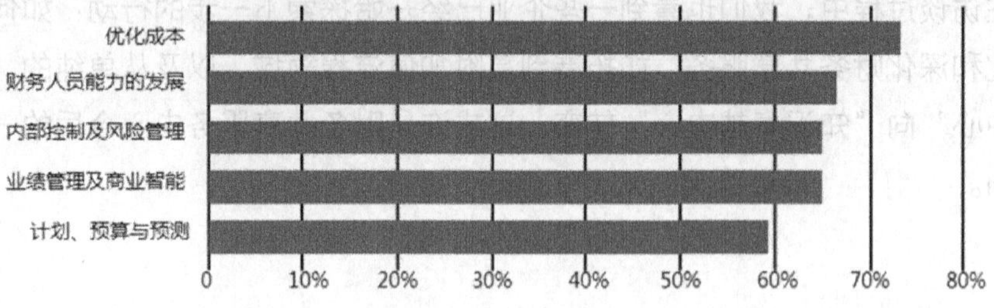

图 3-22　计划采用财务共享服务/外包企业财务转型战略的前五项重要目标

从这一调研结果来看，中国现阶段的企业更多把精力放在降低成本、改善财务人员能力、提升内控和风险管理的能力等方面。通过访谈，我们了解到，已经实施的企业认为财务共享服务中心是实现以上目标的较有效的手段，同时我们也了解到，计划实施财务共享服务/外包的企业也在一定程度上认为财务共享服务/外包正是促进这些任务有效达成的一个较理想的手段，特别是在关注财务共享服务中心带来的成本降低的优势，正如他们未来战略关注的首要问题一样。

七、调研结论

通过此次 ACCA 与德勤管理咨询对财务共享服务的联合调研，我们发现中国企业对于财务共享服务的概念和推进财务共享服务所需要的企业内部财务组织架构调整等相关议题都有深入的理解。

调研显示出中国企业的一些特点。他们对于流程集中管理的专注程度很高，注重对全球最佳管理实践的吸收，同时也希望通过实施财务共享服务，达到提升整体财务管理能力的目标。此外，他们也很了解实施财务共享服务所涉及的人力资源挑战，已经清楚地意识到财务人员的转岗、再培训与形成有效的人员培养机制是一项长期工作，不可能一蹴而就。

现阶段中国企业的财务共享工作仍集中在容易标准化、频次高的交易性流程，显示企业关注的重点仍然是流程集中标准化管理所带来的效益提升。对于大部分高附加值流程，中国企业仍然选择将其归于公司财务和业务财务管理。总体而言，中国企业基本已经形成共识：应用财务共享模式、借助流程标准化、提升财务流程效率，以解放出更多财务人员从事更高附加值的工作，促进财务职能的转型，将最终推动企业整体价值的提升。

在访谈过程中，我们也看到一些企业已经开始探索下一步的行动：如何进一步优化和深化财务共享服务，如拓展到高附加值流程领域，以及从单纯的“业务处理中心”向“知识卓越中心”转变。这或许是财务共享服务中心今后的一个发展方向。

第四章

北京国家会计学院中国企业财务共享调研报告（2015）

一、调研背景

北京国家会计学院审计与风险管理研究所通过走访中兴通讯、阳光保险集团、四川长虹、中国平安、华为集团、苏宁电器、中铁建集团等一大批较早实践财务共享服务的大型企业集团，在初步了解我国财务共享服务的现状基础上，提出的问卷调查报告。本文也是在全国和地方会计领军人才、总会计师素质提升工程培训班的基础上发放和回收了400余份调查问卷，经过调查数据整合分析后，形成以下调研报告。调研从以下七个方面展开：① 财务共享服务中心建立情况；② 财务共享服务中心运行实施；③ 财务共享服务中心人员管理；④ 财务共享服务中心运营标准；⑤ 财务共享服务中心信息化程度；⑥ 财务共享服务中心新技术应用；⑦ 财务共享服务中心运行效果。作为一种实践调查研究，本研究具有重要的现实意义和实践参考价值。

二、财务共享服务中心建立情况调研

（一）加强集团管控是国内财务共享服务中心建设的首要驱动因素

当前，对于大型企业集团来说，它们已经认识到建立财务共享服务中心的重要意义。在建立财务共享服务中心的目的方面，加强集团管控，提高业务标准化、规范化，整合财务资源，以及加强战略支持是企业的核心诉求（见图 4-1）。可见，国内企业建设财务共享服务中心更多的是考虑能够通过财务管理模式的转变，更好地支持企业管理，提高集团化管理水平。

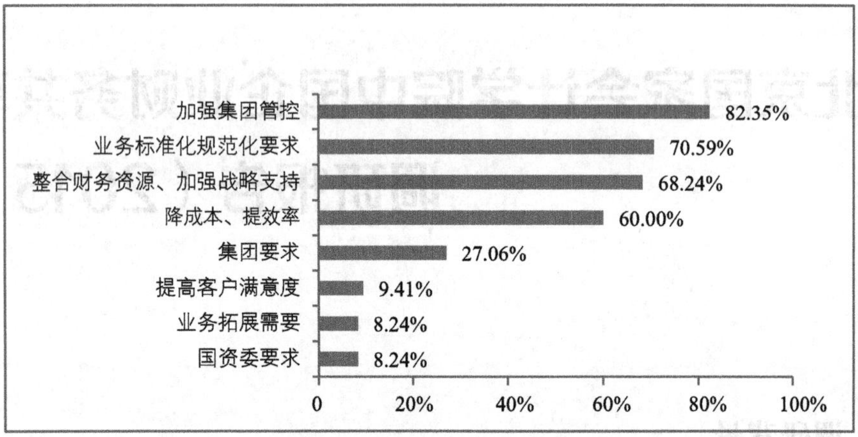

图 4-1　建立财务共享服务中心的主要目的

（二）外部经验的引进能够推动企业财务共享服务中心更快更好地建设

调查结果显示，在财务共享服务中心的建设上，只有 12%的人选择不借助外部力量，说明企业财务人员的思维越来越开放，尽量选择更专业的人员来实现自己的工作规划。在近 90%借助外部力量建设财务共享的人员中，有一半多的人选择方案设计阶段借助咨询公司，实施落地自己负责，如图 4-2 所示。

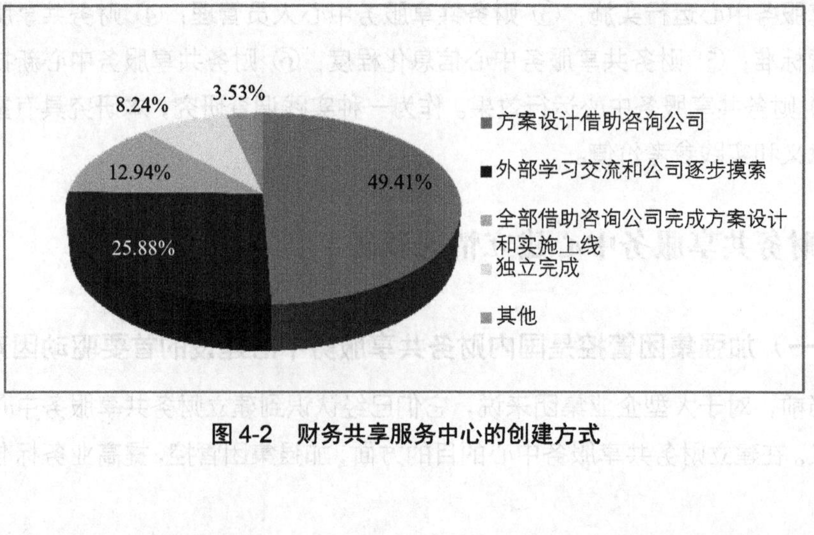

图 4-2　财务共享服务中心的创建方式

由于借助外部力量可以缓解内部由于改革创新所带来的矛盾和冲突，也有利于借助其他企业的成功经验，在最短的时间内建设财务共享服务中心。因此，借助外部的力量尤其是咨询公司完成财务共享服务中心建设是大多数企业的选择。

（三）集团管控及会计服务并重更适合国内企业财务共享服务中心的职能定位

从理论上来说，成本降低与加强管控是财务共享服务中心建立的根本动因。但从我国的被调查者反映来看，集团管控与会计核算服务并重的职能定位成为大多数被调查者的选择。这是与财务共享服务率先在我国大型国有企业集团开展和实践有着密切的关系。甚至在一些探索建立的企业中出现不降反升的现实。当然，对于初期建立财务共享服务的企业来说，其核心定位还是为集团提供高质量的会计服务业务，如图 4-3 所示。

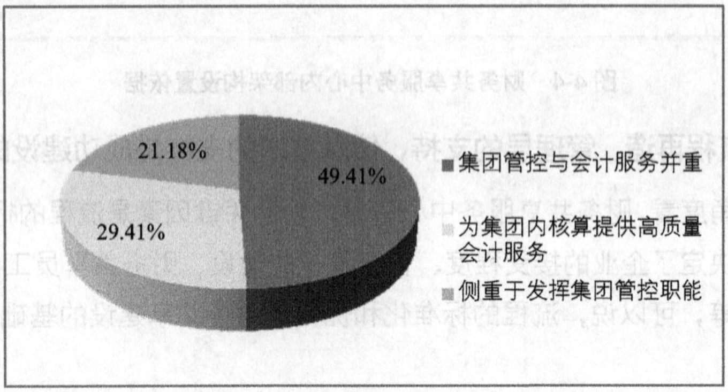

图 4-3 财务共享服务中心的定位

三、财务共享服务中心运行实施调研

（一）基于业务职能进行中心内部架构设置优于按区域或客户的设置

76%的企业根据财务共享的标准化、统一化的特点，采取了根据业务职能进行内部架构设置，不分地域、不分客户。选择此种模式的企业，财务共享的标准化、规范化、统一化做得最彻底，规模效应更明显，如图 4-4 所示。

根据不同客户再进行细化的方式，可以在财务共享初创期，或者企业集团各模块业务分化较严重时方考虑采用。一般情况下，不分客户、不分地域的财务共享的架构虽然在建设期相对困难，但是在运营期会更平稳，对财务共享的内部运营如人员培训等，以及对集团化管控会发挥更大的支撑作用。

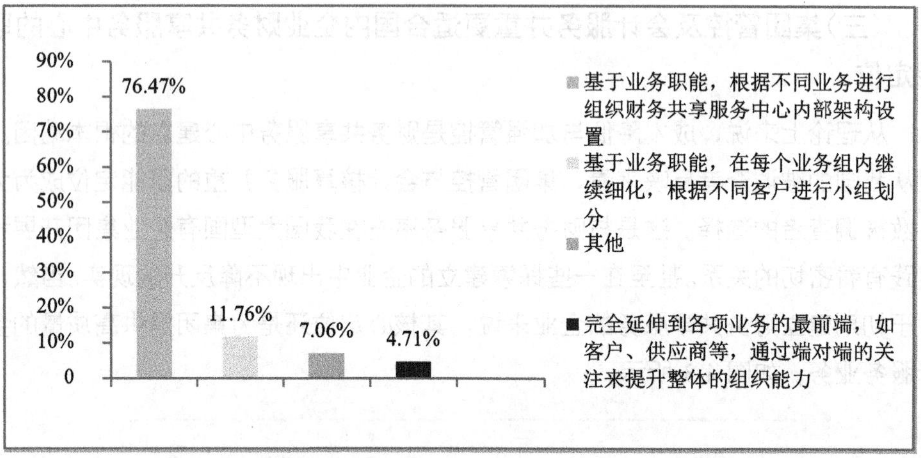

图 4-4　财务共享服务中心内部架构设置依据

（二）流程再造、管理层的支持、信息技术的支持是成功建设的主要因素

从技术角度看，财务共享服务中心取得成功的关键因素是流程的标准化再造。业务标准化决定了企业的接受程度、信息系统的建设、财务共享员工的招聘定位及培训投入等，可以说，流程的标准化和优化是财务共享建设的基础，如图 4-5 所示。

此外，从管理角度看，财务共享涉及业务流程变革、人员管理模式变革、集团组织架构变革、信息系统变革等情况，新模式增加必然会带来很多不稳定因素。高级管理层的支持，是决定是否变革、变革是否彻底、变革是否可持续、变革是否能够真正起到作用的基础和核心，所以说财务共享的建设是一把手工程并不为过。

（三）流程再造、财务人员转型、组织定位是三大主要阻力

财务共享服务中心建设本身就是一场财务领域的革命，其核心就是变革。因此，流程再造、财务人员转型和组织定位也就成为财务共享服务中心建设的三大主要阻力，如图 4-6 所示。

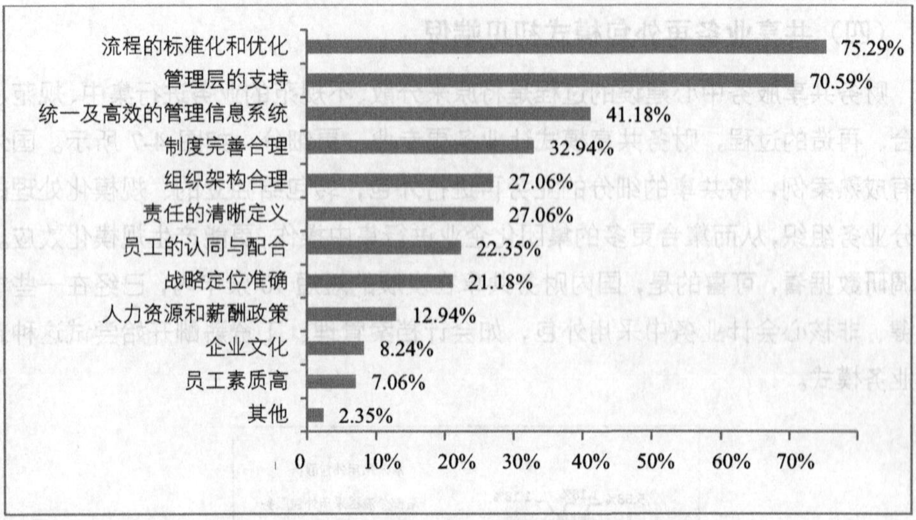

图 4-5　财务共享服务中心取得成功的关键因素

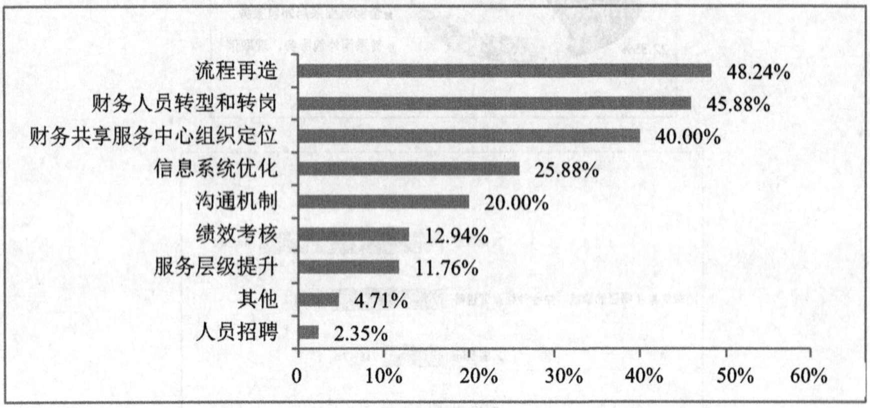

图 4-6　现阶段财务共享服务中心面对的最大阻力

首先，流程再造涉及所有流程环节人员的操作习惯和操作感受，而改变管理者的习惯是一件非常困难的事情；其次，财务人员的思维本身就相对固化，财务共享的建设涉及转型和转岗，从根本上动摇了相关人员的职业发展，甚至很多不思进取的人员面临下岗的风险；最后，财务共享的建设是在企业中平添了一个部门，此部门如何在组织中定位，必然会涉及其他组织的利益，以及财务共享在未来整个组织中尤其是财务组织中的地位。

（四）共享业务再外包模式初见端倪

财务共享服务中心建设的过程是将原来分散、不规范的业务进行集中、规范、整合、再造的过程，财务共享模式让业务更专业、更细分，如图 4-7 所示。国外已有成熟案例，将共享的细分的业务再进行外包，转包给独立的、规模化处理的细分业务组织，从而集合更多的集团化企业进行集中操作，更能产生规模化效应。从调研数据看，可喜的是，国内财务共享在发展的短短 10 余年内，已经在一些非关键、非核心会计业务中采用外包，如会计档案管理、工资薪酬开始尝试这种新的业务模式。

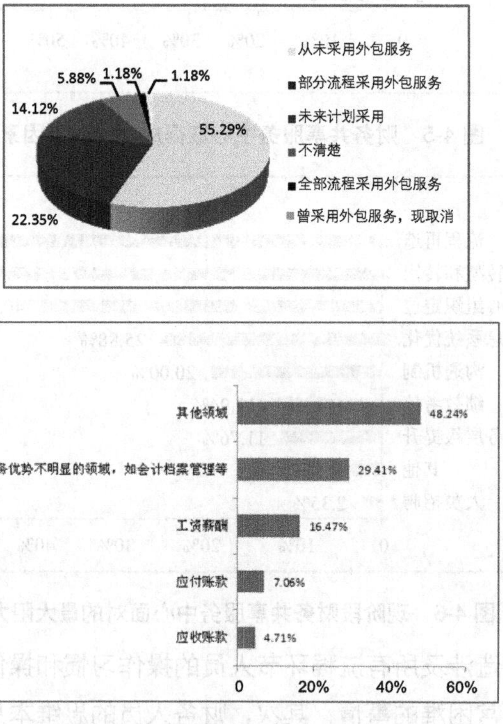

图 4-7　财务共享采用外包的服务情况

四、财务共享服务中心人员管理调研

（一）大专即可满足要求但现实中本科学历员工占比达 87%

从财务共享服务中心的人员构成看，最低学历要求为大专的企业占比 56%（见

图 4-8），也就是说，从理论上企业认为大专生能够满足企业的需要。但是从企业实际招聘人员构成来看，大部分员工是本科学历的企业占比高达 87%（见图 4-9）。从对部分企业的访谈看，本科生和大专生的成本差别已经不明显，并且从技能掌握的速度、对专业知识的理解等方面看，本科生相较专科生还是非常有优势的。

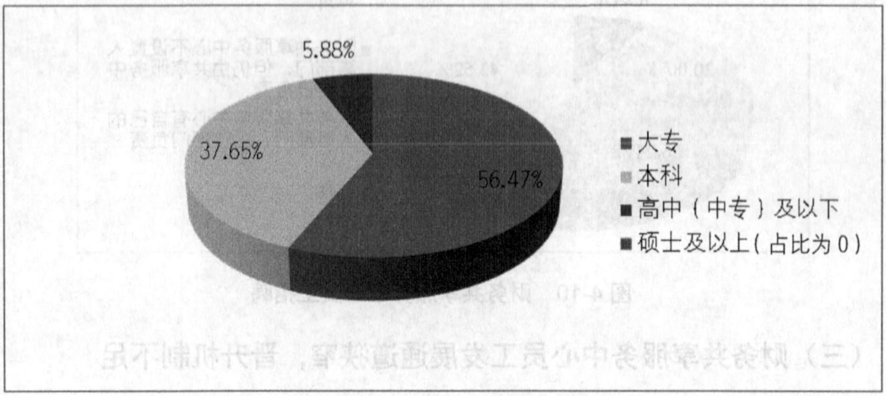

图 4-8　财务共享服务中心员工最低学历结构

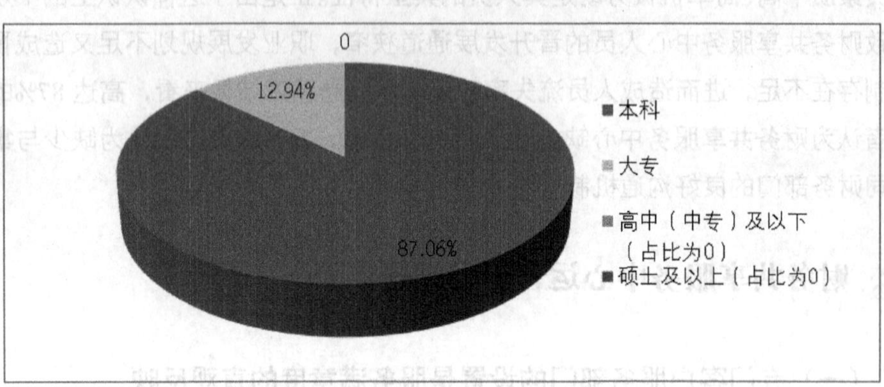

图 4-9　财务共享服务中心员工现实学历结构

（二）集团总部的人事部门承担更多的中心员工招聘培训职责

人员招聘是否由专人、专部门负责，与财务共享服务中心的规模和在企业中的组织定位有关。从调研看，由集团总部人事部门统一负责占比较大，而财务共享服务中心设置专门的人事部门负责招聘的企业仅有 20%，如图 4-10 所示。考虑到财务共享的规模，在规模相对较小的前提下，财务共享很可能作为企业的一个部门存在，集团的人事部门有能力进行财务共享员工的定位及招聘。当财务共享规模达到一定程度如百人以上时，岗位设置更复杂，人员招聘数量增加，人员招聘需求更宽泛，此事就需要设置专门的部门负责招聘事项。

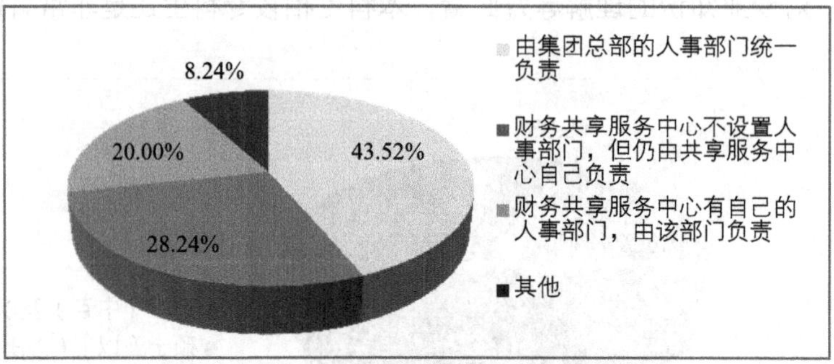

图 4-10 财务共享服务中心员工招聘

（三）财务共享服务中心员工发展通道狭窄，晋升机制不足

财务共享服务中心在许多其他部门看来，就是一个支付工厂或会计加工厂。人员素质不高、简单机械劳动是其人员的典型特征。正是由于这种认识上的不足，导致财务共享服务中心人员的晋升发展通道狭窄，职业发展规划不足又造成晋升机制存在不足，进而造成人员流失率较高。从问卷调查结果来看，高达 87%的受访者认为财务共享服务中心缺少晋升机制和机会，76%的受访者认为缺少与集团公司财务部门的良好沟通机制。

五、财务共享服务中心运营标准调研

（一）专门客户服务部门的设置是服务满意度的直观反映

从调研结果看，财务共享服务中心非常重视客户满意度，有客户职能及计划建立客户职能的企业占比 80%以上，如图 4-11 所示。从财务共享服务中心的定位看，纯粹的管控职能很少，更多的是服务及服务管控兼顾。只要有服务即有服务标准。客户服务部门的建立，更能够体现财务共享服务中心对客户满意度的重视。专门的客户服务部门可以提供财务共享相关问题解答、投诉及紧急事项处理，以及服务水平协议的签订与维护。

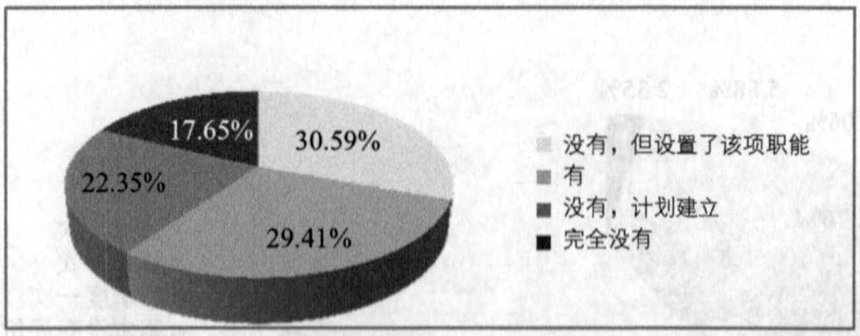

图 4-11　财务共享服务中心客服部门设置情况

（二）效率、质量、客户满意度是财务共享服务中心运营评价的关键指标

从企业对财务共享服务中心的评价标准来看，企业更注重财务共享服务中心的运营水平，即向企业提供服务的效率、质量及客户满意度，如图 4-12 所示。而对于财务共享的运营成本和服务范围极少关注。此结果一方面表明服务品质是财务共享服务中心绩效衡量的重要标准，是其生命线；另一方面也表明企业在这方面的品质有待提升。当企业不再关注财务共享的运营水平而关注运营成本时，财务共享服务中心的发展才走上了更高的台阶。

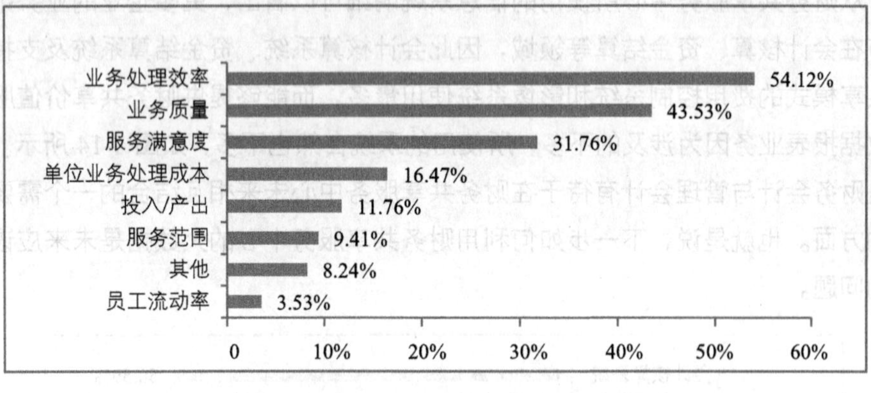

图 4-12　企业对财务共享服务中心的评价标准

（三）月度绩效衡量能够保证中心平稳运行

从调研结果看，企业对财务共享的绩效水平每月衡量一次占比在 56%左右（见图 4-13），说明企业对财务共享的绩效水平关注度还是非常高的。企业对财务共享模式建立的期望比较高，希望能够为企业提供持续、高效的服务与支持。而每年评价一次的企业，基本上视财务共享为企业的一个部门，对财务共享的关注度较低。

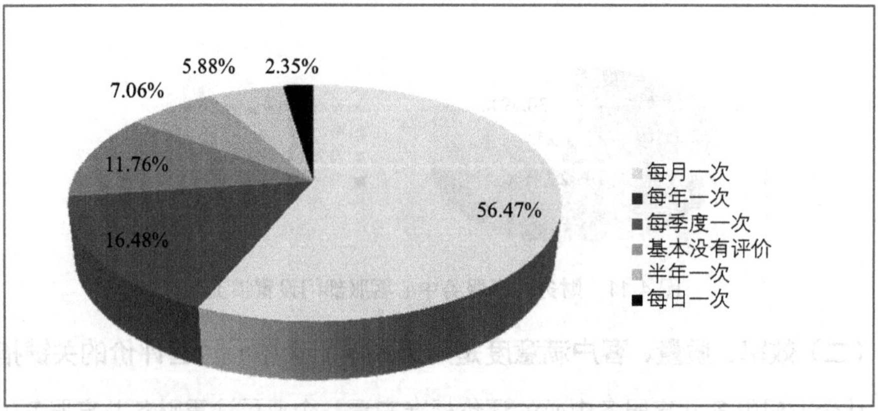

图 4-13　企业对财务共享服务中心的绩效衡量频率

六、财务共享服务中心信息化程度调研

（一）财务共享服务中心业务模块均已实现信息化

从财务共享服务中心所使用的信息系统明细可以看出，更多企业的业务范围分布在会计核算、资金结算等领域，因此会计核算系统、资金结算系统及支持财务共享模式的费用控制系统和影像系统使用最多，而能够提供财务共享价值服务的数据报表业务因为涉及的不多，所使用的系统自然也不多，如图 4-14 所示。这也是财务会计与管理会计有待于在财务共享服务中心未来相互结合的一个需要完善的方面。也就是说，下一步如何利用财务共享服务中心的大数据是未来应该考虑的问题。

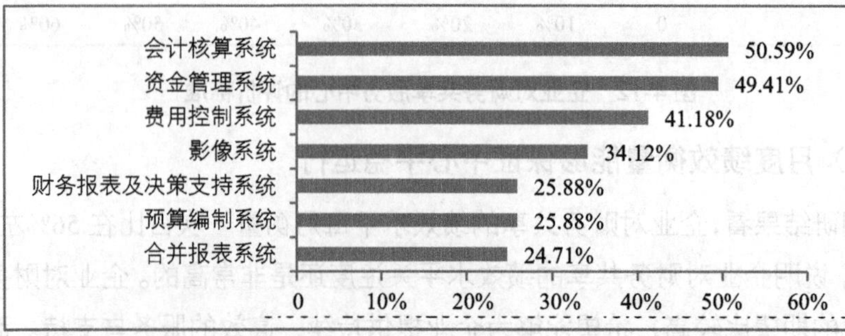

图 4-14　导入财务共享服务中心的企业目前尚在使用的财务信息系统

（二）原始凭证保留在当地符合中国监管国情

财务共享服务中心建设集中了原有的会计核算业务，因此原始凭证存放地点是一个棘手的现实问题。根据调查结果显示，63.53%的被调研企业选择了将原始凭证保存在当地，24.71%的企业将原始凭证保存在财务共享服务中心，如图 4-15 所示。原始凭证及单据保存地点的选择，更多地取决于企业档案管理面临的需求。保存在业务当地，对于受监管严格的行业来说更有优势，档案的查询也更便捷，也有利于满足当地监管部门的监管需求。因此，原始凭证保存在当地更加符合大多数企业建设财务共享服务中心的档案管理现实。

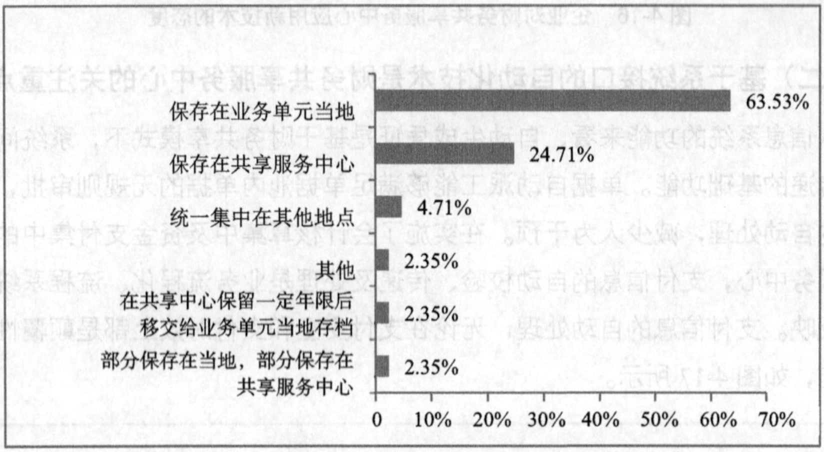

图 4-15　选择存放原始凭证及单据的地点分布

七、财务共享服务中心新技术应用调研

（一）自主创新、成熟应用是财务共享服务中心对新技术持有的积极态度

财务共享服务中心从变革中走来，中心的建设更多地使用了新技术、新应用，所以财务共享服务中心会相对更有意愿了解、研究、应用成熟的新技术。并且，财务共享背负为企业提供价值服务、提高服务水平的责任，而新技术能够在这些方面为财务共享提供帮助。此外，从调查中发现，有近 10%的企业选择了自主创新，这也说明了中心人员的改革之心、动手之能力，如图 4-16 所示。

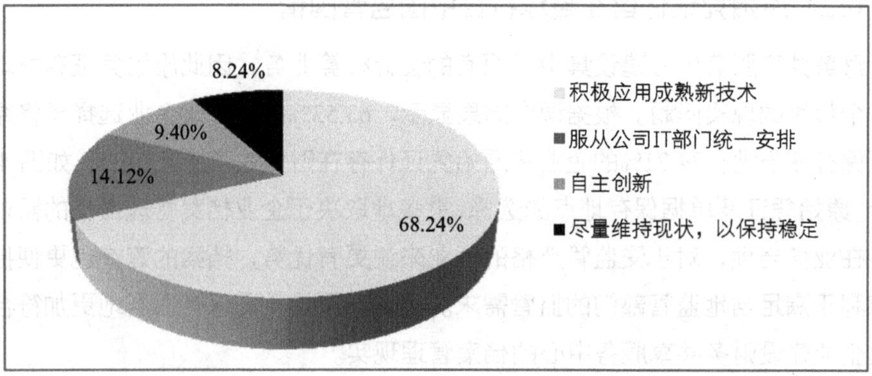

图 4-16　企业对财务共享服务中心应用新技术的态度

（二）基于系统接口的自动化技术是财务共享服务中心的关注重点

从信息系统的功能来看，自动生成凭证是基于财务共享模式下，系统间核算数据传递的基础功能。单据自动派工能够满足单据池内单据的无规则审批，实现单据的自动处理，减少人为干预。在实施了会计核算集中及资金支付集中的财务共享服务中心，支付信息的自动校验、传递及处理是业务流程化、流程系统化的真实反映。支付信息的自动处理，无论在支付安全和支付时效上都是颠覆性的改革措施，如图 4-17 所示。

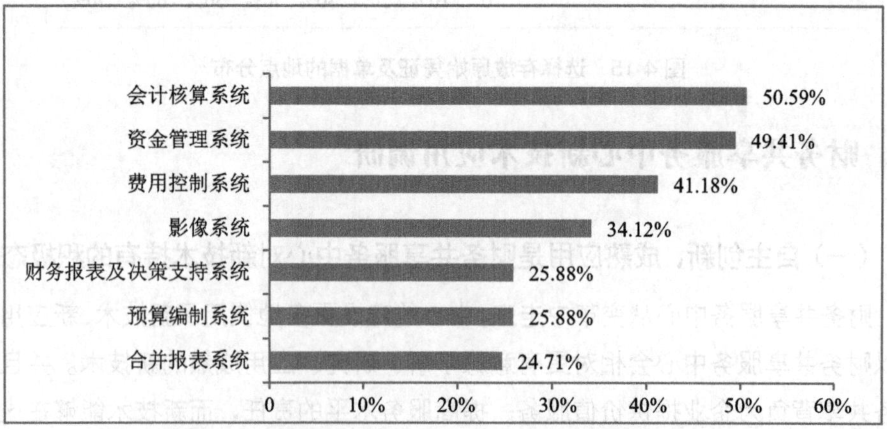

图 4-17　目前财务共享服务中心信息系统包含的主要功能

（三）财务共享模式是实现财务主要数据治理、保证数据可靠的有效手段

从调研情况来看，财务数据已经实现主数据统一，并成为唯一管理数据源的企业占比达到 65%，这说明财务共享服务对于财务数据的增值服务的基础已经存在，如图 4-18 所示。财务共享在处理基础会计核算业务的同时，能够通过财务数据的整合和提取，为企业提供业务经营支持和财务决策支持，这才是目前财务共享提供最直接价值的方法。

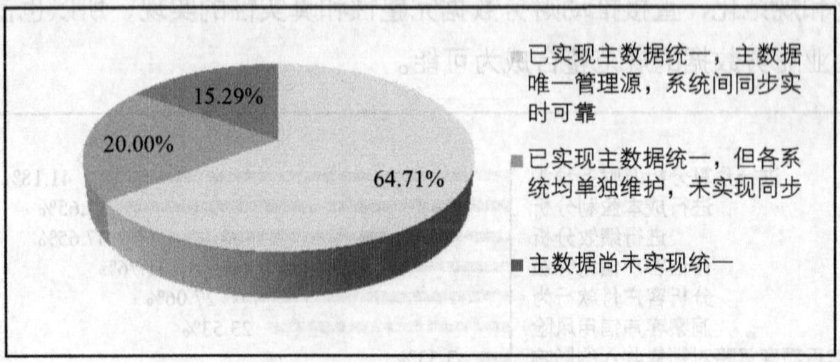

图 4-18　财务主数据治理情况

（四）移动互联技术在财务共享业务中悄然升起

从调研情况来看，财务共享已经尝试与移动互联网整合，通过互联网技术为企业提供更高效的服务。但是从功能应用看，依然停留在基础业务如移动审批、移动商旅报销等方面。虽然能够更直接地解决员工和企业某一方面的问题，但是类似移动决策支持、移动运营管理等方面涉足尚少，财务共享的移动互联技术需要更多的探索和尝试（见图 4-19）。

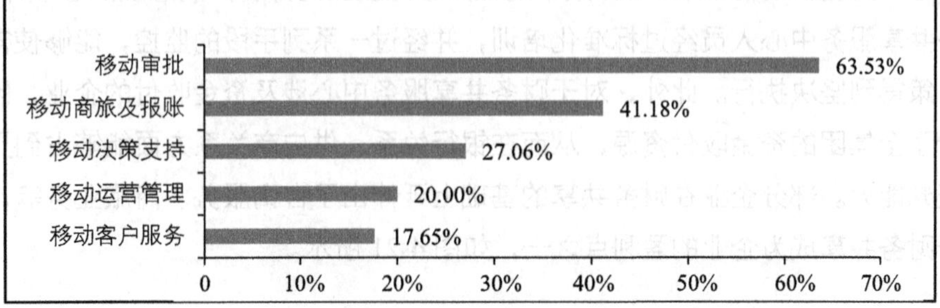

图 4-19　移动互联类新技术在财务共享服务中心的适用性

（五）大数据方法直接应用于财务预测、成本绩效分析等领域

大数据技术的应用对于财务共享服务中心，更多的是基于财务数据进行的数据整合与提取，如基于费用报销的预算分析及预算、基于成本核算的成本盈利分析、基于收入支出核算的绩效分析等，如图 4-20 所示。但是相对于与客户相关的数据技术，需要财务数据与客户数据、销售数据的整合，企业会认为并非财务共享独立完成，所以选择占比相对较低。从目前财务共享运营经验来看，财务业务的标准化和规范化，直接推动财务数据完整性和真实性的实现，所以也使财务数据推动企业业务数据的规范整合成为可能。

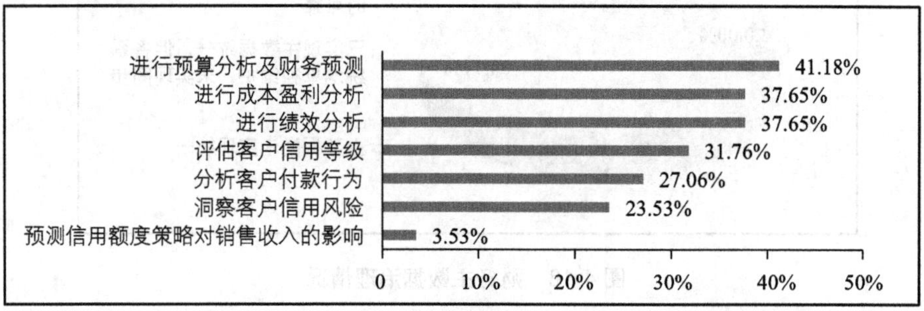

图 4-20　大数据类新技术在财务共享服务中心的适用性

八、财务共享服务中心运行效果调研

（一）强化总部管控力度、提高工作效率是财务共享实施后的显著效果

从前期调研来看，财务共享服务中心建立的目标首先是集团管控。首要重点工作之一为流程改造，所以工作效率的提升也是企业内部客户满意度的必然体现。财务共享服务中心人员经过标准化培训，并经过一系列手段的监控，能够使得财务政策得到坚决执行。此外，对于财务共享服务中心涉及资金收付的企业，因为整合了全集团的资金收付资源，从而在银行关系、供应商关系方面能够占到更强的谈判能力。部分企业在财务共享的基础上延伸出了咨询服务、商旅业务等，独立于财务共享成为企业的盈利点之一，如图 4-21 所示。

（二）国内财务共享已经进入迅速发展阶段

从调查情况来看，80%的企业认为财务共享服务中心进入迅速发展阶段。从目前国家政策的出台、国家机构的参与讨论论证、社会培训机构财务共享培训供不应求的情况来看，以及从中国企业逐渐做大做强参与全球竞争来看，财务共享服务中心建设目前进入了快速发展阶段。一方面，更多的企业在论证财务共享的可行性并付诸实现；另一方面，成熟的财务共享服务中心正在尝试或已经将经验总结进行分享，从而帮助更多的企业，或者开始探索如何基于财务共享为企业提供更多的管理增值服务，如图 4-22 所示。

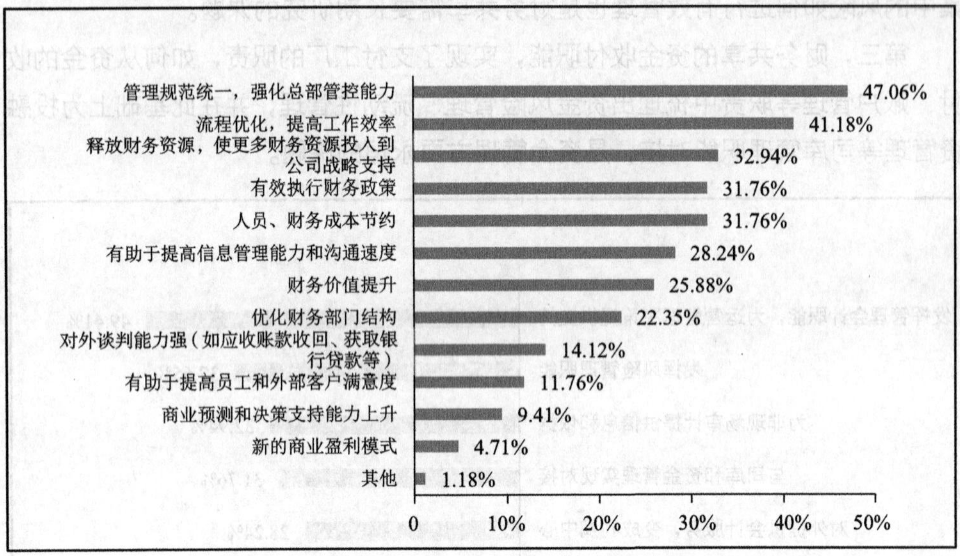

图 4-21　财务共享服务中心为公司带来的主要效果

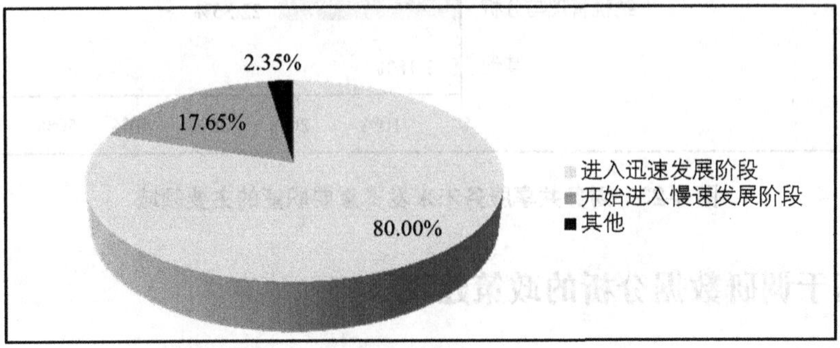

图 4-22　我国实施财务共享服务的前景

（三）财务共享服务能有效推动企业管理会计、司库建设和风险管理的发展

企业集团对财务共享服务职能的认识如图 4-23 所示，北京国家会计学院对统计数据进行总结归纳后认为：

第一，国内企业财务共享服务中心目前更多的还是在完成基础性的会计核算和资金收付等业务，如何通过核算信息进行财务计划是未来在财务共享的基础上需要探索的事项。

第二，财务共享集中了企业的全部会计业务，业务的集中也是风险的集中，集中的风险如何进行有效管理也是财务共享需要长期研究的课题。

第三，财务共享的资金收付职能，实现了支付工厂的职责，如何从资金的收付、账户管理等职责中梳理出资金风险管理、流动性管理，并在此基础上为投融资管理等司库管理职能对接，是资金管理方面永恒的课题。

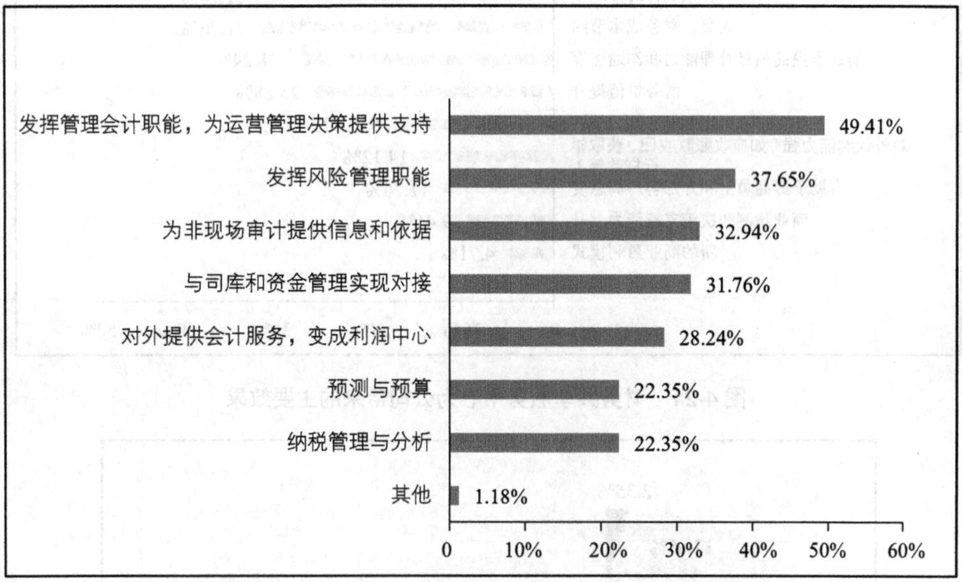

图 4-23　财务共享服务未来发挥重要职能的主要领域

九、基于调研数据分析的政策建议

（一）明确财政部在推动财务共享服务建设中的作用

党的十八大报告明确提出："经济体制改革的核心问题是处理好政府和市场的关系，必须更加尊重市场规律，更好发挥政府作用。"政府的职责和作用主要是保持宏观经济稳定，保障公平竞争，维护市场秩序，推动可持续发展，弥补市场失灵。

基于以上认识，我们认为，财务共享服务中心建设本身必须遵循一定的规律，具有一定的适用范围，并不是每个企业都必须实施的一种变革。选择是否建设财务共享服务中心更多的是企业自身需要思考的一种财务管理变革。企业需要结合自身的发展战略、行业特征、业务规模、控制环境、企业所处生命周期等多种因素评估实施的可行性。

财政部作为全国主管会计工作的政府监管部门，应更多地从政府与市场职责划分的角度出发，发挥正确引导、服务、沟通协调的作用，采取鼓励但不要强制或一刀切的态度。财政部应该针对财务共享服务认真组织相关课题或调研研究，探讨中国特色的财税体制下财务共享服务建设与运营中存在的主要问题，积极从未来中国企业走出去、做强做优的视角上，从法律法规、政策层面正确引导和帮助一些已经建立、未来准备建设财务共享服务中心的企业扫除一些制度性的障碍，支持财务共享服务中心的建设与有效运营。

（二）开发建立通用、可比的服务水平量化指标体系

财务共享服务中心不是简单的流程操作与标准化管理，它需要不断地检查和更新业绩指标，通过服务水平协议的量化指标，以最低成本提供高效率、高质量、高满意度的服务。这些指标必须能够清晰地描述财务共享服务与客户双方最低可接受的服务水平。例如，一个财务共享服务中心承接一个客户的报销审核业务，那么协议中就要约定报销时限、差错率等指标。这些指标可以帮助财务共享服务中心清晰地认识顾客的需求，更好地满足顾客的希望。但问题的关键是，什么是高水平的服务，其标准是什么？目前从被调研的典型案例企业来看，缺乏统一的指标类型、指标范围、指标定义，以致财务共享服务中心无论对内还是对外签订服务水平协议都在使用自己的一套标准。以日均处理单量为例，有的共享服务中心为 3 500 单，有的为 100 993 单，有的为 2 100 单，由于各自的指标定义不同，

无法衡量财务共享服务中心效率的高低。因此，应该由专业的权威行业协会或研究机构发布具有指导意义的服务水平协议通用指标体系，并定期发布标杆企业各指标数据，以此来衡量财务共享服务中心的绩效，以督促其不断提高服务水平，促进行业的健康发展。

（三）探索和总结全球财务共享服务中心的实践经验

随着我国政府经济预期的调整，经济放缓将呈现“新常态”，面对国内的产能过剩，强调境外投资、鼓励中国企业投资其他市场将成为我国经济结构调整战略的一部分。这时，我国的一些大型企业、企业集团开始考虑将经营活动和投资转移至海外，这需要我国的企业不断规范和提升海外经营活动的经营管理活动。财务共享服务的理念本身就来自20世纪末跨国公司的管理创新，并迅速得到财务界的认同和推广。但财务共享服务在国内企业中的推广和应用不过十年左右时间，其在我国国内跨区域的建设与运营管理尚处于探索阶段。应该肯定的是，财务共享服务中心作为跨地域、跨职能、整合企业不同领域的能力和商业知识的最佳实践，无疑是中国企业加速实现价值链转型、完成国际化拓展的重要工具和手段。建议财政部加强对全球财务共享服务中心的扶持力度，支持“走出去”的企业更好地应对复杂的税收环境、信息系统技术环境、法律监管环境，在确保账务准确的基础上，放宽对海外会计核算、档案管理等相关基础工作的限制。同时，定期组织相关企业进行经验交流，相互参观，相互学习好的经验和工作方法，并鼓励我国已经和即将走出去的企业积极探索全球财务共享服务模式的经验和教训，为企业的全球化战略提供重要的决策支持和管控手段，为推动全球化发展进程服务。

第五章

安永咨询中国企业财务共享服务调查报告（2015）

本报告作者：安永咨询服务 高级经理 董皓

一、调研概况

（一）调研背景

时间进入2015年，越来越多的企业关注财务共享服务中心在中国境内的发展情况，而企业财务共享服务中心的管理团队对于最佳运营管理实践、技术革新的关注也提升到了新的高度。在此背景之下，安永咨询进行了“2015年中国境内企业财务共享服务中心发展情况”调查，针对中国境内企业财务共享服务中心的总体情况、选址、业务分部、人员管理、运营管理、技术革新等方面展开了调研。本报告《2015 中国财务共享服务在技术变革推动下的未来趋势》[①]在上述调研结果的基础上进行了分析总结，分为“中国境内企业财务共享服务行业发展现状”和“技术变革推动财务共享服务 2.0 时代到来”两个部分，针对以下核心领域进行探讨：

- 揭示中国境内企业财务共享服务中心的发展现状；

---

① 作者介绍：董皓先生是安永大中华区咨询服务事业部高级经理。他拥有超过12年的企业财务及专业服务经验，在企业集团财务转型、财务共享服务等方面都有丰富的经验。与他人合著有中国首部财务共享服务领域专著《财务共享服务》。本章内容来源为安永调研分析，作者进行微调，在此对安永表示感谢。

- 提出对财务共享服务中心管理者的新思维要求；
- 对未来技术革新趋势进行展望。

财务共享服务中心自在中国生根之日起，便打上了信息化的烙印。对于今天的财务共享服务中心来说，网络报账、影像系统、资金交易处理平台已经成为其标配工具。绩效管理、质量管理、客户服务也越来越多地依靠系统来支持。可以说，信息技术成就了中国式财务共享服务 1.0 时代的辉煌。而今天，技术的发展没有止步，移动互联网的全面覆盖、云计算的落地应用、大数据的积极尝试、技术的革新让人眼花缭乱。财务共享服务中心的管理者们在思考，技术的革新将带来怎样的改变。安永咨询作为财务共享服务领域综合解决方案的积极推动者，针对中国境内企业 2015 年财务共享服务中心的情况进行了调查。本文将依托调查结果及笔者的研究，洞悉中国境内企业财务共享服务行业的发展现状，以及技术革新对财务共享服务带来的影响，并借此推动中国境内企业财务共享服务从 1.0 时代向 2.0 时代的迈进。

（二）受访者调查统计

本次调研的范围非常广泛，所属行业跨能源、房地产、零售等行业，涵盖几乎所有性质的企业（见图 5-1）；财务共享服务中心处于初创、扩展和稳定阶段的企业均有，运行时间跨度从半年以内到 5 年以上均有（见图 5-2）；被调查企业属于法人和非法人的均有，独立设计、与咨询公司协作、完全依靠外部咨询公司构建本公司财务共享服务中心的企业也都包括在内（见图 5-3）。范围广泛的调研企业，成为本调研报告质量的保障。

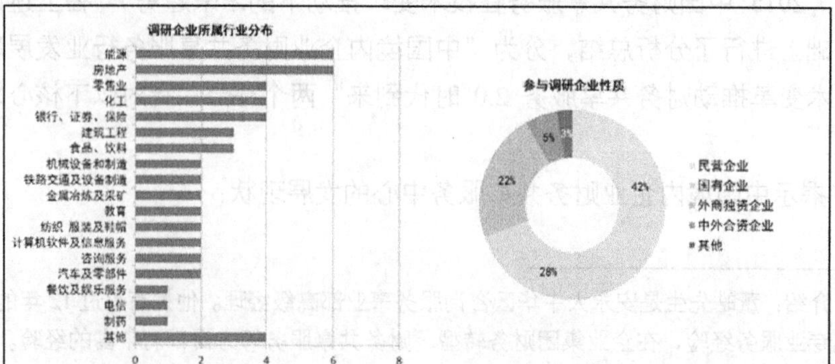

图 5-1　调研企业所属行业和企业性质分布

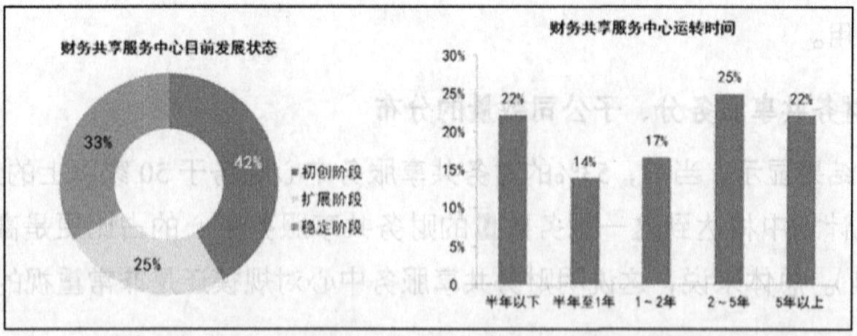

图 5-2 财务共享服务中心发展状态和运转时间分布

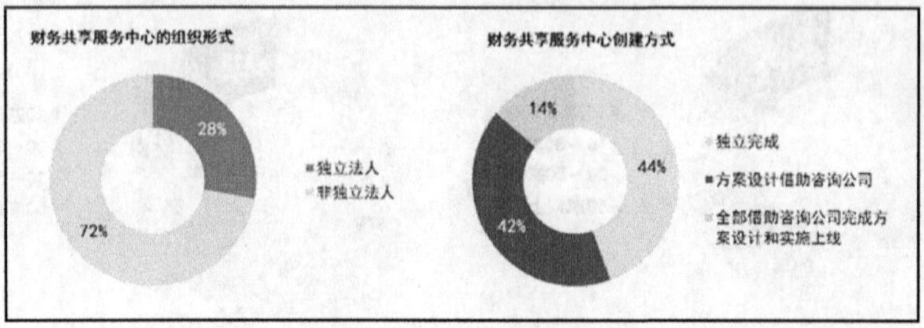

图 5-3 财务共享服务中心组织形式和创建方式分布

二、中国境内企业财务共享服务行业发展现状

2015 年，中国本土企业财务共享服务的发展已有近十年的历程。在这十年中，从懵懂的摸索尝试，到咨询公司与企业逐渐协同推荐，再到企业的自主创新，一片欣欣向荣。与此同时，外资企业在中国财务共享服务建设的步伐也从未停息。大量的西方企业在中国境内建立中国区、亚太区甚至是面向全球的财务共享服务中心，并在持续扩大自身规模。在安永咨询组织的“2015 年中国境内企业财务共享服务中心发展情况调查”中，我们看到了一些令人欣喜的数据。

（一）中国境内企业财务共享服务中心总体情况

自 2010 年以来，我们能够感受到，财务共享服务正快速地在中国落地生根。特别是在近五年，财务共享服务中心的建设呈现快速增长的趋势，而半年以下的财务共享服务中心更是占到五年以内建立数量的 28%。在被调查对象中可以看到，有 44%的财务共享服务中心是完全依靠自身摸索进行财务共享服务中心的建立的；但同时，咨询公司在中国境内企业财务共享服务中心的建设过程中亦发挥了不容忽视的作用。

1. 财务共享服务分、子公司数量的分布

调查结果显示，当前，53%的财务共享服务中心服务于50家以上的分、子公司，而在计划中将达到这一服务数量的财务共享服务中心的占比更是高达 67%（见图5-4）。总体来说，这说明财务共享服务中心对规模还是非常重视的。

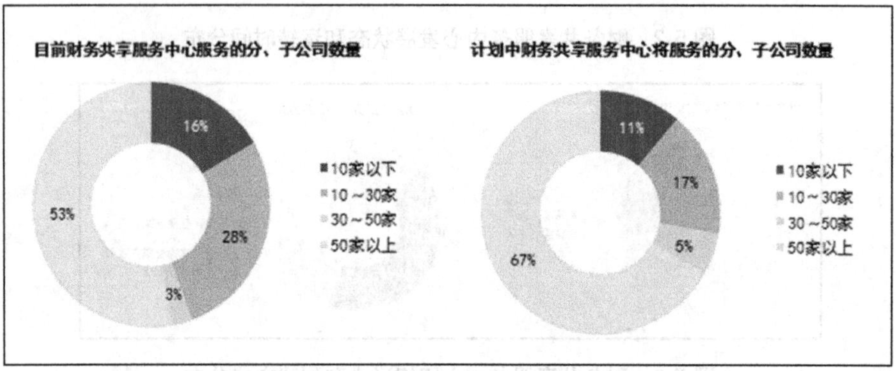

图5-4 目前及计划中财务共享服务中心服务的分、子公司数量

但同时，我们也看到，仍有相当比重的财务共享服务中心没有达到这一规模，而更有至少10%的财务共享服务中心仅服务于10家以下的分、子公司。这说明，规模大的企业更倾向或易于建立财务共享服务中心；而规模相对较小的企业在实践中，亦有建立的可行性。

2. 财务共享服务中心建立的目的（或诱因）及为公司带来的价值

财务共享服务中心建立的背后存在各种不同的目的和诱因，在建成后，也为企业带来差异化的价值。我们列举了一些可能的建立目的和价值体现，并在本次调查中进行了询问。

从反馈结果来看（见图5-5），企业建立财务共享服务中心的目的呈现多样化，除了极少数选择“国资委要求”外，其他各选项的分布比例相对均衡。其中，“业务标准化规范化要求”及“加强集团管控”比重最高。

在价值方面，“管理规范化、强化管控”和“流程优化”是财务共享服务最为突出的价值体现。“有效执行财务政策”、“人员、财务成本节约”、“财务价值提升”、“优化财务部门结构”成为第二阶梯选择。

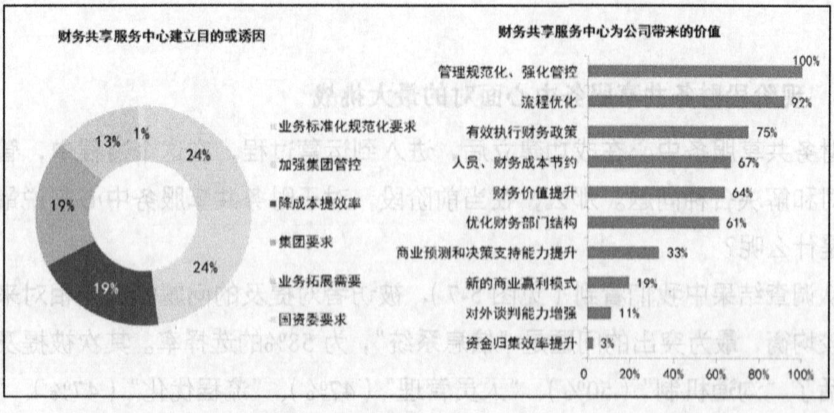

图 5-5 财务共享服务中心建立目的（或诱因）及为公司带来的价值

结合以上两个方面，我们观察到，财务共享服务中心对于成本节约的价值诉求并不是第一位的，“标准化、加强管控”成为财务共享服务中心建立的核心动机和价值体现。

3. 财务共享服务中心取得成功的首要因素

在明确了财务共享服务中心的建立动机和价值体现后，那么什么是财务共享服务中心取得成功的首要因素呢？

在调查结果中（见图 5-6），“管理层的支持”以 100%位居首位，而“流程的标准化和优化”也获得了 89%的高支持率。其次的选择包括了“统一及高效的系统”（69%）和“责任的清晰定义”（67%），而对员工在其中所发挥的作用——“员工的认同与配合”（42%）支持率并不高。

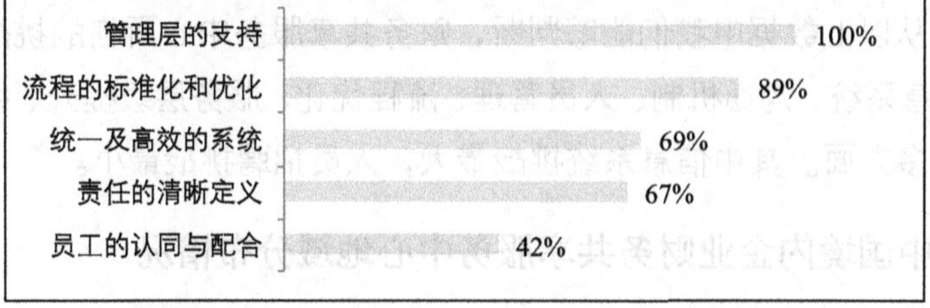

图 5-6 财务共享服务中心取得成功的首要因素

由此可见，对于中国境内企业来说，财务共享服务中心的建设要取得成功，必须是一把手工程，并需要标准化的流程、统一高效的系统及清晰的责任定义的支持。

4. 现阶段财务共享服务中心面对的最大挑战

财务共享服务中心在成功建立后，进入到运营过程，在这个过程中，管理者将面对和解决各种问题。那么，在当前阶段，对于财务共享服务中心来说最大的挑战是什么呢?

从调查结果中我们看到（见图 5-7），被访者对提及的问题的选择相对来说分布比较均衡，最为突出的问题是“信息系统”，为 58%的选择率。其次被提及较多的包括了“沟通机制”（50%）、“人员管理”（47%）、“流程优化”（47%）、“服务层级提升”（44%）、“绩效考核”（33%）。而“人员招聘”（11%）的选择率最低。由于选择“其他”的仅为 3%，可见以上提及的问题已经涵盖了绝大部分的财务共享服务中心面对的挑战。

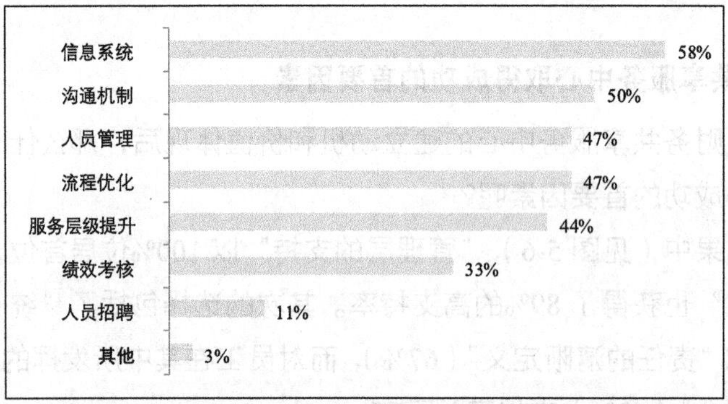

图 5-7 现阶段财务共享服务中心面对的最大挑战

因此，从以上数据中我们能够判断，财务共享服务中心面临的挑战是多样化的，涵盖信息系统、沟通机制、人员管理、流程优化、服务层级提升、绩效考核、人员招聘等多方面。其中信息系统挑战最大，人员招聘挑战最小。

（二）中国境内企业财务共享服务中心地域分布情况

1. 中国财务共享服务中心分布区域及选址特点

在一些研究中我们看到，中国境内企业财务共享服务中心的地域分布呈现了从东部环渤海集群、长三角集群和珠三角集群向中西部内陆地区转移的趋势（见

表 5-1)。

表 5-1　我国财务共享服务中心分布区域及选址特点

	地　区	代表城市	财务共享服务中心选址特点
传统区域	环渤海集群	北京、天津、大连	北京地区体现了央企及总部所在地优势，许多企业据此建立了财务共享服务中心；天津依托与北京之间的交通优势，也成为北京企业财务共享服务中心的一种选择。大连地区依托日韩语言优势，建立了东北亚服务外包中心，并成为诸多外资企业的亚太地区的财务共享服务中心所在地
	长三角集群	上海	具有国际金融中心优势和英语优势。有较多的跨国外资企业在此设立中国总部，并配套建立财务共享服务中心
	珠三角集群	广州、深圳	早期改革开放吸引外资进入后，建立了部分服务外包中心和财务共享服务中心
新兴区域	中西部内陆地区	合肥、武汉、成都、西安	依托中西部地区的成本优势，成为东部地区财务共享服务中心降成本增效率的优先选择，随着配套的逐步完善，吸引力日益增强

那么在本次调查中，中国境内企业财务共享服务中心的分布情况又是如何呢？在被调查对象中，考虑到样本选择的误差影响，在此不对几个区域的数量进行对比，我们仅考察内陆地区建立财务共享服务中心的绝对数量。在被调查的企业中有 16 家在内陆地区建立了财务共享服务中心，可见内陆地区已经成为财务共享服务中心建设的重要选址地区，并集中在省会城市。

2. 财务共享服务中心与总部关联情况

在另一项调查问题中我们考察了财务共享服务中心的选址与公司总部地址的关联情况。调查结果显示（见图 5-8），64%的被访者所在财务共享服务中心选址与其公司中国总部地址一致，22%附属于非总部所在地的其他办公场所，仅 14%的企业财务共享服务中心是独立选址，和公司其他职场没有关联。

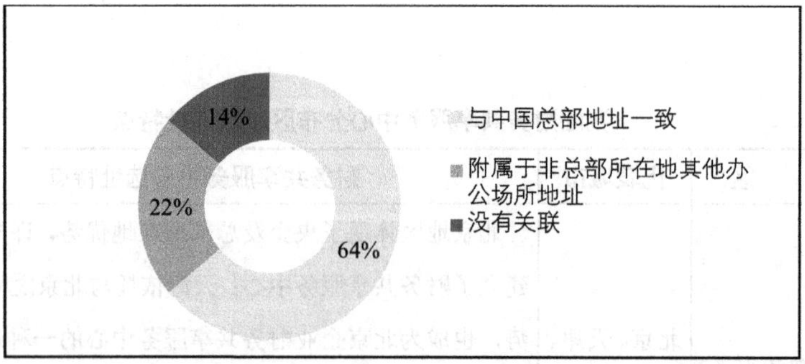

图 5-8　财务共享服务中心选址与公司总部地址关联情况

由此可见，中国境内财务共享服务中心的建设在选址方面仍以总部和附属分支机构模式为主，依托总部和分支机构的后勤保障，实现财务共享服务中心的快速成功落地。

3. 单一中心与多中心模式的选择

财务共享服务中心的选址存在单一中心和多中心两种模式。单一中心是指财务共享服务中心仅设一个运营职场，而多中心则指建立两个或多个运营职场。在多中心情况下，对于各中心的职能定位又存在多种情况——区域中心、流程中心和灾备中心。区域中心是指按区域设置中心，每个中心服务于当前区域的所有流程；流程中心是指每个中心服务于所有区域，但各中心承担不同的流程职能；而灾备中心则是指各中心均服务于所有区域和所有流程，互相之间起到备份作用。

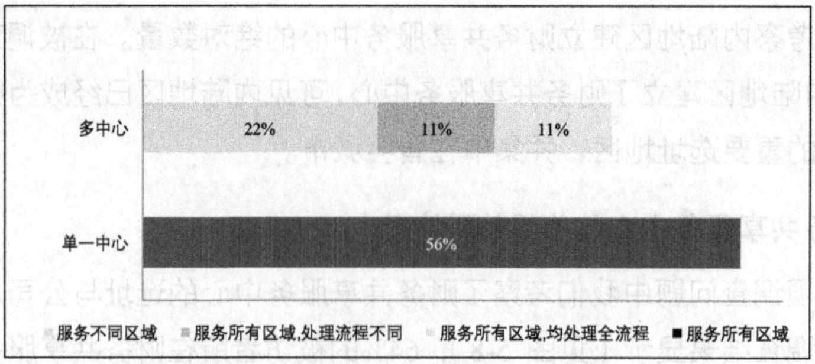

图 5-9　财务共享服务中心职能定位

在调查结果中我们看到（见图 5-9），单一中心占到大部分，有 56%的财务共享服务中心属于此类。在剩下的 44%的多中心模式中，区域中心占比最大，为多中心的 50%，流程中心和灾备中心又各占 25%。由此可见，中国境内财务共享服务中心以单一中心模式或按区域划分的多中心为主，以流程中心和灾备中心的多中心模式为补充。

（三）中国境内企业财务共享服务中心业务范围分布情况

1. 财务共享服务中心的业务范围分布

财务共享服务中心业务范围的分布如何，哪些流程在实践中被优先选择导入？这些问题的答案能够很好地指引新建财务共享服务中心的企业进行流程导入顺序的决策。

在本次调查中，我们定义了 18 项财务共享服务中心可能纳入的流程，并调查了财务共享服务中心已经实现的流程，以及在建立财务共享服务中心过程中首先导入的流程。调查结果显示（见图 5-10），以上两个问题答复的占比中，排在前六位的流程和顺序是一致的，包括"费用报销"、"应付账款"、"总账"、"应收账款"、"现金结算"和"财务报告"。这表示上述内容将是财务共享服务中心建设过程最易纳入且最具代表性的流程，这与我们从第三方视角所观察到的结果也是一致的。

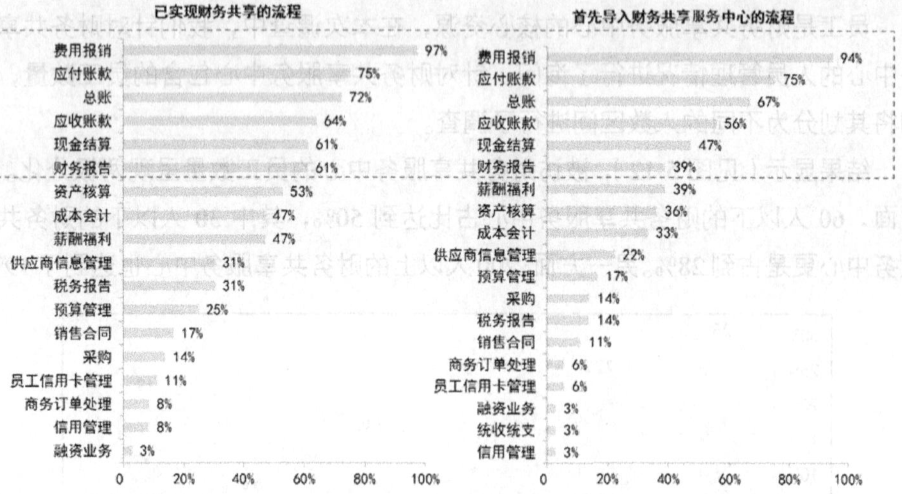

图 5-10　以实现财务共享的流程与首先导入财务共享服务中心的流程对比

2. 财务共享服务中心服务对象覆盖的地理范围

此外，我们也对被访问的财务共享服务中心服务对象所覆盖的地理范围进行了调查。

在本次调查所选取的样本中，我们看到（见图5-11），69%的被访者服务于整个中国地区，19%的被访者服务于中国部分地区，6%的被访者服务于整个亚太地区，3%的被访者服务于全球范围。这说明，中国境内企业财务共享服务中心的主要服务对象是中国地区。

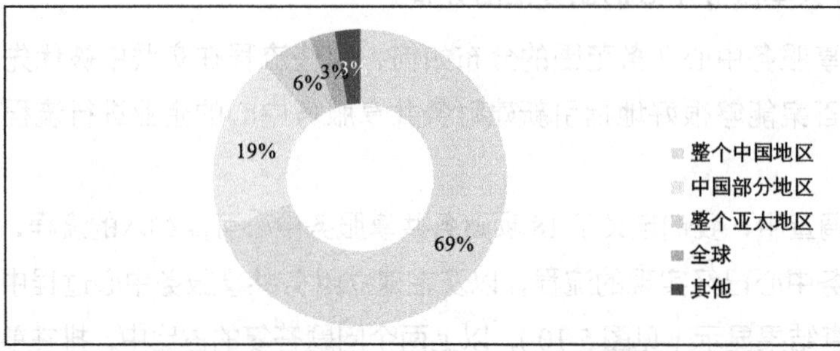

图5-11　财务共享服务中心服务对象所覆盖的地理范围

（四）中国境内企业财务共享服务中心人员管理情况

1. 员工人数分布情况

员工是财务共享服务中心的核心资源，在本次调查中，我们针对财务共享服务中心的人员管理情况进行了询问。针对财务共享服务中心包含的员工数量，我们将其划分为不同的人数区间进行了调查。

结果显示（见图5-12），被访财务共享服务中心的员工数量呈现两极分化。一方面，60人以下的财务共享服务中心占比达到50%，其中30人以下的财务共享服务中心更是占到28%。另一方面，200人以上的财务共享服务中心也达到了19%。

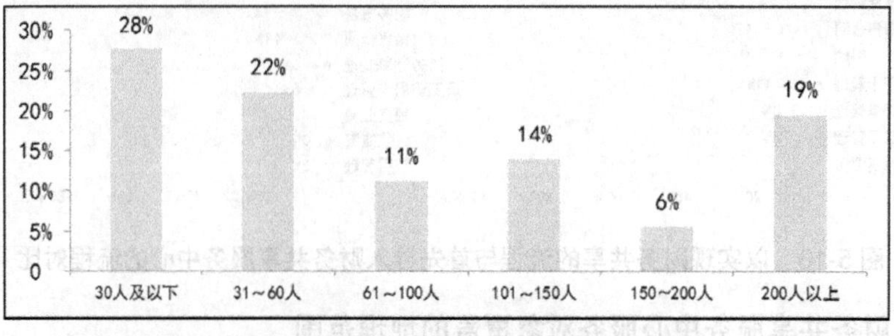

图5-12　财务共享服务中心包含的员工数量

2. 学历结构

为了了解财务共享服务中心的用人标准，我们调查了财务共享服务中心用人的最低要求和实际构成情况。

调查结果显示（见图 5-13），64%的财务共享服务中心对用人的最低要求是大专学历，31%选择了本科，而此外的 6%仅要求高中学历。然而，在财务共享服务中心实际的员工构成中，有 75%的财务共享服务中心是以本科生为主的。而以高中及以下为主的则没有，以大专为主的仅占 25%。

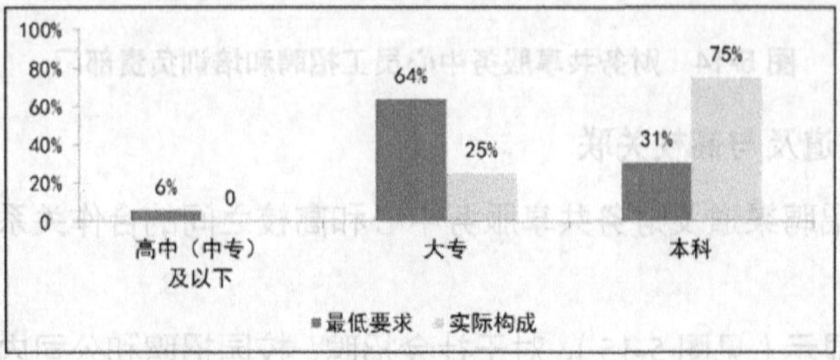

图 5-13　财务共享服务中心学历结构

由此可见，中国境内企业财务共享服务中心在用人的基线定义上，要求并不很高，但由于国内整体教育环境，使得本科学历人才的供给成本已大幅降低，且呈现供大于求的长期趋势。在这种情况下，本科学历员工成为财务共享服务中心高性价比之首选。

3. 员工招聘与培训

员工的招聘及持续培训和能力提升对财务共享服务中心的发展尤为重要。大部分企业的人力资源部承担着公司整体的人员招聘和培训工作，而财务共享服务中心自身又对招聘和培训工作有着强烈的自我推动的动机。那么在这种情况下，实践中的员工招聘和培训安排情况又是如何进行的呢？

调查结果显示（见图 5-14），人力资源部门仍然是财务共享服务中心员工招聘和培训的核心力量。50%的被访企业由人力资源部统一负责上述工作，但仍然有 41%的企业由财务共享服务中心自主进行人员招聘和培训工作，其中又有一半以上在财务共享服务中心内部设置人事部门来统筹安排和执行此项工作。此外，极少数公司会选择人力资源部和财务共享服务中心配合展开工作，如“招聘由公司人力资源部负责，培训自己负责”（3%），“公司的人事部门负责，但财务共享服务中心把关”（3%）等方式。

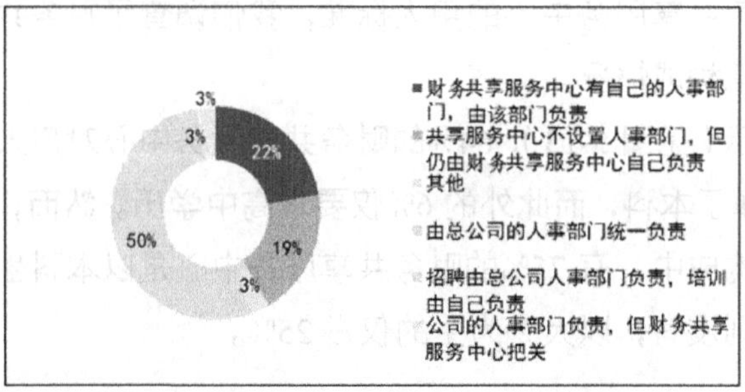

图 5-14 财务共享服务中心员工招聘和培训负责部门

4. 招聘渠道及与高校关联

在人员的招聘渠道及财务共享服务中心和高校之间的合作关系上，我们也进行了考察。

调查结果显示（见图 5-15），对于社会招聘、校园招聘和公司内部调动这三种招聘渠道来说，财务共享服务中心的使用是相对均衡的，各占 1/3 的比重。但我们看到，绝大部分（94%）的财务共享服务中心没有建立和高校之间的合作关系。

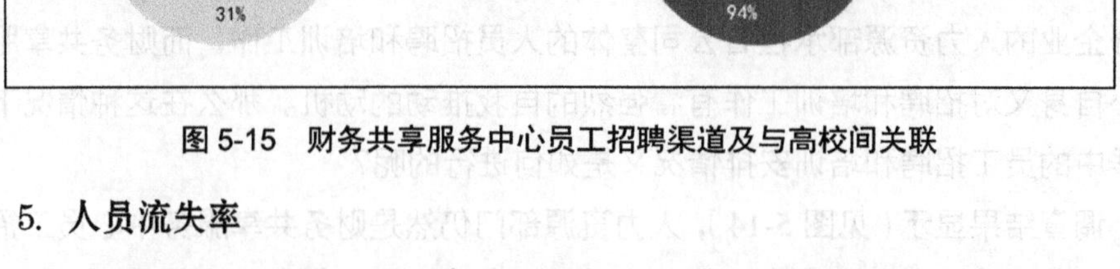

图 5-15 财务共享服务中心员工招聘渠道及与高校间关联

5. 人员流失率

财务共享服务中心的人员流失率从理论上来说应该是较高的，通常情况下，大家认为 20%以内的年度流失率是可以接受的，那么实际情况如何呢？

调查结果显示（见图 5-16），有 39%的财务共享服务中心人员流失率在 5%以下，5%~20%的合计 50%，而仅有 11%的财务共享服务中心人员流失率超过 20%。这说明，中国境内企业财务共享服务中心的人员稳定性相对较高，远远优于 20%

的理论值。在这种情况下，建议企业财务共享服务中心更关注于员工绩效水平的提升，而不是致力于降低人员流失率。

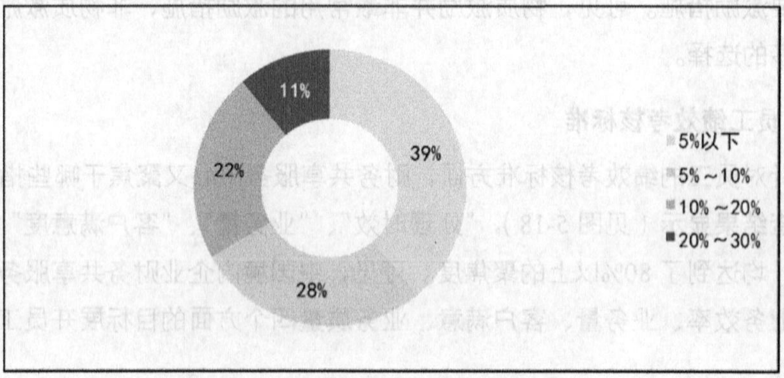

图 5-16 财务共享服务中心人员流动率

我们相信，较低的人员流失率和员工激励的方式是密切相关的，那么中国境内企业财务共享服务中心又在使用哪些激励手段来提升员工的稳定性和工作积极性呢？

6. 员工激励方式

从调查结果中我们看到（见图 5-17），通过晋升机制来实现员工激励是最为核心的手段。因此，财务共享服务中心建立一套区别于传统财务部门、具有针对性的人员管理办法是非常必要的。在其中，应当考虑建立晋升周期短、频率高的“小步快跑”模式的职业晋升机制，以起到及时有效的激励作用。

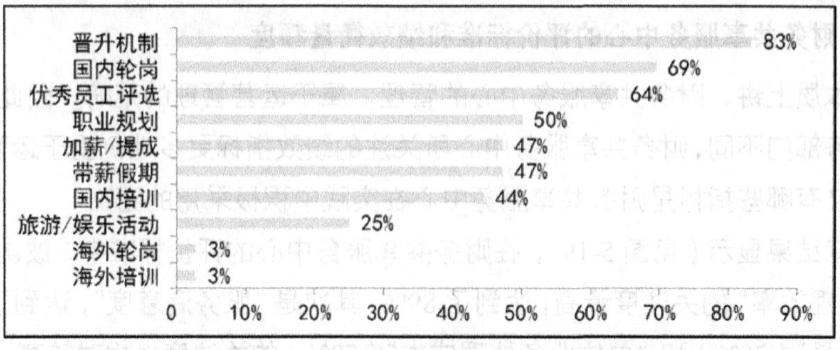

图 5-17 财务共享服务中心员工激励方式

此外，“国内轮岗”（69%）、“优秀员工评选”（64%）是核心激励手段，“职业规划”（50%）、“加薪/提成”（47%）、“带薪假期”（47%）及“国内培训”（44%）也是重要激励措施。可见，物质激励并非最常用的激励措施，非物质激励模式得到了更多的选择。

7. 员工绩效考核标准

在针对员工的绩效考核标准方面，财务共享服务中心又聚焦于哪些指标呢？

调查结果显示（见图 5-18），“处理时效”、“业务量”、“客户满意度”及“业务质量”均达到了 80%以上的聚焦度。可见，中国境内企业财务共享服务中心紧密围绕业务效率、业务量、客户满意、业务质量四个方面的目标展开员工的行为引导。

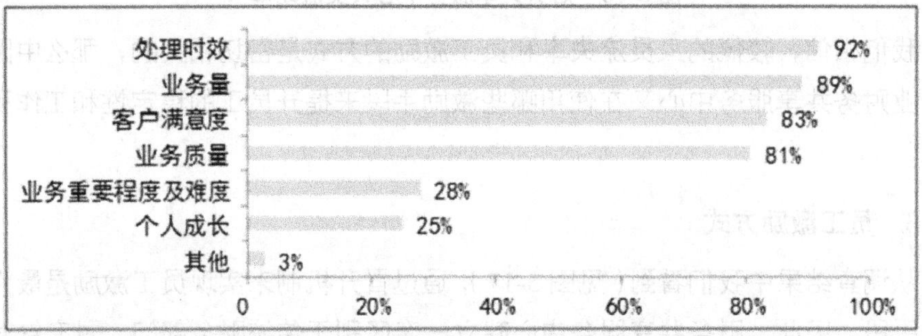

图 5-18　财务共享服务中心员工绩效考核标准

（五）中国境内企业财务共享服务中心运营管理情况

1. 财务共享服务中心的评价标准和绩效衡量频度

从本质上讲，财务共享服务中心的管理，属于运营管理的范畴。因此，和传统的财务部门不同，财务共享服务中心所关注的绩效指标更多地侧重于运营结果。那么，又有哪些指标是财务共享服务中心在实践中积极采用的呢？

调查结果显示（见图 5-19），在财务共享服务中心的评价标准中，被访者对于“业务处理效率”的关注度最高，达到了 89%；其次是“服务满意度”，达到了 81%。“业务质量”（75%）和“单位业务处理成本”（50%）的关注度也相对较高。而“服务范围”（31%）、“投入/产出”（28%）及“员工流动率”（22%）的关注度则相对较低。由此可见，中国境内企业财务共享服务中心的整体评价是紧密围绕业务效率、服务满意度、业务质量和成本展开的，这也与上文所提及的员工行为导向是相符合的。

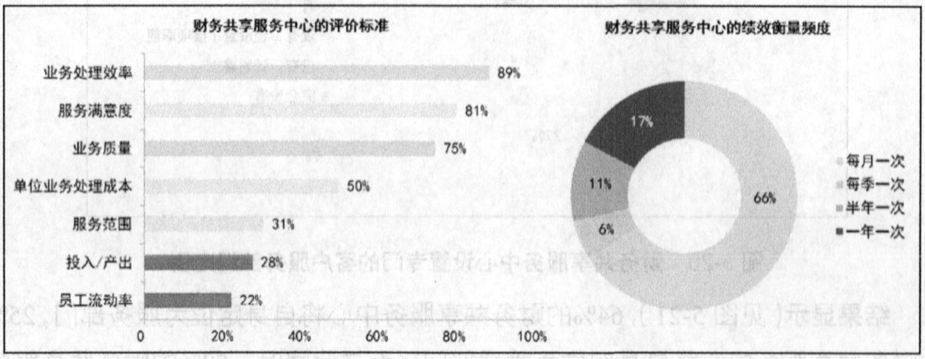

图 5-19　财务共享服务中心的评价标准及绩效衡量频度

在另一项针对财务共享服务中心的绩效衡量频度的调查中我们看到，66%的财务共享服务中心每月进行一次绩效评估，6%的财务共享服务中心每季度进行一次，11%的财务共享服务中心每半年进行一次，17%的财务共享服务中心每年进行一次。数据显示，中国境内企业财务共享服务中心的绩效衡量是一种“及时评价、及时改进”的模式。这将有利于财务共享服务中心进行动态的自我修正和能力提升。

2. 是否投入专门的资源开展客户服务

客户服务是运营管理中的重要环节，那么在实践中，财务共享服务中心是否投入了专门的资源开展客户服务呢？

被调查者中（见图 5-20），有 30%在财务共享服务中心内部设置了专门的客户服务部门；22%尽管没有独立设置客户服务部门，但设置了该项职能；31%在未来计划建立；而仅 17%是完全没有此项职能的。由此可见，财务共享服务中心对于客户服务职能的重视度还是比较高的，并已经或正在通过切实的行动付诸实施。

3. 财务共享服务中心的定位

财务共享服务中心对于自身的定位从战略层面决定了其运营管理的方向。针对常见的四种财务共享服务中心的定位模式，我们进行了调查。

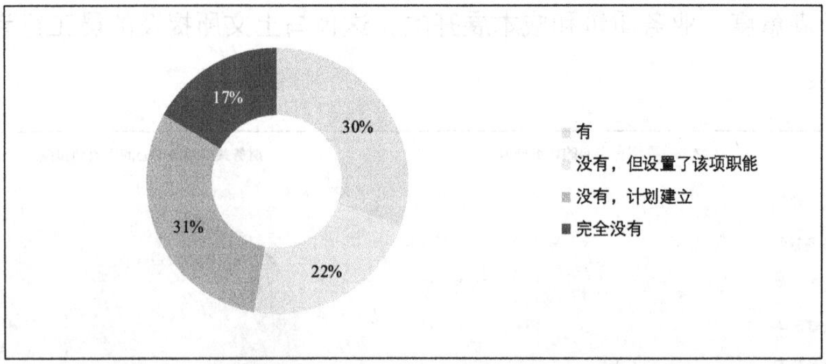

图 5-20　财务共享服务中心设置专门的客户服务部门比例

结果显示（见图 5-21），64%的财务共享服务中心将自身定位为服务部门，25%的财务共享服务中心将自身定位为管理部门。而与此同时，50%的财务共享服务中心认为自身是成本中心，22%认为自身是利润中心。可见，中国境内企业财务共享服务中心仍然以成本中心模式为主导，并更侧重于服务定位。

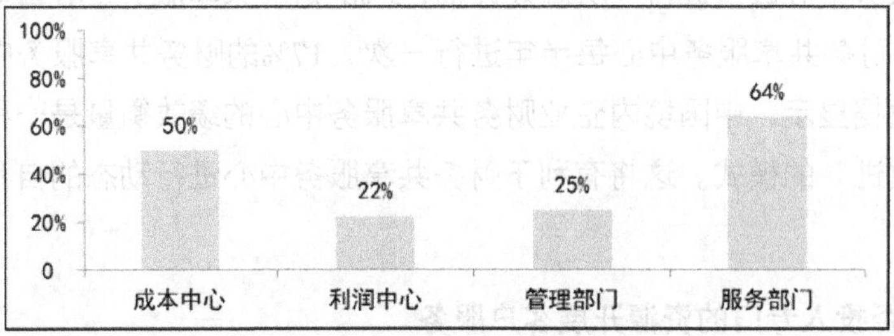

图 5-21　财务共享服务中心实际定位

4. 财务共享服务中心成本的分摊方式及设定利润率

针对成本中心和利润中心模式，我们进一步考察了财务共享服务中心对于成本的分摊方式，以及设定的利润率水平。

结果显示（见图 5-22），66%的财务共享服务中心对其成本不进行分摊，由总公司进行承担；20%的财务共享服务中心使用“工作量”作为动因进行成本分摊；6%使用“服务单位的产值”进行分摊；其他方式如“虚拟计价，表外分摊”、“平均分摊”、“耗时”等分摊方式均较少采用。在利润率设定方面，78%的财务共享服务中心不进行利润加成，5%的财务共享服务中心使用 5%左右的利润加成率，17%使用“5%~10%”的利润加成率。可见，对于中国境内企业财务共享服务中心来说，大部分不进行成本分摊和利润加成，如使用基于工作量的分摊和5%~10%的利润加成率的应用较为普遍。

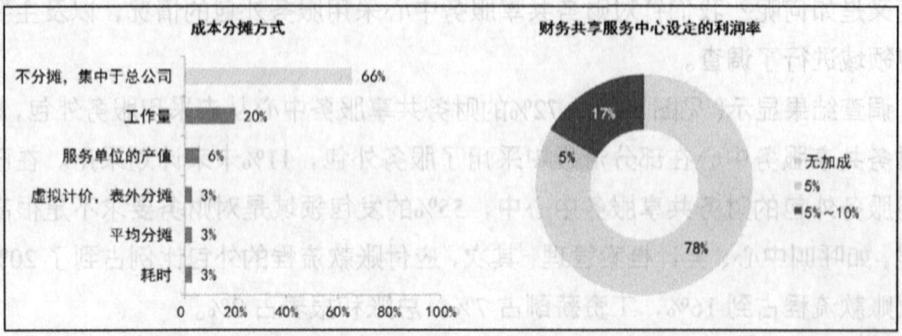

图 5-22　财务共享服务中心成本分摊方式及设定的利润率

5. **财务共享服务中心的商业化输出**

由上文我们看到，大部分的财务共享服务中心对内没有实施商业化，那么在对外进行商业化输出方面，是否也是如此呢？

调查结果显示（见图 5-23），61%的财务共享服务中心没有对外输出商业化，但6%的被访者对外提供外包服务，8%的被访者对外提供咨询服务，还有25%的受访者尽管目前尚未对外提供商业化服务，但在未来有此计划。可见，中国境内企业财务共享服务中心正在从为企业自身提供服务，向面向第三方提供商业化服务转变，并呈现增长趋势。

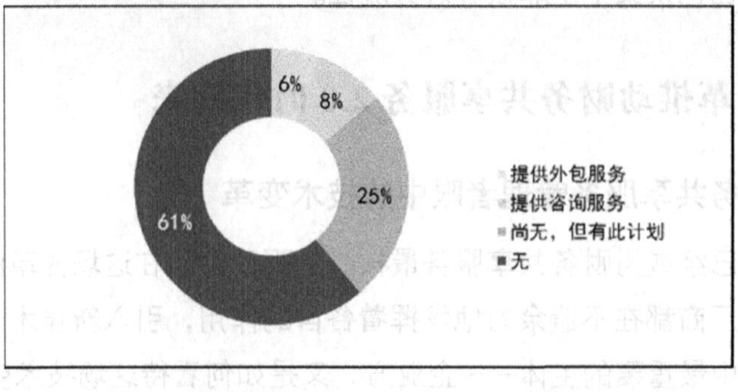

图 5-23　财务共享服务中心向外输出商业化服务情况

6. **财务共享服务中心的外包服务**

在国内财务共享服务中心开始希望对外提供服务的同时，自身对服务外包的态度又是如何呢？我们针对财务共享服务中心采用服务外包的情况，以及主要的发包领域进行了调查。

调查结果显示（见图 5-24），72%的财务共享服务中心从未采用服务外包，17%的财务共享服务中心在部分流程中采用了服务外包，11%未来计划采用。在已经采用服务外包的财务共享服务中心中，55%的发包领域是对财务要求不是很高的流程，如呼叫中心、会计档案管理；其次，应付账款流程的外包比例占到了 20%，应收账款流程占到 16%，工资薪酬占 7%，总账和报表占 2%。

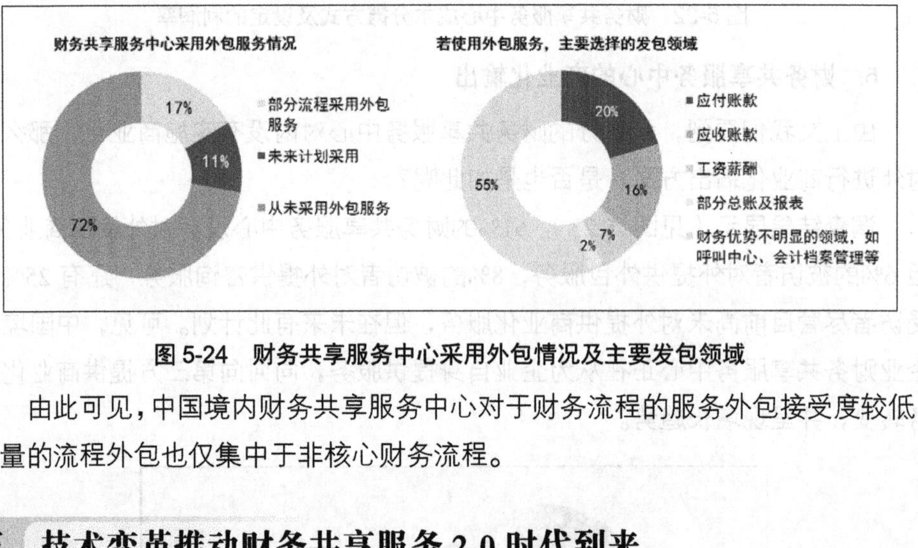

图 5-24　财务共享服务中心采用外包情况及主要发包领域

由此可见，中国境内财务共享服务中心对于财务流程的服务外包接受度较低，少量的流程外包也仅集中于非核心财务流程。

三、技术变革推动财务共享服务 2.0 时代到来

（一）财务共享服务管理者眼中的技术变革

技术变革已经成为财务共享服务最核心的驱动力。在这场变革的浪潮中，咨询公司、软件厂商都在不遗余力地发挥着各自的作用，引入新技术，推动创新实践。而作为其中最重要的主体——企业方，又是如何看待这场技术变革的呢？

1. **财务共享服务中心对新技术的态度**

在本次调查中，我们针对财务共享服务中心的管理者们询问了所在企业财务

共享服务中心对于新技术应用的态度。令人欣慰的是，有66%的企业认为所在企业的财务共享服务中心应当自主创新或积极地应用成熟新技术；而只有3%的企业认为应当尽量维持现状，以保持稳定，如图5-25所示。由此可见，大部分企业在面对这场技术变革时持有相对积极的态度。

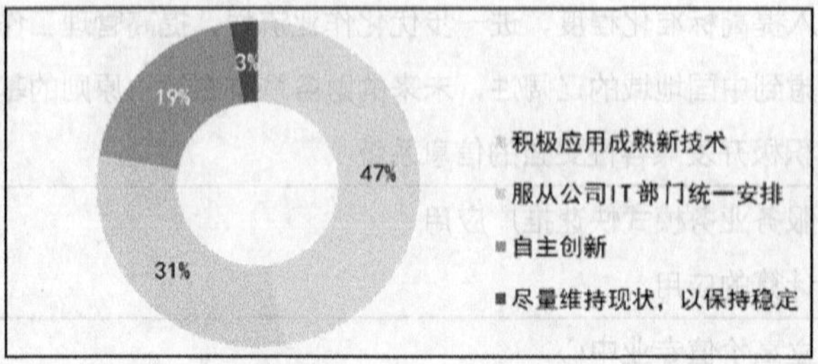

图5-25　所在财务共享服务中心对新技术应用的态度

2. 财务共享服务中心的技术和管理模式创新能力

与此同时，在所调查的另一问题中，我们看到了企业财务共享服务中心在保持积极心态的同时，也面临着来自自身能力的挑战。在被问及被调查者所在财务共享服务中心的技术和管理模式创新能力如何时，59%的企业选择了“一般”或“差”（见图5-26）。这也提示我们，对技术革新充满憧憬的同时，技术能力和管理创新能力的建设亦不容忽视，应当缩短二者的差距，实现能力匹配。

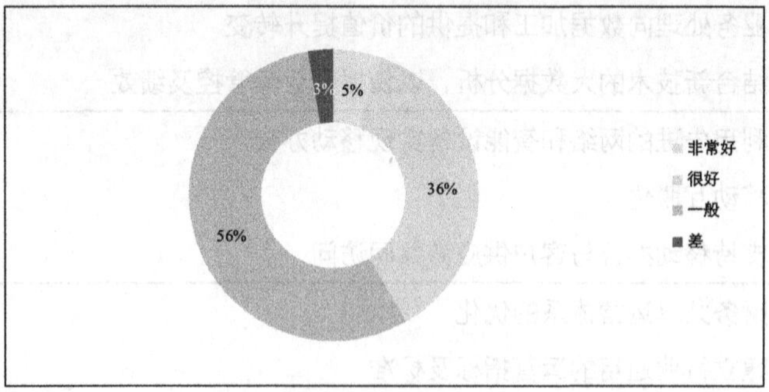

图5-26　对所在共享服务中心技术和管理模式创新能力评价

3. 对财务共享服务中心技术转型的建议

在我们问及中国境内企业财务共享服务中心对于向下一代财务共享服务中心进行技术转型时，我们获得了以下重要且非常有意义的反馈建议，如表5-2所示。

表 5-2　被调研企业对下一代财务共享服务中心技术转型的建议

建议类别	收集到的反馈建议	提及次数（次）
信息系统标准化	• 共享服务中心系统软件接口标准化 • 深入提高标准化程度，进一步优化作业流程，提高管理工作效率 • 考虑到中国地域的辽阔性，未来的财务系统在统一原则的基础上，应积极开发兼容性更强的信息系统	3
云计算应用	• 云服务业务模式快速推广应用 • 云计算的应用	2
价值突破	• 建立高价值专业中心 • 财务共享服务中心成为企业的利润中心，对外提供独立的外包服务 • 从利润中心向财务公司转换，向管理咨询和培训业务转型，成为服务公司 • 形成行业规范及组织，拓展外包服务 • 涌现基于云服务的品牌化外包服务商	6
大数据及数据分析	• 在大数据基础上，优化数据提炼分析，提供企业决策服务 • 实现大数据分析 • 建立数据中心 • 业务处理向数据加工和提供的价值提升转变 • 结合新技术的大数据分析，以便提升业务管控及绩效	6
移动互联	• 利用先进的网络和智能设备实现移动办公 • 移动互联化 • 支持移动办公与客户供应商共同访问	3
运营管理标准化和线上化	• 财务共享运营体系的优化 • 建立行业通用的运营指标及标准 • 建议国家及行业监管部门尽快建立财务共享服务中心建设及运营标准 • 信息系统完善，全业务流程和管理线上运营	4

续表

建议类别	收集到的反馈建议	提及次数（次）
人才多样化	• 财务共享服务中心人才多样性，能够提供一站式从咨询—系统建设—运行维护—业务处理—数据提供的跨专业和领域的人才聚集	1
其他方面	• 尽可能自动化的处理 • 注意数据安全 • 产品服务提升	3

从上述建议中我们看到，财务共享服务中心将自身的价值突破和大数据及数据分析放在了变革的核心地位。在价值突破方面，培训、外包、咨询、云服务，任何一种能够体现财务共享服务中心自身商业价值的可能性都被提及。而大数据所体现的业务价值，是另一种对于自身价值体现的诉求表达。因此，财务共享服务 2.0 时代将不可避免地打上价值的烙印。

4. 对下一次技术升级的预测

此外，信息技术的标准化及自动化、云计算、移动互联、运营管理标准化和线上化、人才多样化、数据安全、产品服务提升均被提及，这也为我们寻求中国境内企业财务共享服务中心提升和发展的方向带来了启示。

同时，财务共享服务中心的管理者们对于未来的技术升级充满期待，甚至已经付诸实践。在被调查者中（见图 5-27），22%的财务共享服务中心正在进行技术升级，53%计划在未来 1~2 年进行技术升级，而仅 25%对技术升级暂无计划。由此可见，中国境内企业财务共享服务中心即将进入新一波的技术升级浪潮。

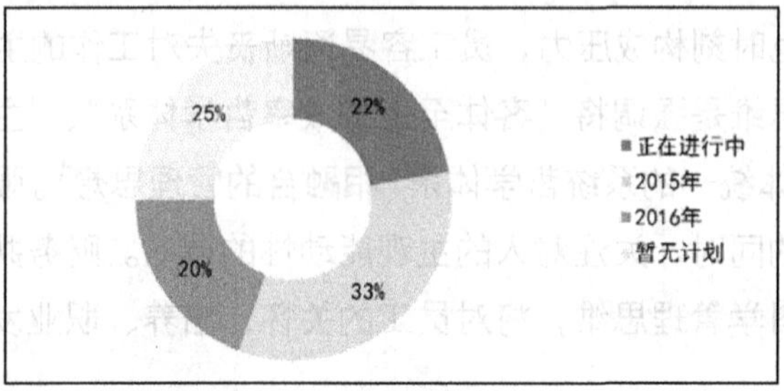

图 5-27　所在财务共享服务中心预计下一次技术升级

（二）财务共享服务管理者需要具备的新思维

思维模式的转变是财务共享服务中心管理者适应变革趋势，提升自身能力，推动财务共享服务中心升级转型的前提。传统的财务思维已经不再适应当下企业发展的要求，财务共享服务的出现，以及随之而来的财务转型，使得财务工作逐渐和企业当下的管理需求相匹配，并且逐渐发挥出应有的价值。而我们也不得不进一步认识到，当前的财务共享服务管理的思维模式同样将难以适应未来十年，改变的时刻已经到来。结合本次调查，我们发现，以下几种思维模式对财务共享服务中心的管理者来说具有重要的意义，并将成为顺应未来变革的重要精神力量。

1. 新科学管理思维

财务共享服务中心的发展和科学管理思想密不可分。在20世纪以前的早期管理理论中，亚当·斯密的"劳动分工"和"经济人"观点拉开了以流程划分运营过程的序幕。在管理科学的发展路径中，存在着"客体至上的效率哲学体系"、"主体至上的行为哲学体系"及"主客体统一的系统哲学体系"，如图 5-28 所示。依托以上三套体系，管理思想的发展经历了早期管理理论时期（20 世纪以前）、科学管理时期（20 世纪一二十年代）、行为科学管理时代（20 世纪 30 年代至第二次世界大战前）及管理理论丛林时代（第二次世界大战后至今）。

传统的财务共享服务管理实践中有很多企业，特别是中国本土企业的财务共享服务中心过于强调对于效率哲学体系的应用。在这套体系中，我们能看到实践中大量应用的管理技术，如"劳动分工"、"生产运筹"、"全面质量管理"、"流程再造"、"精益生产"、"六西格玛管理"及"信息技术"。在传统财务共享服务中心建设的过程中，成本效率领先的思想根深蒂固。在这种导向下，员工很多时候容易步入"低士气"陷阱中。由于长期面对大量高强度、重复性的工作，而严苛的效率和质量指标也时刻构成压力，员工容易逐渐丧失对工作的主观能动性。

新科学管理思维是强调将"客体至上的效率哲学体系"、"主体至上的行为哲学体系"及"主客体统一的系统哲学体系"相融合的管理思想[②]。强调在提升效率、质量和降低成本的同时，关注对人的主观能动性的调动。财务共享服务中心的管理者应当具备新科学管理思维，将对员工的关怀、培养、职业发展及激励提升至

② 张新国. 新科学管理：面向复杂性的现代管理理论与方法[M]. 北京：机械工业出版社，2013.

和效率、质量、成本并重的高度，激发员工的工作激情，从而实现基于主动的高绩效结果。

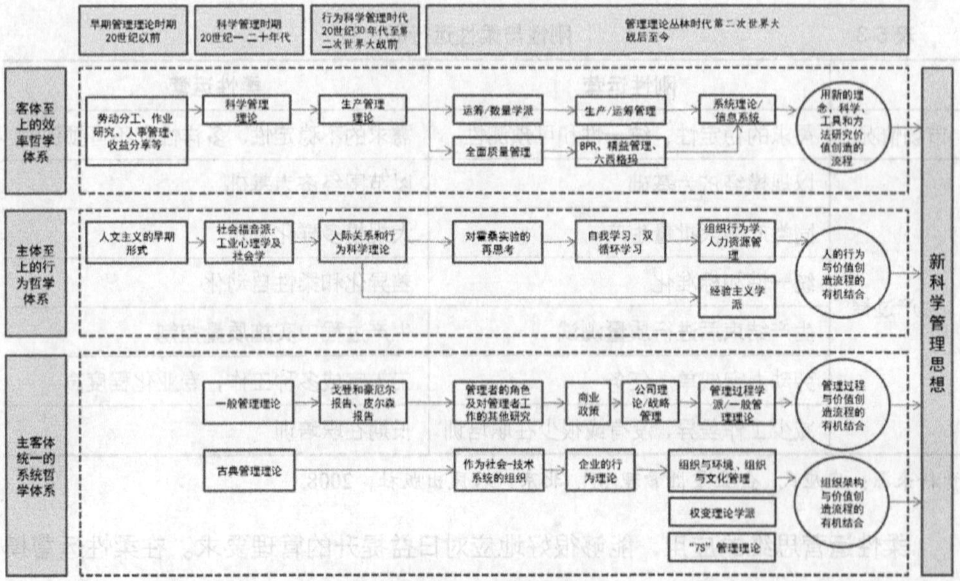

图 5-28　科学管理思想发展框架

资料来源：基于《新科学管理：面向复杂性的现代管理理论与方法》（作者：张新国，机械工业出版社出版）整理。

从我们观察到的情况来看，跨国公司在中国境内建立的财务共享服务中心，更善于应用新科学管理思想。而中国本土企业在经历了成长期后，也逐渐有意识地在向其转变。

2. 柔性运营思维

传统财务共享服务运营模式是典型的以制度为中介，对人的行为和组织的目标进行约束匹配的模式。这种运营模式更多的是一种刚性思维。对于刚性运营来说，需要有稳定、统一及可以预测的业务需求；同时，在业务加工过程中，以规模经济为基础，进行同类业务的大批量作业，强调统一性和标准化，在作业完成后要进行质量测试。财务共享服务中心的员工完成单一作业，在管理中要求尽量减少工作差异，没有或很少进行在职培训。

如表 5-3 所示，刚性运营能够很好地带来规模、效率下的成本优势。但在实践中，我们观察到，越来越多的企业管理者对财务共享服务中心的要求在不断提升，他们希望财务共享服务中心能够有更多的灵活性，能够应对更多样和复杂的业务场景。而这本身也是财务共享服务中心的管理者所不断追求的。

表 5-3　　刚性与柔性运行的比较

	刚性运营	柔性运营
市场情况	需求的稳定性、统一性和可预测性	需求的不稳定性、多样性和不可预测性
生产过程	以规模经济为基础	以范围经济为基础
	同类产品大批量生产	大规模多样化生产
	统一性和标准化	差异化和柔性自动化
	生产结束后进行质量测试	生产过程中实施质量控制
	劳动力完成单一任务	工人完成多种工作，专业化程度高
	减少工作差异，没有或很少在职培训	长期在职培训

资料来源：安应民. 企业柔性管理[M]. 北京：人民出版社，2008.

柔性运营思维的应用，能够很好地应对日益提升的管理要求。在柔性运营模式下，需求可以具有不确定性、多样化、不可预测性。在运营过程中，柔性运营以范围经济为基础，进行大批量多样化生产，解决差异性和柔性的自动化处理。质量控制方式也从事后测试向前期过程中的质量环境建设和质量控制转变。对员工来说，需要从原来的一专一能转变为一专多能，当业务需求发生变化时，能够灵活地进行资源调配。

财务共享服务中心的刚性是与生俱来的，也是不可或缺的，这是其安身立命之本。但作为财务共享服务中心的管理者，我们必须意识到，未来的趋势是刚柔并济。柔性运营的思维和能力已经到了启动建设的时候。直观地说，刚性思维是一套直线式的生产线，而柔性思维模式则允许我们在这条直线上将差异件分流处理，同时允许员工进行生产线上的多流程环节处理，通过组织的柔性、技术的柔性、流程的柔性带来财务运营的多种可能。

3. 互联网思维

互联网本不是一种思维，但近年来随着移动互联网的兴起，创新商业模式层出不穷，随着对这些应用的总结，出现了一套新的思维体系[③]。对于财务共享服务中心来说，和互联网的亲密接触很早就开始了。由于大部分财务共享服务中心采用的是人员物理集中的运营模式，这使得信息的异地交互在很早就成为强烈诉求。这种情况下，财务共享服务中心不得不积极地转变单据邮寄处理的模式，依托互联网建立网络报账、影像系统等技术手段，从而实现了互联网的快速普及。

然而今天，我们在谈到互联网思维的时候，并不仅仅指依托互联网技术展开财务共享服务的运营，而是要纳入互联网时代的一些新的思维模式。其中，“用户思维、社会化思维、平台思维”都是我们在财务共享服务中心的运用管理中可以引入并应用的，如图 5-29 所示。

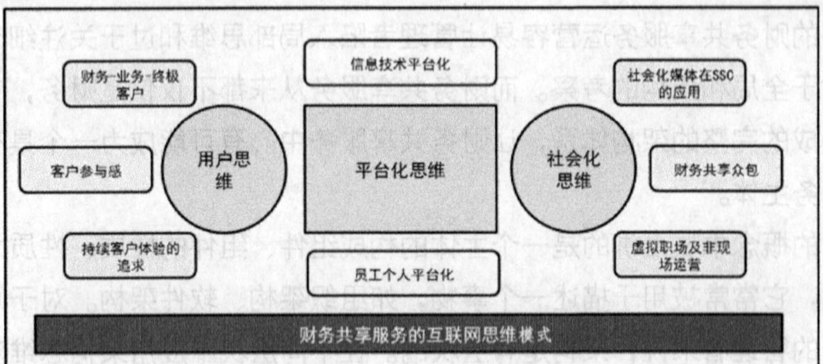

图 5-29 财务共享服务的互联网思维模式

用户思维在互联网中体现的是长尾效应、参与感及对客户体验的持续追求。对财务共享服务中心来说，我们首先需要树立的是以客户为中心的立场，并将客户的概念从财务领导向业务领导、业务部门员工、公司终极客户进行有层次的拓展。同时，将客户带动到日常的流程、服务及质量改善活动中，依托客户的参与感提升财务共享服务在组织中的价值，并最终更好地改进运营、服务客户。

社会化思维在互联网中体现的是社会化媒体的广泛应用及众筹、众包等概念。对于财务共享服务来说，社会化媒体如微信等工具的出现使得财务共享服务中心与员工、客户之间的交互变得更为便利和友好，对于提升客户满意度具有重要意义。同时，众包的出现，使得财务共享服务从物理集中到逻辑集中成为可能。员

③ 赵大伟. 互联网思维独孤九剑[M]. 北京：机械工业出版社，2014.

工未必一定要在职场中工作；同时，具有广泛数量的中国财会群体能够以众包的形式参与到财务共享服务的运营中来。

平台化思维在互联网的技术层面体现的是技术资源的整合，搭建供需双方相互沟通的平台。对于财务共享服务来说，构建技术平台，实现业务和财务之间的对接、企业和供应商之间的对接、企业和银行之间的对接，将财务共享服务中心打造成联通各方的平台核心。同时，平台化思维也体现为员工的个人平台化，建立人人都是 CEO 的观点，从而调动员工的积极性，这些在财务共享服务中心也是适用的。

4. 架构思维

长期的财务共享服务运营容易让管理者陷入局部思维和过于关注细节，从而忽视了对于全局和架构的考察。而财务共享服务从来都不仅仅是财务，它是由多个方面构成的完整的架构体系，让财务共享服务中心有可能成为一个具有相对自主性的业务主体。

架构的概念本质上讲的是一个主体的构成组件、组件的性质、性质之间的关系。因此，它常常被用于描述一个事物，如组织架构、软件架构。对于财务共享服务中心的管理者来说，架构是有层次的。在不同层次中应用架构思维对财务共享服务中心的建立和后续运营管理具有非常重要的意义。在全局的层次中，我们关注整个财务共享服务中心运营的业务架构，它包括了战略、组织、人员、业务流程、运营管理、信息系统等多方面，如图 5-30 所示。

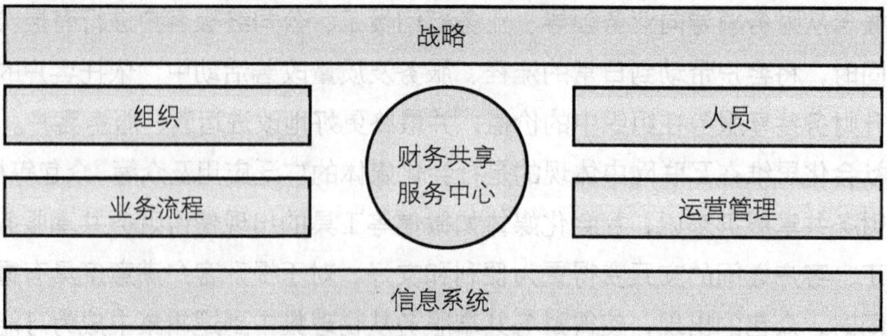

图 5-30　财务共享服务架构

在全局层次的架构中，我们需要关注上述各个组件的特性及其相互关系，并针对每个组件进一步深入地管理其下一层次架构。

- 战略架构：明确治理结构（如是内部组织还是独立法人）、单一中心还是多中心、各中心的职能定位、选址等方面内容。
- 组织架构：明确组织的工作职责，组织中的岗位、职责和岗位之间的承接关系，组织中的管控关系，组织中的协作关系。
- 人员架构：明确岗位职责到岗位的人员编制、人员的能力要求、人员的绩效管理、人员的职业发展和文化建设。
- 流程架构：明确流程分类、流程层次、流程处理动作、流程动作间逻辑关系、流程动作参与者、流程动作的作业和质量要求、流程时效要求及流程风险等。
- 系统架构：明确财务共享相关系统的构成、各系统的具体功能构成、系统间功能及数据的逻辑关系。此外，还应当明确财务共享相关系统和其他财务信息系统的关系、财务信息系统和业务系统及外部系统如银行等之间的关系。

对于财务共享服务中心来说，系统架构是非常重要的部分。财务共享服务中心的负责人应当具备相应的架构思维和架构能力，从一定的高度去审视财务共享服务的运营发展。

（三）财务共享服务技术革新从未停步

1. 导入财务共享服务中心的企业目前尚在使用的财务信息系统

财务共享服务的技术革新贯穿其发展历程，并从未止步。在企业的财务组织中，财务共享服务中心常常承担起推动技术变革的核心角色。在过去的十年中，依托互联网技术，财务从会计电算化发展到财务信息化阶段。而对于财务共享服务中心来说，曾经的一些技术难点，现在也成了广泛应用的提高工作效率的成熟手段。

在本次调查中我们看到（见图 5-31），被调查的财务共享服务中心所在的企业中，除了会计核算系统（94%）以外，应用最普遍的系统是费用控制系统（83%），其次是影像系统（64%）和资金管理系统（64%）。

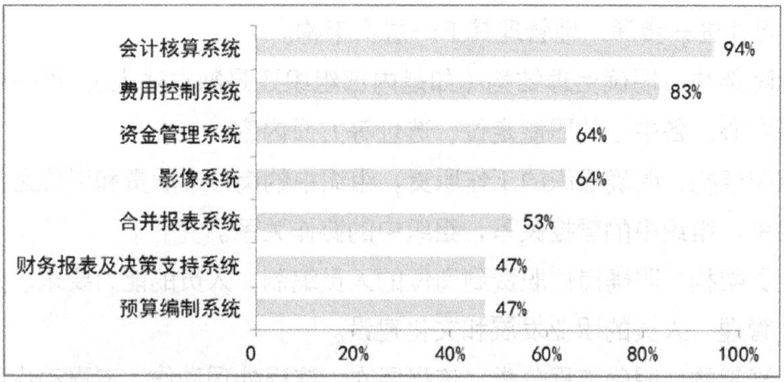

图 5-31　导入财务共享服务中心的企业目前尚在使用的财务信息系统

2. 财务共享服务中心信息系统功能

同时，财务共享服务中心在上述信息技术的应用中也从未止步，从最初简单的系统功能到完善、自动化的系统应用，财务共享服务支持系统已经呈现出专业化管理支持系统的趋势。

如图 5-32 所示，我们看到费用控制系统在单据派工、基于接口自动凭证生产方面得到了普遍的应用增强，结合现场电子绩效看板、运营绩效报表、质量管理功能，费用控制系统实现了向财务共享服务作业平台及运营管理平台的转变。影像管理系统也从简单的图像扫描、挂接、展示，升级为电子会计档案管理系统。而资金管理系统也从传统的银企互联演变为功能复杂的全面业务系统，其中基于接口的自动支付管理等功能也得到了广泛应用。

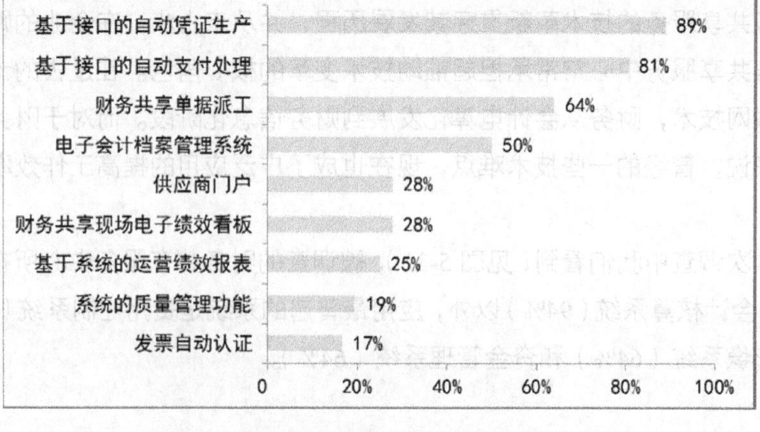

图 5-32　所在财务共享服务中心信息系统功能

3. **费用控制到财务共享服务平台**

传统的费用控制系统实现了从实物审批报账到电子审批报账的转变，同时，通过对于费用预算的导入，事前动支的管理，实现了费用的事前、事中的过程管控。相对于仍在使用实物流转进行审批报账的组织来说，费用控制系统的应用已经极大地推动了财务报账流程的电子化。随着财务共享服务的出现，传统费用控制系统已难以满足管理需求，针对财务共享服务的新的支持功能在实践中逐渐形成，如图 5-33 所示。

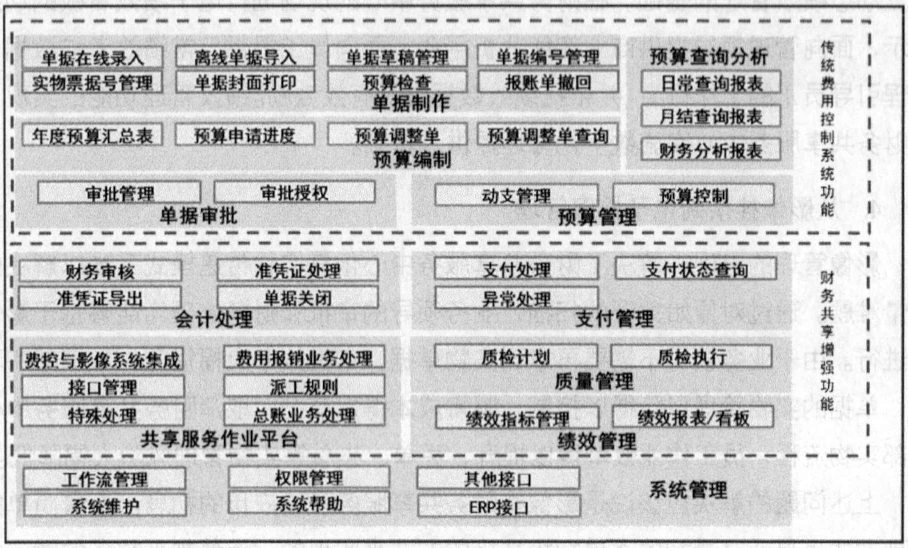

图 5-33 费用控制及财务共享服务平台功能架构

（1）会计处理。将财务共享服务中心的审核、复核进行有效管理，并建立和会计核算系统之间的接口，建立包含凭证生成规则的会计引擎。在凭证导入核算系统前，进行准凭证管理功能，对凭证进行预校验，在凭证生成且支付完成后进行单据关闭。

（2）支付管理。建立和资金管理系统之间的接口，自动完成凭证支付信息的传递，对支付记录的信息进行预校验，对支付状态进行动态查询、跟踪管理，并提供功能对支付失败等特殊情况进行后续处理。

（3）共享服务作业平台。实现和影像系统的集成，建立派工规则，面向财务共享服务中心员工进行公平且有效率的任务分派。在任务分派中，构建派工池，明确派工规则。同时，能够支持对已分派单据的回退、取回、二次分配等特殊情况处理。

（4）质量管理。在完成财务处理后引入质量检查环节，通过系统下达质量检查任务，定义单据的抽样范围，下达抽样比例，由系统实施自动抽样后，下达质量检查人员进行质检，并最终形成质量反馈。质量管理能够在过程中对员工的差错进行及时的纠正和改进，并能够获取质量水平数据，指导后续优化。

（5）绩效管理。通过在系统中进行绩效指标的定义，并进行相应的数据采集，建立动态绩效管理的基础。在财务共享服务中心的现场进行电子绩效看板的动态展示，面向管理领导提供商业智能分析平台，面向员工提供日常绩效考核数据，合理引导员工的工作行为，并依托绩效数据进行有效激励。绩效管理功能的实现，为财务共享服务中心实施数字化管理提供了基础。

4. 从影像挂接到电子档案管理

影像管理的出现，解决了财务共享服务中心依靠实物传递模式下难以解决的大量难题。通过对原始凭证的扫描，业务领导的审批和财务处理均能够基于影像来进行。由于业务领导不需要再拿到实物单据，审批效率大幅提升；取消邮寄环节，单据的实物管理风险得以控制，邮寄成本得以节约；取消财务共享服务中心内部实物流程，员工作业效率得以提升，丢单、夹单等实物管理风险大幅降低。

上述问题的解决应该说是影像在财务共享服务领域应用的初衷。而最简单的实现方式也是通过最初的逐单扫描挂接的方式来实现的。随着越来越多的财务共享服务中心参与到对影像系统的应用和改进中，影像系统也从简单的影像挂接演变成完善的电子档案管理系统。更丰富的功能大大提高了财务共享服务中心的运营效率和远程协同能力。

在当前主流的影像管理系统中（见图 5-34），依托条形码或二维码对单据进行全生命周期的实物管理。依托条形码和 OCR 技术，能够实现对于原始凭证的批量扫描、自动分组，从而高效地完成报账单据和影像的匹配。同时，针对财务共享服务，影像系统在以下方面的功能增强也尤为重要：

- 财务共享服务中心业务审核能够对单据影像实施精准业务控制；
- 影像管理系统集成了大量的安全管理技术，实现版本管理，全面提升财务信息的风险控制；

- 通过扫描发票中二维码信息，和税务系统进行对接，实现发票的自动真伪核验；
- 实现影像管理系统与电子报账平台的紧密结合，双方系统能够实现紧密的交互控制；
- 基于虚拟打印技术和 OCR 技术实现电子凭证管理、银行回单管理，建立电子凭证档案库，为取消部分会计凭证打印奠定基础；
- 建立合同影像的管理，并实现和费控系统之间的有效集成，从而实现合同的一次扫描、多次报账使用，同时，合同影像也可作为合同档案管理的基础。

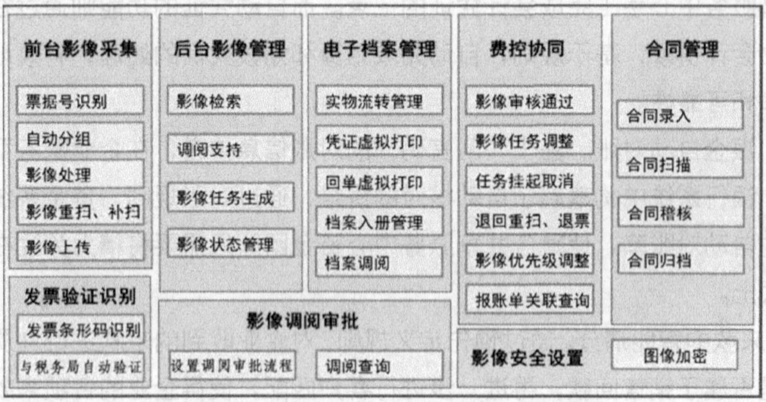

图 5-34　财务共享服务影像系统功能架构

在本次调查中，有 72%的财务共享服务中心已经在不同程度地使用影像系统，此外还有 11%的财务共享服务中心在未来有计划使用影像系统。在扫描方式上，有 42%的企业通过设置专人专岗的方式在业务当地进行扫描，22%的企业采用全员扫描，33%的企业采用邮寄到同一地点扫描。

5. 从银企互联到资金交易处理平台

银企互联解决的是企业到银行之间信息传递的问题。在银企互联出现以前，采用更多的是报盘和网银上传的方式。银企互联实现了企业和银行双方不落地的数据交互，实现了高效的支付数据的提交、处理和反馈的整个过程。而由于截断了人为干预的渠道，使得资金支付风险得到有效的控制。银企互联的实现应当说已经满足了财务共享服务对于资金结算的基本技术要求。但在实践中，具有技术能力的企业财务共享服务中心并不满足于此，对资金交易处理实施更复杂的系统化支持。我们观察到，资金的自动划拨、资金凭证的自动生成、银企自动对账、来款的智能清分、依托票据管理的排款/排票等功能的应用，对财务共享服务中心的资金业务具有重要的意义。

（1）资金的自动划拨。基于系统设定规则，对资金的归集方式（如先横后纵等）进行定义，由系统在指定的时间自动完成相应的上划下拨。基于资金的自动划拨，一方面简化了财务共享服务中心的日常操作难度，另一方面有效地支持了企业集团资金池的建立和管理。

（2）资金凭证的自动生成。传统模式下，资金完成结算和划拨操作后，需要财务共享服务中心手工完成会计凭证的记录。而自动凭证的功能则通过在资金系统中建立会计引擎，基于规则，自动完成结算和划拨凭证的处理，有效地提升了制证效率和可靠性。

（3）银企自动对账。基于“附言码”的对账信息传递，在企业账务系统、资金系统、银行系统中构建起了自动核对的桥梁，通过对账规则，资金系统能够实现较高的自动对账率，使财务共享服务中心资金团队只需要将精力关注在少量的跟踪事项上。

（4）来款的智能清分。通过预先定义规则，对企业收到的来款进行性质识别，如区分是否属于销售回款，再进一步进行客户匹配，使得企业的各项来款能够进行初步的清分。依托后续流程的支持，各种来款能够更加快速简单地完成核销等账务处理。

（5）依托票据管理的排款/排票。对有大量票据流转的企业来说，将其纳入系统管理具有非常重要的意义。依托有效管理的票据库，建立排款排票管理功能，通过时间、金额等条件智能组合票据，满足企业对外票据使用的灵活性和财务处理的便利性。

（四）技术革新下财务共享服务 2.0 时代的新趋势

我们看到，在技术革新的浪潮中，技术的创新伴随着中国境内企业财务共享服务中心已经走了十年。止步意味着落后，在十年后的今天，一场新技术革命已经掀起。在这种背景下，财务共享服务的技术升级已经到了关键时刻。移动互联网、云计算、大数据成为我们在过去的一年中耳熟能详的概念，它们势必将推动财务共享服务实现从 1.0 时代到 2.0 时代的蜕变。

1. 移动互联网：财务共享服务不可回避的趋势

从概念上讲，“移动互联网是移动和互联网融合的产物，继承了移动随时、随地、随身和互联网分享、开放、互动的优势”。智能手机、iPad 等移动设备和 3G、4G 网络的广泛使用为移动互联网的深入应用提供了技术可能。

对于财务共享服务来说，移动互联网的应用其实并不新奇。还在 2G 时代，一些企业就试图通过手机短信或 Wap 访问的方式进行简单的移动审批。当然，这种审批方式下审批人所能够交互的信息非常有限。随着网络条件的不断改善，基于 App 方式的在线审批日趋流行，信息内容日益丰富。在笔者所实施的项目中，移动审批能够对单据影像实现实时调阅。

通过移动终端进行数据报表的展示，也是财务共享服务应用的一种形式。当数据管理职能越来越多地纳入财务共享服务中心，基于移动终端的数据发布成为改善用户体验的重要形式，实时性、形象化能够在移动智能终端得到完美体现。

随着 App 的普及，在一个移动应用中集成较多的财务共享服务功能成为趋势。一些企业大胆地将员工商旅的申请、机票酒店预订、事后报销整个流程集成到移动应用中。员工能够通过移动终端拍照的方式发起报销申请，并依托员工信用机制进行事后的抽样审核，大大提升了一线业务人员的报销时效和满意度。

近期微信发布企业号，对财务共享服务中心和员工、供应商、客户之间的交流和服务大开便利之门。未来，依托微信企业号进行的交互和报账服务将成为一种趋势。同时，利用微信等移动应用平台进行财务共享服务中心运营管理系统的构建也将成为可能。

在本次调查中，我们针对财务共享服务在移动互联网方面的可能应用场景进行了询问，包括移动审批、移动决策支持、移动商旅及报账、移动运营管理及移动客户服务五个方面。

- **移动审批**：将费控系统中的审批环节迁移到移动端，使得业务领导的审批不再受地域的限制。而移动端迁移的一种方式是建立独立的 App 应用，将信息相对简化地进行移动展示；另一种方式是通过移动设备的浏览器直接进行费控系统审批界面的访问，这种模式能够获取更多信息，但展示效率较低。

- **移动决策支持**：通过移动应用，将展示频率需求较高的报表及指标进行展示。移动决策支持的用户以各级业务部门管理者为主。因此，展示的友好性与需求匹配的精准性，以及适当且简单的自定义报表功能对于移动决策支持都是非常重要的，也决定了移动决策支持是否能够广为接受。
- **移动商旅及报账**：将移动应用与企业商旅系统、费控系统相集成，实现从移动端进行机票、酒店事前申请、审批、商旅执行管理，以及事后通过移动客户端进行表单填写、原始票据拍照采集等报账处理。结合信用管理，移动商旅及报账的实现，能够进一步提高报账速度，提升员工满意度。
- **移动运营管理**：将财务共享服务中心的内部运营管理向移动端进行移植，员工能够通过移动端查看自身的绩效情况，进行考勤、请假、任务调整申请等处理，进行移动端在线培训、学习，从而构建一套基于各种移动互联应用场景下的财务共享服务运营管理体系。
- **移动客户服务**：财务共享服务中心的各类客户已经普遍移动化。在这种背景下，财务共享服务中心建立移动渠道的客户服务方式已势不可当。鉴于微信应用的高度普及化，财务共享服务中心可以选择建立企业号、服务号及订阅号，面向公司内外部客户提供移动渠道的服务支持。

从调查结果中（见图5-35），我们看到，移动审批成为财务共享服务中心移动互联网应用的首选，高达97%。事实上，有很多企业已经实现了这一目标。而排在第二位的选择是移动商旅及报账，达到72%。可见，移动商旅及报账在接下来的财务共享技术升级中将扮演极为重要的角色。

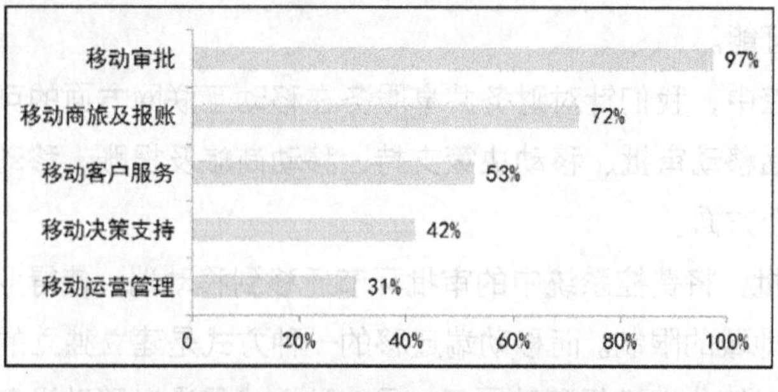

图5-35　适用于财务共享服务中心的移动互联网技术

2. 云计算：带来财务共享服务看得见的价值

云计算是一种基于互联网的计算方式，通过这种方式，共享的软硬件资源和信息可以按需提供给计算机和其他设备。

从广义角度上理解云计算，它包括后台硬件的云集群、软件的云服务、人员的云共享等不同的形态。

从硬件角度看待云计算，它能通过充分共享网络硬件资源及私有云的方式，有效降低财务共享服务系统的IT投入。此外，通过云存储，它还可以降低因为采用影像技术所带来的财务共享服务中心的存储成本。

从软件角度看待云计算，它能免除企业的软件开发和硬件投入。由软件厂商通过软件即服务模式部署的应用能够降低成本，供企业租用。但这种模式也存在个性化不足的问题，难以根据企业财务共享服务中心的要求进行差异化定制，并且很难和企业内部现有的管理系统实现集成。

人员的云共享是一种特殊形态的云计算。财务共享服务中心自身可以理解为服务端，为大量的客户端提供云端服务。当这种服务从企业步入社会化，它所掌握的优质信息系统和线上线下的网络资源可以让企业从云服务中获益，尤其可以获取大量的服务外包收益。

在本次调查中，我们针对云计算的两种模式进行了询问（见图5-36），大部分财务共享服务中心的管理者对于应用云计算模式的IT架构及云服务模式的财务软件都表示了支持。而在二者之间，云计算模式的IT架构得到了更多的支持。或者说，这将是云计算更有可能快速切入和落地的模式。

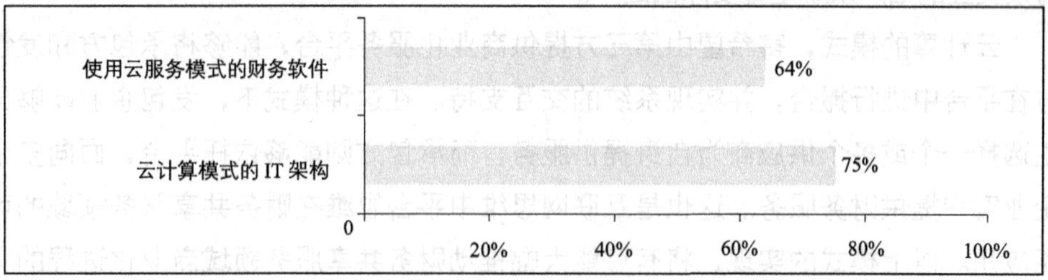

图5-36　适用于财务共享服务中心的云计算技术

应当说，云计算对于财务人员来说，还是相对技术化的概念。财务共享服务中心的管理者想要说服自身接受云计算，必须要认识到云计算能够为我们带来的价值。

（1）云计算降低财务共享服务的 IT 运营成本。Rackspace（NYSE：RAX），全球著名云计算中心之一，在一份针对美国和英国 1 300 家企业的调查显示，66% 的受访者发现云计算的确降低了 IT 成本。对于财务共享服务中心来说，作为财务数据和财务影像的集中管理者，云计算的支持，对 IT 运营成本的控制或降低具有重要意义。此外，我们也见到部分企业集团，通过云计算模式面向财务共享服务中心作业团队配置虚拟客户端的方式，来减少前台的 IT 设备投入，并同时实现了维护的标准化和简单化。

（2）云计算使中小企业财务共享服务成为可能。云计算模式的财务软件应用能够使中小企业财务信息化的实现成本大幅降低。目前，国内的财务共享服务项目的实现还相对昂贵。仅在 IT 方面，购置软件、进行产品实施、购置硬件设备、部署网络环境等的花费对很多企业来说已是一笔不小的投入。也正因为如此，使得很多中小企业在考虑是否采用财务共享服务模式的时候多有顾虑。而云计算通过 SaaS 模式，由服务商通过服务端面向企业财务共享服务中心提供在线的云系统支持，使得企业通过租用的方式，以较小的代价实现财务共享服务的系统支持。这使得中小企业财务共享服务成为可能。

（3）云计算推动财务共享服务的商业化进程。从本次调查中我们看到，财务共享服务的商业化及价值体现，是国内财务共享服务中心对自身未来技术提升的重要诉求。但在实践中，我们看到，能够成功将这一目标落地实现的企业并不多见，这是多方面原因造成的。其中，缺少能够支持财务共享服务发包方和承包方二者进行有效交互的信息系统是重要原因之一。

云计算的模式，寄希望由第三方提供商业化服务平台，能够将承包方和发包方在平台中进行撮合，并实现系统的交互支持。在这种模式下，发包企业能够自主选择一个或多个供应商为自身提供服务，而承包方则能够依托平台，面向多个企业客户提供财务服务。这也是互联网思维中平台思维在财务共享服务领域的可能应用。以上模式的实现，将有可能大幅推动财务共享服务领域商业化进程的实现。

3. 大数据：使提供决策支持的财务共享服务成为可能

“大数据”本身的概念表现得非常多样。当这个概念被提出后，传统的数据分析被大家广泛地纳入大数据的范畴。我们难以深究，什么样的大数据概念是提出者的本意。但随着数据技术从关系型数据库到数据仓库，到联系分析，到数据挖掘和可视化，大数据的技术手段越来越丰富，以 Hadoop 为代表的技术架构是财务大数据技术在近期的典型代表。

大数据提出后，商业管理对其在客户服务领域的应用最为关注。当我们在思考财务共享服务如何和大数据进行结合的时候，不妨也率先从与客户相关的话题开始。在财务共享服务流程中，与客户相关的莫过于从销售到收款的流程。在这个流程中，分析客户付款行为、评估客户信用等级、洞察客户信用风险、预测信用额度策略对销售收入的影响等都是非常值得探讨的话题。

此外，财务共享服务中心结合大数据能够对自身的职能范围进行一次化蝶质变。当财务共享服务中心具备了数据管理基础和技术手段后，绩效分析、预算分析、盈利分析等内容都将成为可能。在这种模式下，财务共享服务中心将从原先的费用中心、报账中心、结算中心衍生出数据中心的职能。

另外，财务共享服务中心对于影像技术的广泛使用获取了大量的非结构化数据，当这些数据积累到一定量，能够实现量变到质变的转换，直指大数据本源，从非结构化数据中发现相关性，从而为企业获取更多的商业信息，并创造商业价值。

在本次调查中，我们针对大数据的可能应用进行了询问。从数据中我们能够看到（见图 5-37），对于大数据在进行绩效分析（75%）、进行成本盈利分析（72%）、进行预算分析及财务预测（72%）三个方面展开应用的支持率高于在客户相关领域应用的支持率。其中，评估客户信用等级（67%）、分析客户付款行为（64%）、洞察客户信用风险（50%）、预测信用额度策略对销售收入的影响（47%）等与客户相关的领域的支持率偏低。而尽管与客户相关领域应用的支持率偏低，但其绝对值也还是比较高的。从这里我们可以看到，对财务共享服务在大数据方面的应用，决策优化和绩效提升及客户视角的应用是非常重要的。

依托数据提供决策支持是企业财务部门长期以来致力的目标，但这一目标的实现充满挑战。

首先，对于企业来说，缺少一个有效的组织匹配这一目标和组织行为。这种情况下，难以有效地将这项工作提上日程，并全力以赴地实现。同时，企业内部不同职能部门之间，财务内部的不同部门之间，对于数据分析究竟应该由谁去牵头管理也容易形成分歧，从而影响其进展。

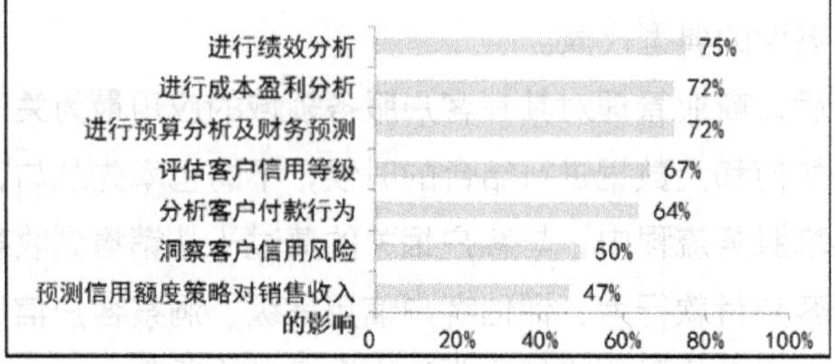

图 5-37　适用于财务共享服务中心的大数据技术

其次，数据管理和分析工作具有一定的业务复杂性，很多企业对于管理什么数据，分析什么内容难以定义，具体则体现在模型和指标构建构成中。管理需求和数据难以实现统一，从而容易出现“分析无用”的状况。

最后，数据管理和分析工作还具有技术复杂性。要能够将模型和指标最终落地实现，通常情况下，需要构建企业级的数据仓库，并建立数据集市，依托展示工具将结果进行对外发布。在这个过程中，技术本身需要大量的投入；同时，如何保证前端来源数据的可用性和可靠性，也是个难题。在数据的加工处理中，通过技术手段保障处理效率也是必须要解决的问题。

在这些困难的影响下，依托数据进行决策优化和绩效提升要想达到理想的效果并不容易，而财务共享服务和大数据的结合，让此进程有了加速的可能。

一方面，财务共享服务中心对于自身的价值提升诉求已经达到一定阶段，自身有强烈的动力去承担数据管理的职能，并发挥积极的推动作用。同时，在企业中，财务部门先天具有数据优势，大量的数据汇集在财务部门，让其承担起数据管理职能是顺势而为。然而传统财务部门缺少分析处理数据的专业能力，财务共享服务中心的出现依托自身运营管理的专业化填补了这一空白，为财务承担数据管理职能提供可能性。

另一方面，大数据的概念在企业得到高度的重视，使得企业意识到对于数据技术的投入势在必行。在这种背景下，长期以来困扰我们的数据治理、技术工具、硬件平台的投入问题得到改善。尽管有了这些，并不等同于企业有了建立大数据的能力，但它为数据管理的落地提供了技术可能性。

结合以上两个契机，财务共享服务中心结合技术平台，将自身提升为数据管理中心成为趋势，并存在可能性。

但我们必须认识到，财务共享服务中心向大数据方向的功能拓展仍然是一个可能会引发争议的话题。由于数据分析需要有丰富的业务洞见能力，单一地依靠财务共享服务服务中心所分析的数据结果很有可能会出现片面性，并脱离业务实质。在当前阶段，一种可以考虑的模式是将数据分析进行流程分段。财务共享服务中心在其中承担数据管理和基于系统、模型、逻辑的标准化和口径统一的分析报表提供的职责，而战略财务和业务财务以财务共享服务中心提供的输出作为基础和线索，展开更为深入贴近业务实质的分析工作，并直接面向业务用户提供决策支持服务④。

财务共享服务中心是否能够最终实现向大数据方向的功能拓展还需要有落地的实践作为例证，并最终决定其可行性。这种例证需要来自业务部门的最终认可，而不仅仅是由数据库的物理位置和日常操作者是谁所决定的。

四、财务共享服务中心发展展望

中国境内企业的财务共享服务中心的发展正在步入春夏交接之际，在未来的2~3 年中，可以预见，大量的企业将建立财务共享服务中心。借此契机，企业整体财务转型也将快速前行，财务共享服务将成为企业财务工作中的核心主题。

- 数量：中国境内企业财务共享服务中心数量迅猛增长。
- 规模：大、中、小型财务共享服务中心三足鼎立。
- 业务：全流程财务共享服务中心成为主流。
- 运营：财务共享服务中心管理精度持续深入。

与此同时，技术革新从未止步，财务共享服务中心将依托新技术实现升级。新兴技术日趋成熟，移动互联网、云技术、大数据在财务共享服务的落地实现成为财务共享服务 2.0 的核心概念。

④ 董皓. 技术变革推动财务共享服务 2.0 时代到来[N]. 中国会计报，2014-10-31.

财务共享服务的发展在中国将令人充满期待和憧憬，中国企业财务架构将因此改变，财务人员的能力需求将出现结构性调整。机遇和调整并存，顺应变革，将成为未来永恒的主题！

声明： 本材料是为提供一般信息的用途编制，并非旨在成为可依赖的会计、税务或其他专业意见。请向您的顾问获取具体意见。

第三篇

财务共享服务典型案例分析

第六章

阳光保险集团以服务为导向的财务共享服务中心建设①

一、阳光保险集团简介

阳光保险集团股份有限公司（简称阳光保险集团）是中国 500 强、中国服务业 100 强企业。阳光保险集团成立 3 年就跻身七大保险集团，5 年超越了与其同期成立的 71 家保险主体，9 年同时布局互联网金融及不动产海外投资领域，10 年成功进军医疗健康产业，成为全球市场化企业中成长最快的公司之一。截至目前，阳光保险集团旗下已拥有财产保险、人寿保险、信用保证保险、资产管理、融和医院、惠金所等多家专业子公司，逐渐成为引领行业变革的中坚力量。

依托集团优势，以人文、科技为驱动，阳光保险集团有效整合旗下资源，持续研发满足客户需求的产品，不断升级以“闪赔”、“直赔”为特色的服务，着力打造强大的市场拓展能力、卓越的客户服务能力、杰出的风险管控能力和专业的资产管理能力，实现了健康、持续、快速的发展。

阳光财产保险成立于 2005 年 7 月，是主要经营财产保险业务的全国性保险公司。阳光财产保险成立以来，连续多年刷新国内新设保险公司年度保费规模的历史纪录，实现了又好又快的发展。目前，已有 36 家二级机构开业运营，1 500 余家三四级分支机构，服务网络实现全国覆盖。

---

① 本案例由阳光保险集团的潘丽靖和王泽提供，本书作者进行调整和修改。

阳光人寿保险成立于2007年12月，是主要经营人寿保险、健康保险和意外伤害保险等一切人身险业务的全国性专业寿险公司。阳光人寿保险成立以来发展势头良好，公司价值不断提升，目前已有33家二级机构开业运营，800余家三四级分支机构，以专业服务为广大客户提供人身、养老、医疗、健康、意外等保险保障。

阳光资产管理公司成立于2012年12月，凭借专业的投资团队和“稳健、规范、专业”的投资理念，投资收益连续多年居行业三甲，是业内最佳资产管理团队之一。阳光资产管理股份有限公司目前已具有完备的业务资格，涵盖股票投资、信用债投资、股权投资，同时拥有股指期货投资、基础设施投资计划及不动产投资计划产品创新资格，受托管理保险资金资格，保险资产管理产品业务资质，阳光人寿境外投资境内受托人资格等。

2015年设立保险业第一家大型综合医院——阳光融和医院。医院集医疗、教学、科研、预防、保健、康复、转化医学与产业发展为一体，是一家按照国际先进的医疗理念、JCI和三级甲等医院标准筹建的大型综合医院。融和医院融聚国内外一大批医学领域的科学家和医学专家，创新疾病诊断和治疗标准，引进前沿技术，并与美国哈佛大学 Joslin 糖尿病中心合作，创建国际领先、国内一流的糖尿病中心。

二、阳光保险集团财务共享服务中心的建设背景

（一）行业竞争加剧

作为金融行业的三驾马车之一，保险业是市场化程度比较高的行业，也是国民经济中发展最快的行业之一。据统计，1980年以来，中国的保险保费收入年均增长28.3%；2014年，保费收入达到2.02万亿元。2014年年底，保险业总资产已达10.16万亿元，4家保险公司进入世界500强；中国保险密度从1980年的0.47元/人上升至2013年的1 265.67元/人，保险深度从1980年的0.1%上升至2013年的3.03%。

中国加入 WTO 后，国外保险企业进入中国市场，成立众多合资保险公司，同时监管机构放开地方性保险公司的审批，国内包括产险、寿险、健康险、农险

公司纷纷成立，截至2014年年底，全国共有保险公司136家。保险机构的增加在促进行业发展的同时，也加剧了市场竞争。

保险公司特有的盈利周期决定了大部分公司在成立初期的发展策略是通过保费规模、市场占有率的提升来体现公司的经营业绩。这种状况就会导致保险企业的经营管理出现以下问题：① 企业资源多向业务前端倾斜，管理水平与企业的业务发展速度不匹配；② 为了追求更大的业务规模，而忽视了业务品质；③ 为了抢占市场而忽视经营风险，为企业长期发展埋下隐患。

（二）集团管理的内在要求

阳光保险集团的财务管理体系秉承“做公司的管家，为企业创造价值”的理念，始终坚持将先进的理论与实践相结合。2005年企业创立至今，集团财务管理职能逐步完善，覆盖了会计管理、预算管理、资金管理、精算管理、企划等职能，并积极参与投资管理、融资评估等业务运营环节。

随着保险主业的发展，集团整体财务管理形成了集团公司、专业子公司、省分公司、地市三级机构、四级机构甚至五级机构的多级管理的分散型管理模式。公司规模的不断扩大，业务的快速增长，加之原来分散的管理方式带来了诸如会计信息失真、可比性差，资金安全受到挑战、资金使用效率低下等问题。

在2011年建设财务共享服务中心之前，阳光保险集团拥有财务账套700余个，财务人员1 600余人，其中1 000余人从事会计核算和资金收付的基础会计工作。虽然集团及各子公司建立了统一的会计制度和核算规则，并定期进行会计基础工作的专项检查，但由于机构的迅速扩张，会计人员培训难度很大，因此仍旧无法保证账务处理的一致性。会计信息作为企业重要的决策依据，其真实性受到日益严峻的挑战。此外，保险行业资金收付量巨大，在2011年建设财务共享服务中心之前，集团总共开立银行账户2 000余个。由于没有统一的资金收付平台，因此无法对账户和资金进行有效的监控和管理。资金管理方面存在以下问题：没有统一的资金收付模式和渠道规划，机构开设银行账户随意性大，资金沉淀不可控，手工操作风险高，资金结算费规模不经济。这些问题为集团整体资金的管理带来很大困难。

总之，原有的分散财务管理模式已经无法适应集团战略发展对财务管理的要求，财务转型迫在眉睫。为了能够实现阳光保险集团财务的整体转型，经公司管理层研究决定，成立财务共享服务中心，把分散的会计和资金业务进行集中作业和管理，将财务职能划分为战略财务、业务财务和共享财务，形成总部财务、机构财务和财务共享三位一体的财务管控模式。

三、阳光保险集团财务共享服务中心的建设与运营

（一）财务共享服务中心的组织定位

阳光保险集团财务共享服务中心定位于集团服务平台，成立之初为集团的独立部门，与集团财务部一样，直接向集团财务总监汇报。财务共享服务中心主要承担集团下属各子公司、业务主体的会计核算、资金结算、财务信息提供等业务。经过近两年的运营，财务共享服务中心于 2014 年年初进行事业部改革，最终作为一个独立运营和管理的事业部，与各子公司、业务主体签订服务水平协议。事业部改革使得财务共享服务中心成为企业内部财务服务的提供者，进一步提升了标准化水平，提高作业效率、降低运营成本，能够为客户提供高质量的服务。

（二）财务共享服务中心的业务范围

1. 主体范围

阳光保险集团财务共享服务中心的服务主体范围涉及集团本部、产寿险子公司、基建业务、物业公司、信保业务、网销和电销业务、保险经纪公司、投资发展中心等。未来还会根据公司发展，探讨服务医疗和海外业务的模式。

2. 业务范围

阳光保险集团财务共享服务中心的业务范围包括会计核算和资金结算业务，是全流程作业管理，具体包括作业平台系统的搭建、已有作业规则和流程制度的持续优化、新业务纳入规则和流程制度的制定等。在会计核算方面主要包含费用核算、资金核算、总账核算、月结管理、财务数据提供等；在资金管理方面包括资金的集中收付、资金计划、资金调拨、账户管理等；在财务系统管理方面包括财务系统的整体规划和实施，系统优化需求分析及日常财务系统运营维护。

阳光保险集团财务共享服务中心会计核算范围的确定，根据业务特点、业务定性及定量分析进行评估，分阶段、分步骤进行业务的集中处理，如图 6-1 所示。

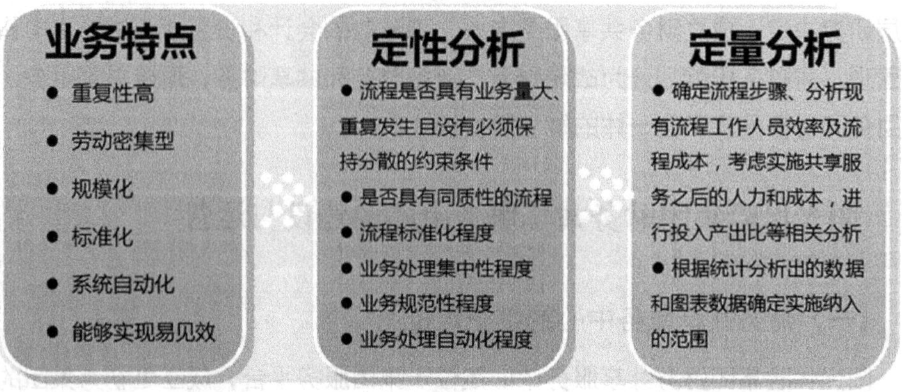

图 6-1 阳光保险集团财务共享服务中心会计核算业务范围确定原则

（三）财务共享服务中心的建设过程

1. 项目论证与规划

阳光保险集团财务共享服务中心的建设借鉴了国内外财务共享服务中心建设的先进经验，秉承“高起点建设、高质量运营”的理念。在整个建设过程中，有集团管理层的强力支持，与相关部门进行充分有效的沟通，在流程设计和系统规划方面体现客户思想，因此建设过程效率高、阻力小，业务流程变革彻底，完善了财务系统整体规划，项目效果超出预期（见图 6-2）。

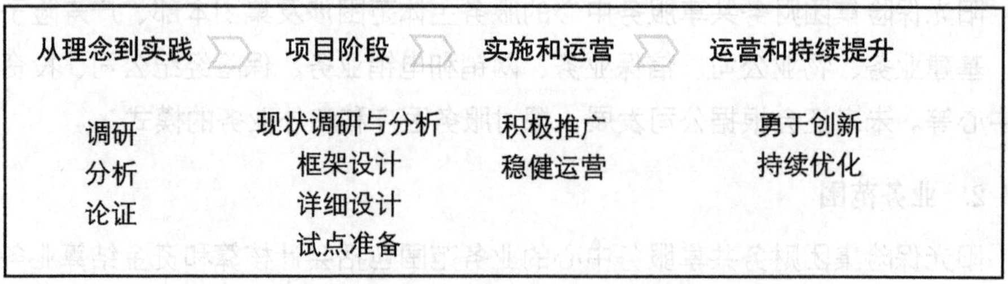

图 6-2 财务共享服务中心建设过程规划概要

在整个项目建设规划过程中，依托集团发展战略，从组织设计、人力资源、业务流程、信息系统、运营管理、客户服务六个方面进行详细论证与规划，如图 6-3 所示。

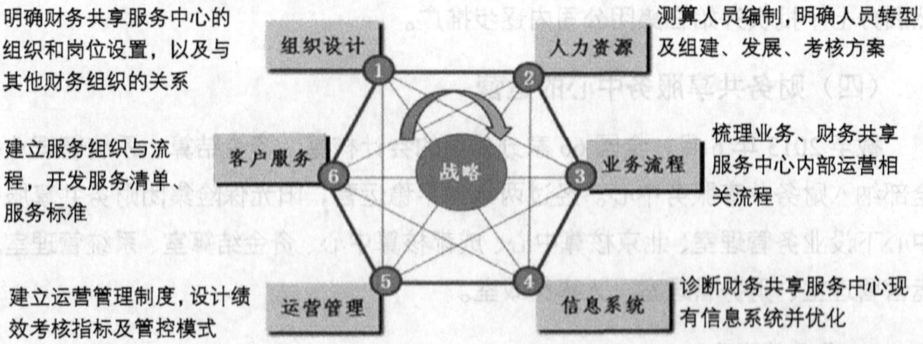

图 6-3　阳光保险集团财务共享服务中心建设考虑要素

2. 分阶段实施项目建设

（1）调研分析阶段。首先，通过内部调研全面了解集团内部五个管理层级的会计核算、资金结算业务范围及相关岗位的工作量，并征求与财务作业有接触点的相关职能部门的建议，同时了解管理层对财务共享建设的期望和要求。其次，通过外部调研了解和学习国内外财务共享服务中心建设的先进经验，加以借鉴。最后，形成调研分析报告，对集团财务管理现状进行全面分析，为财务共享服务中心制订设计方案奠定坚实的基础。

（2）方案设计阶段。成立项目组，集中集团、子公司、机构各层级财务业务的骨干，以及信息技术部门业务骨干，同时聘请外部咨询顾问，负责项目整体方向和进度的把控。方案设计过程做到与流程相关人员的充分沟通，以保证方案能够落地实施。项目计划缜密，在组织和人员管理、流程设计、系统设计中同步推进。

（3）上线准备阶段。这一阶段按照设计完成的方案，进行系统开发测试、财务共享人员招聘和培训、办公场所准备、财务系统内部整体培训、宣贯、推广计划和总结优化机制等事项。

（4）试点及推广阶段。集团公司财务共享服务中心的实施上线，牵一发而动全身。为了将新流程、新系统的上线对集团业务造成的影响降到最低，使业务前端不受财务共享服务中心上线的影响，因此阳光保险集团财务共享服务中心采取了充分试点、分批推广的策略。分别选取了一个省份的产寿险两家分公司进行试点，在试点过程中总结流程和系统问题，同步进行优化和改进。有了试点的经验，然后分七个批次开始在集团公司内逐步推广。

（四）财务共享服务中心的运营

截至 2013 年 6 月，全国 66 家分公司的会计核算、资金结算、系统管理业务全部纳入财务共享服务中心。经过两年的平稳运营，阳光保险集团财务共享服务中心下设业务管理室、北京核算中心、成都核算中心、资金结算室、系统管理室、运营管理室、财务管理室、人事行政室。

1. 业务管理室

业务管理室负责会计核算业务的优化、新业务的评估和纳入，并对核算中心进行日常管理，对内部客户提供咨询服务，以及负责会计政策的研究和核算规则的制定。

2. 核算中心

北京核算中心和成都核算中心职责相同，负责费用核算、业务核算、总账核算、资金核算等全部标准化的核算业务。

3. 资金结算室

资金结算室负责公司的资金收付、资金计划、头寸划拨、银行账户管理、资金系统与前端业务系统的对接、资金收付渠道的搭建、资金监控等职责。

4. 系统管理室

系统管理室负责财务相关系统的整体规划、系统优化需求分析与管理、系统日常运行维护。

5. 运营管理室

运营管理室负责中心整体运营的质量管理、开展组织绩效统计和分析、监控预警中心业务指标，形成发现问题、反馈问题和解决问题的机制，对中心持续优化的项目进行集中管理，以保证中心持续高效运营。

6. 财务管理室

财务管理室负责中心的会计核算、预算管理和成本控制，通过细化的会计核算和分业务、分小组的投产比分析，关注中心运营成本，促进中心能够持续通过效率提升达到成本节约的目标。

7. 人事行政室

人事行政室负责中心的人员招聘、培训组织、薪酬和绩效管理、员工关系管理及行政支持工作。

（五）财务共享服务中心的实施效果

1. 集团管控能力提升

通过财务共享服务，阳光保险集团实现了集团会计和资金作业的集中管理，成为集团财务管控的有效手段。集团层面的财务共享服务中心，使得集团整体的会计核算和资金业务都在集团的掌控和监督之下，信息更加透明。同时，能够保证集团财务管理思路的有效贯彻和执行。

阳光保险集团财务共享服务中心在会计核算规则及流程建设上始终坚持共享服务的基本理念，统一了不同会计主体的记账规则与审核规则，改变了过去因政策理解有偏差、制度执行不统一、人员素质参差不齐带来的会计信息的真实性和可比性差的问题，提升了会计核算的质量。

阳光保险集团财务共享服务中心使集团实现了资金的集中收付与管理。它为集团搭建了统一的资金管理平台，确立了“银行渠道为主、第三方支付作为补充”的资金收付模式，实现了资金集中收付和账户的统一管理，使得资金使用效率大幅提升，同时降低了资金管控的风险。

2. 成本节约初见成效

在人力资源成本方面，财务共享服务中心建设时期对机构财务人员编制实施了冻结管理，随着会计和资金作业的逐步上收，机构原来从事会计和资金工作的人员逐步转岗分流，与不实施财务共享相比，节约了财务条线的人力成本，人力成本的节约会随着公司规模的不断扩大效果更加明显。此外，资金的集中管理，使资金结算成本大幅降低。

3. 搭建了支撑财务共享服务中心长期发展的运营管理体系

内控稽核、客户服务、绩效分析、质量提升的职能设计，形成了从发现问题到解决问题的闭环管理体系，使得财务共享服务中心能够做到持续的优化运营（见

图 6-4)。

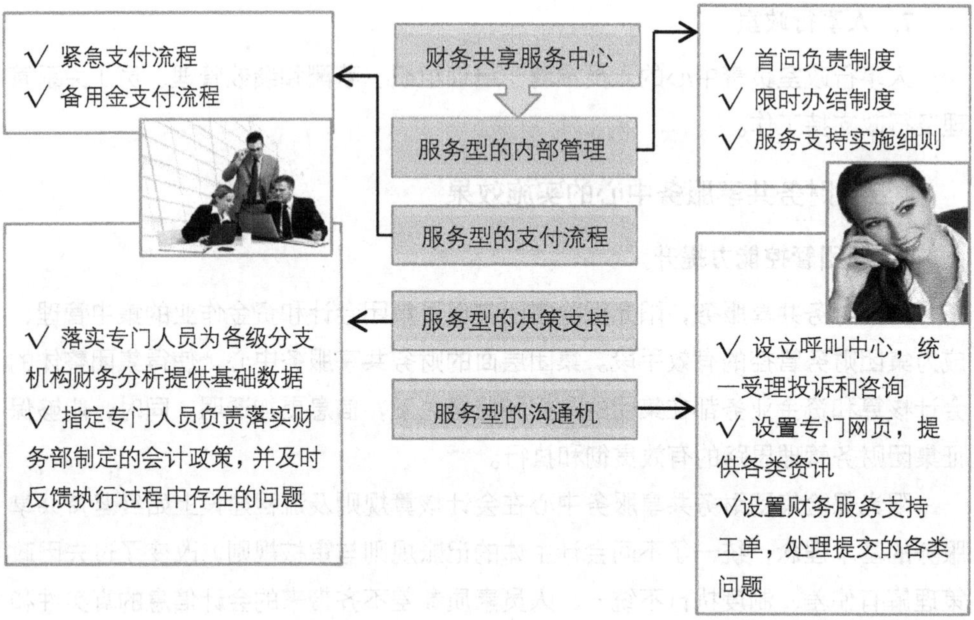

图 6-4　阳光保险集团财务共享服务中心客户服务体系

4. 成为阳光保险集团财务人才的培养基地

阳光保险集团财务共享服务中心在三年时间内，招聘和培训了 200 多名会计专业人员，他们经过了标准化和专业化的培训，为总部和机构输送了数名人才，阳光保险集团财务共享服务中心已经成为财务专业人才的培养基地，推动集团公司财务管理转型。

四、阳光保险集团财务共享服务中心的经验分享

（一）财务共享服务中心坚持以服务为导向的定位

阳光保险集团财务共享服务中心从建立之初，始终坚持以服务为导向，自身定位清晰。通过事业部的管理模式促进专业化及服务水平的提升，使得财务共享服务中心以客户为核心、以服务为导向的运营思路更加清晰。

1. 服务意识增强

业务范围不再受成立初期标准化、规模效应等既定规则的限制，而是认真了解和研究客户需求，想方设法地为客户提供高质量的会计和资金服务，解决总部和机构财务的后顾之忧。在日常运营过程中，重视与总部和机构财务的沟通，在沟通过程中发现问题，并及时解决问题，不断提升业务水平和运营能力。

2. 成本意识增强

建立财务共享服务中心的一个重要原因是要在加强集团风险管控的基础上逐步降低财务作业的成本。事业部的改制，使运营成本逐年降低成为明确的经营目标。因此在中心内部专门成立了财务管理室，负责财务共享服务中心内部的会计核算和财务分析，有效促进了财务共享服务中心的业务效率提升和成本节约。

3. 全局意识增强

事业部改制使得财务共享服务中心的职能更加完整，角色和定位更加清晰，积极性和主动性有所增强。由原来的被动执行转变为主动思考财务共享服务中心在集团财务管理中可以发挥的作用。财务共享服务中心在提供标准化服务业务的同时，也会将作业过程中发现的管理问题，作为增值服务及时反馈给总部和机构财务，并提出改进和优化建议，从而真正成为集团财务管控的有效手段。

（二）团队是项目建设与运营的基石

阳光保险集团财务共享服务中心拥有一支年轻、专业、凝聚力强、勇于创新的运营管理团队。其运营管理团队是项目建设阶段从集团内部抽调的财务骨干人员，通过建设阶段的历练，专业能力及管理能力迅速提升，目前从事财务共享服务中心的运营管理。这支队伍年轻、富有朝气、凝聚力强，具有开拓和创新精神，是财务共享服务中心发展的坚实基础。

（三）对外借鉴先进经验，对内注重有效沟通

阳光保险集团财务共享服务中心，对外重视交流，积极参与行业会议，借鉴先进经验，结合自身情况将其应用于管理实践；对内注重与各个服务主体的沟通和交流，因此，各项工作能够取得总部和机构财务的理解和支持，很好地发挥了自身的作用。

（四）理论与实践相结合

阳光财务共享服务中心紧跟国家会计政策，对政策做出快速反应。学习最前沿的会计理论，与高校合作，进行课题研究，并将互联网、大数据的理念应用到财务共享服务中心的实践当中。

五、阳光保险集团财务共享服务中心的启示

阳光保险集团财务共享服务中心的落脚点在“服务”二字上，服务内容的不同体现了财务共享服务中心不同的定位。阳光保险集团作为国内七大保险集团之一，在整个行业中的发展速度首屈一指。在迅速扩大业务规模的同时，以客户服务为中心的定位和服务理念始终贯穿于企业的长期发展战略之中。阳光保险集团财务共享服务中心的建设也延续了这种定位和理念，它通过独立事业部组织运营机制与服务水平协议的签订，实现了财务共享服务中心的内部客户服务理念，从而不断提升了财务共享服务中心的服务质量和标准化程度，以不断支撑集团公司整体业务发展的诉求和集团财务管理战略，进而服务于整个集团的发展战略。

（一）财务共享服务中心的建设要符合企业集团的整体战略

通过阳光保险集团财务共享服务中心建设与运营的经验，我们可以看出，中心的服务定位是基于阳光保险集团的整体战略，即一切以客户为核心而制定的。只有与集团整体战略始终保持高度一致，才能获得企业高层的支持，才能得到业务部门的理解。当财务共享服务中心立足服务不断满足客户需求的时候，财务共享服务中心才能体现出自身的价值，从而得到财务共享服务中心长期发展的资源支持。

（二）财务共享服务中心的发展要依托先进的信息技术和管理手段

经济全球化和高新技术特别是信息技术的高速发展使共享服务这一概念成为可能。财务共享服务中心的建立需要信息技术、电子通信设备的支持和完善，无论是简单的业务核算，还是复杂的财务管理甚至财务决策，每个业务流程都依赖于强大信息系统的建立，只有这样，才能达成财务共享服务中心建设的目标。

建设一个良好的财务共享服务信息化平台是财务共享服务体系架构得以实现

的基础技术支撑和先决条件，系统平台的统一搭建和整合是实现共享服务的关键环节（见图 6-5）。只有在信息系统支持下，财务共享服务模式可以跨越地理距离的障碍，向其服务对象提供内容广泛的、持续的、反应迅速的服务。财务共享服务的模式是在信息技术支持下的管理变革，只有利用现代的信息技术，才能使企业集团的财务共享服务真正落到实处。

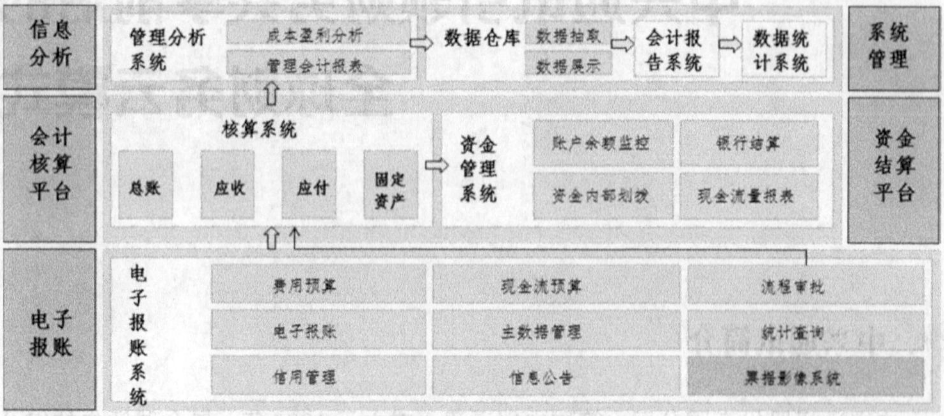

图 6-5　阳光保险集团信息系统框架

当今社会，无论是信息技术还是管理理论都在快速发生变化。作为一种创新的管理模式，财务共享服务也必须与时俱进，与先进的信息技术和管理理论相结合，不断做出调整，才能始终保持它的先进性。只有为客户提供高质量的服务，财务共享服务中心才能得以生存和不断发展。

第七章

中兴通讯引领财务共享前沿的全球财务云模式

一、中兴通讯简介

中兴通讯股份有限公司（简称中兴通讯）成立于1985年，是全球领先的综合通信解决方案提供商。中兴通讯拥有通信业界最完整的、端到端的产品线和融合解决方案，通过全系列的无线、有线、业务、终端产品和专业通信服务，灵活满足全球不同运营商和企业网客户的差异化需求及快速创新的追求。中兴通讯在发展历程中，先后经历七次战略转型。

（1）1985年到20世纪90年代初的生存战略。1985年公司成立，从1985年成立之初到1992年公司一直都处于创业的生存期。

（2）1993年至1995年的定位战略。1995年3月，中兴研制出万门机，并由一家生产中小容量的交换机厂商转变为一家生产万门以上大容量交换机的主流电信设备制造商。万门交换机的推出满足了中兴通讯由农村市场向城市市场的市场转型。这次战略转型的驱动因素主要来自企业内部研发能力的增强与核心产品的突破。

（3）1996 年的多元化战略。在外部环境的压力和整个宏观背景的驱使下，1996年中兴通讯开始了第三次战略转型。总裁侯为贵明确提出了实施公司战略上的“三个转变”：产品结构突破单一的交换设备，向交换、传输、接入、视讯、电源等多元化产品领域扩展；目标市场由农话网向本地网、市话网扩展；由国内市场向国际市场扩展。

（4）1997 年到 2000 年的上市战略。1997 年，通过股份制改造，深圳市中兴通讯股份有限公司成立，并在深圳证券交易所挂牌上市。

（5）2000 年至 2001 年的业务转型战略。2000 年前后，中兴进行了第五次战略转型。中兴把战略重点从固话通信向移动通信转变。

（6）2002 年至 2005 年的应变战略。确立了国际化、手机、3G 三大核心战略领域。中兴通讯早在 1996 年前就已开始着手国际化的人才、资金等能力的储备，2002 年正式将国际化作为重大战略之一。

（7）2005 年后的国际化战略。进入 2005 年，中兴全面实施国际化战略，着力打造世界级卓越企业，目标是成为全球性的综合电信设备制造商。

经过历史上的七次战略转型，中兴通讯已经逐步打造成为了世界级的卓越企业。2009 年至 2013 年中兴通讯分别实现营业收入 602.73 亿元人民币、703.3 亿元人民币、862.54 亿元人民币、842.19 亿元人民币和 752.3 亿元人民币，2013 年实现净利润 13.6 亿元人民币，同比增长 148%。

二、中兴通讯财务共享服务中心建设的诉求

中兴通讯 2005 年正式成立财务共享服务中心，也是我国第一家构建财务共享服务中心的企业。和许多大型企业集团一样，伴随着业务领域的不断扩张和自身所处的行业特点，中心通讯也形成了基于集团外派的分散式财务管理模式。与之带来了基础核算工作的重复、机构的冗余、政策制度执行标准的多样、总部控制力度不足、财务价值创造较小等突出问题。这些在一定程度上制约了企业的快速发展及核心竞争力的进程。具体来看，中兴通讯构建财务共享服务主要源于以下四个方面的诉求。

（一）落实成本领先战略

成本领先战略是中兴通讯的主要战略之一。中兴通讯历经 20 多年发展，公司规模逐步扩大、组织结构日益复杂，无论是总部还是各分子公司的财务人员都在急剧增长。但与人员增加相对应的却不是服务和效率的提升，而是业务流程冗长，人员效率低下，财务运营成本不断增加。

（二）控制公司战略执行中的风险

随着分支机构的增加，各分支机构采用统一标准执行总部政策的难度有所增加：各分支机构可能由于信息的层层传递对政策产生误读，或者对同类单据采用不同的处理尺度。这将影响公司战略在一线的执行力度及后续数据分析运营。同时，由于财务人员和业务人员处于同一物理位置，财务人员较多地受当地业务部门的影响，可能产生财务舞弊行为。

（三）促进公司财务转型，聚焦财务价值创造

随着产品线和外部分支机构的增加，每个分支机构都需要配备财务人员处理费用审核、付款、会计凭证管理等基础业务，财务经理无法集中精力聚焦公司的战略落地和业务支持。成立财务共享服务中心将会使一部分财务经理从基础的核算工作中脱离出来，将更多的精力投入到业务支持中。

（四）全球化业务促使全球财经管理模式形成与财务共享服务业务拓展

自 1998 年获得第一个国际大单合同、2004 年登陆香港资本市场至今，中兴通讯在全球运营的道路上已走过十六年。但是在业务全球扩张的过程中，其缺乏完善的全球统一风险预警与防控机制应对筹资、融资、汇率等财务风险；全球分支机构的财务信息透明度较差导致公司高层难以做出战略决策；对当地业务、政策了解度不够，无法制定全球统一财务制度规范也增加了集团统一管控的难度。这时，以财务云为基础的全球财经管理模式的形成与财务共享服务中心业务的全球化拓展相伴而生。

三、中兴通讯财务共享服务中心的建设与运营

（一）财务共享服务中心的组织定位

中兴通讯本身是跨国公司，这一特征决定了其财务共享服务中心需要服务全球分支机构。中兴通讯财务共享服务中心以统一的政策、统一的流程、统一的系统平台，为中兴通讯全球 107 家分支机构提供财务服务。目前中兴通讯已经形成了包括战略财务、业务财务、共享财务、专家团队互相协同、互相支持的四位一体全球财经管理模式。

1. **战略财务**

战略财务服务于公司战略规划，行使参谋中枢的职能，在集团总部层面参与公司经营管理并提供战略决策支持，策划战略的推进和落实。战略财务牵头经营管理计划与业绩管理，实现资金管理和资本运作，同时最重要的是理解公司的战略意图，将公司战略转化成政策，并安排计划详细实施下去。

2. **业务财务**

业务财务担任业务单位合作伙伴的角色，充分利用深入一线的优势，推动组织公司战略在业务单位落地实施，与战略财务形成完美互动，及时提供业务单元信息，将公司战略要求在业务单元上推进、落地；业务财务会分析业务单位的财务支持需求，为业务单位提供培训、咨询、决策支持等服务，协助业务单位提升经营管理能力，促进公司战略目标和经营计划的达成。

3. **共享财务**

共享财务提供标准的流程和系统，通过强大的数据支撑，支持财务组织实现财务核算集中化、财务管理专业化、财务业务一体化的组织结构再造；整合企业分散重复的业务，通过集中化、标准化、端到端的流程管理，低成本、高效率地为全公司提供最佳用户体验和服务。

4. **专家团队**

专家团队作为财务的核心能力，是由战略财务、业务财务和共享财务中的专家组成的高精尖财务管理人才资源池，采用项目化运作的方式，集中精力研究和突破财经管理重大专项问题，对实践工作提供专业的指导意见。

（二）财务共享服务中心的业务范围

基于财务共享服务中心成功运营的经验和云服务的概念，2011 年中兴通讯将公司其他基础业务进行整合成立了全球云服务中心，下设财务云（财务共享服务中心）、人事云、会议云和呼叫云。

其中，财务云的业务范围涵盖海外子公司核算、全球 AP、海外资金、全球档案管理、全球数据管理，以及全球商旅服务。随着业务的不断创新与知识的逐步积累，现已成为业内领先的管理咨询、信息技术及外包服务提供商。中兴通讯财务云拥有 300 多名员工，组织架构上按照业务流程及业务模块进行分工，包括全球核算中心、全球 AP 费用中心、全球资金中心、管理数据中心、全球档案管理中心、运营管理中心、商旅服务等，分别负责中兴通讯全球分支机构的核算与报表、全球分支机构的费用处理与入账、集团管理分析报表、财务档案的收集整理及保管、财务云各运营管理维度的支持、商旅服务等具体业务。这种专业化分工的组织架构模式，为后期实施财务共享的企业带来很高的参考价值。

（三）财务共享服务中心的建设与运营进程

在财务共享信息平台技术发展方面，早在 1999 年互联网新起之初，中兴通讯就已经开始探索费用报销网络化。2005 年 1 月中兴通讯自主研发的第三代网络报销系统——Web 版财务在线 FOL 上线。

2005 年，中兴通讯的财务共享服务模式首先在数据事业部展开试点，将数据事业部的费用报销人员全部集中，报销单据集中处理。项目成立之初，中兴通讯就成立了包括方案人员、IT 人员、实施团队等为核心的项目组。财务共享服务中心各事务负责人及时与其他相关部门进行沟通。通过日报、周报、定期汇报的形式及时沟通项目进度与计划及项目中的风险与困难。

2006 年，中兴通讯实现国内财务核算人员的全部集中，财务共享服务中心在深圳正式挂牌建立。随着财务人员集中到深圳，各地区的报销票据需要邮寄到深圳服务中心，实物流转严重影响业务处理时效，且极易丢失，为此中兴通讯自行研发影像扫描系统，实现了纸质凭证电子化，方便调阅与审阅。此后，中兴通讯又创造性地使用条形码解决网络信息与实物信息对应的难题。网络报销系统和影像管理系统，与财务核算系统（ERP）、资金管理系统及电子档案系统共同组成了财务共享服务核心系统平台。中兴通讯的自主技术研发能力与创新能力，为其财务共享信息平台的建设带来了极大的优势。

2007 年，基于人员成本、办公场地、地方政策、基础设施、人员素质、当地环境及公司内部因素等方面的考虑，财务共享服务中心迁址西安。

2008 年，接入多家子公司业务，流程持续优化，并开始咨询业务的开拓。

2010 年，业务范围持续扩大，咨询业务呈现规模化发展。

2013 年，财务云启动对海外 107 家分子公司提供基础财务核算共享服务工作。

截至2015年6月，中兴通讯已实现对海外80余家分支机构的基础核算业务和100多个国家资金业务的共享服务，建立全球第一家以中国本土为总部的，为集团海内外分支机构提供标准规范服务的全球财务共享服务中心，支持全球财经管理模式，并形成一套完善的系统、流程、制度和组织管理体系。

（四）财务共享服务中心的实施效果

1. 成本降低

中兴通讯成立财务共享服务中心后，业务处理成本显著下降。通过制度、流程的标准化，改变了以往各业务单位“各自为政”的财务运营模式，人员复用率提高。尤其是，后期通过财务云业务范围的拓展，有力地支撑了全球四位一体的财经管理模式的搭建和有效运行，进一步提升中兴通讯的财务价值创造能力。

2. 效率提升

借助信息技术，通过操作标准化，中兴通讯的账务审核工作变得更简单规范：每个财务人员只需完成整个审核账务处理中的一个或某几个环节，大量工作将由系统自动完成，在极大地节省人力成本的同时，保证了业务效率和质量的可靠。

3. 财务信息更加透明和准确

在统一的共享服务系统平台中，前端的业务系统得到了充分应用，业务系统与财务系统实现数据对接和校验，保障了数据的准确性和一致性；业务流程中，相关的审批与复核均通过系统自动流转完成，将实物信息转换为系统中的信息流，保证了信息透明可查。

4. 减少人为舞弊

基于流程和业务分工的财务作业模式使单据随机分配到每个财务人员手中。财务人员和业务人员可能的联络被彻底切断。业务人员面对的不再是固定的财务人员，串通舞弊的可能大大降低。此外，所有的业务处理对集团彻底透明，任何一笔业务均可以通过系统进行查阅，对及时发现问题提供了有力保障。

5. 形成大数据仓库，对决策形成支持

财务共享服务实现了数据来源与数据处理的标准化，利用统一的系统平台，对各种来源的数据进行抽取与转换，形成数据仓库。数据仓库中的基础数据可用

于即时查询、统计报表及数据分析，从而应用于决策支持、管理支持及经营业务支持。

6. **创建全面的运营管理体系**

为了保证财务云的稳定运行，中兴通讯创建了全面的运营管理体系。例如，通过绩效看板实时反映运营数据，动态显示实时业务量，便于财务云管理者及时了解业务运营情况。通过设立质量管理团队，运用科学管理方式进行质量管理。通过制定绩效考核机制，对于业务处理时效、业务处理质量情况进行绩效考核，有效地激励工作业绩突出、综合表现优秀的员工。通过培训管理与知识体系的搭建对财务云员工进行定期培训的体系，给员工创造学习、提高专业技能和综合素质的空间。此外，中兴通讯财务云还十分注重人文关怀，定期组织凝聚力活动，增进员工之间的交流，增强人员凝聚力、向心力和对公司的归属感。通过建立运营管理体系，促使财务云的管理手段实现多元化，使得财务共享服务中心的管理更加有序规范，从而带来管理效率和管理效果的提升。

四、中兴通讯财务共享服务中心的启示

中兴通讯作为最早一批走向全球并成功落地的中国企业，同时也是第一家建立财务共享服务中心的中国企业，至今拥有本土财务共享 10 年建设和运营经验。

（一）全过程规划实施财务共享服务中心建设

首先，建立财务共享服务中心需要考虑战略目的，即是要建成一个全球性的还是区域性的，是某一个方面的还是全业务的，是像“简伯特公司”一样对外盈利还是单纯的集团内部服务机构。其次，需要考虑组织人员，即共享服务中心与财务岗位的设置。再次，需要考虑业务流程的规划，即所有的业务信息如何与共享服务中心进行交互，共享服务中心内部如何进行业务流转，共享服务中心如何把信息加工传递出去，这些过程包括信息的收集流程、加工流程和发布流程。最后，需要考虑信息系统的架构如何搭建，这涉及共享服务中心日常运营管理过程中需要考虑的人员培养培训、知识管理、质量控制、内控、标准化等诸多问题。

（二）关注财务共享服务中心建设中的阻力与风险

财务共享服务的实施是一项重大的企业变革，必然会遇到或大或小的阻力，如人员的转移和转型、组织的重新定位和归属、对过渡期业务产生的冲击。实施的成功依赖于人、财、物各种资源的保障和不同单位、团队的协作与配合，以及严谨的过程控制。实施过程包括实施方式的明确、财务共享服务中心的选址确定、创建策略选择、人员招聘及转移、流程和系统改造等工作。同时，企业还需要时刻保持谨慎，关注实施过程中可能出现的各种预料中及预料外的风险，重视过程和质量控制，尽量减少不可控因素的出现，最终确保财务共享服务中心的成功。

（三）逐步积累全球范围内财务共享服务中心建设经验

10 年的共享服务中心建设经历，让中兴通讯形成了自己的四位一体全球财经管理模式，财务云的业务范围也已涵盖国内外子公司核算、全球 AP、海外资金、全球档案管理、全球数据管理、全球商旅服务、管理咨询、信息技术及外包服务提供商，并在海外业务回收与处理的过程中积累了丰富的海外服务经验。在这 10 年中，中兴通讯也在不断总结这些经验，并与其他中国企业分享。如果这些经验能为更多的中国企业所了解、掌握，那么未来中国企业的海外扩张之路将变得更加稳健。

（四）以财务云搭建财务数据中心

在财务共享服务迈向“智慧财务”的步伐中，以云计算、大数据为代表的新兴技术的应用成了财务创新的催化剂。作为企业的财务服务平台，各类业务数据涌入财务共享服务中心。随着数据数量的汇集，数据的管理和分析工作变得格外重要。数据的价值正在成为企业成长的重要动力，它不仅提供了更多的商业机会，也是企业运营情况及财务状况的重要分析依据。大数据技术的发展，使财务共享服务中心可以对大量碎片化的数据进行有效管理，实时进行收集、整理、分析及报告，满足企业财务监控、投资者关系、财务规划及战略决策的需要。

（五）依托财务云为客户提供 5A 服务

依托于云计算技术，财务共享服务中心能够为用户提供最佳的客户体验，中兴通讯称之为“5A”服务。“5A”实际上是五个单词的缩写：Anywhere、Anytime、

Anyone、Anything 和 Any device。也就是说，当任意一位用户（Anyone）需要相关财务信息（Anything）时，他可以在任意时间（Anytime）、任意地点（Anywhere），借助任意设备（Any device），提出需求。用户并不知道财务共享服务中心身在何处，也不知道内部处理流程，但是只要输入他的请求，财务共享服务中心就可以为用户提供其所要求的输出。

（六）财务共享经验总结与分享

作为最早一批“走出去”的中国企业，中兴通讯积极致力于财务共享、管理会计等领域的研究和实践，完成了对于全球财务知识的积累，输出了《中兴通讯海外 CFO 教材》、《中兴通讯全球财务共享手册》和《中兴通讯管理体系研究》等一系列文档库，并不断持续更新。同时，中兴通讯也致力于在自身全球共享服务中心成功运营的基础上，向其他企业分享成功经验。中兴通讯多次接待财政部、国资委的参观，承办财政部、国资委举办的财务共享服务讨论会、财务信息化交流会。截至 2015 年 12 月，中兴通讯财务共享服务中心完成了包括中国广东核电集团、金蝶集团等 30 余家企业的咨询方案，百余家企业的信息系统建设；出版了《财务共享服务》、《财务共享服务案例集》、《财务共享服务行业调查报告》三本专著，共发表相关学术论文 30 余篇。中兴通讯基于财务共享服务实现了财务转型，为中国大型企业集团的财务转型提供了可以借鉴和参考的思路。

综上所述，研究中兴通讯财务共享服务中心的建设历程和未来的发展，不难看出，以“建立全球标准规范的共享平台”为目标的中兴通讯始终遵循着简单化、标准化、智能化的运转革新原则，并将财务共享服务中心引向市场化运作发展，引领国内企业财务共享服务行业的发展。其特色主要体现在“首家、财务云、自主研发、全球财经管理平台搭建”等。

第八章

协鑫集团同一种语言和标准的财务共享服务中心建设[1]

一、协鑫集团简介

协鑫（集团）控股有限公司（简称协鑫集团）是一家以清洁能源、新能源及能源相关产业为主的国际化综合性能源集团，是中国最大的非公有制电力控股企业、全球最大的光伏材料制造商。集团总部位于香港，分支机构遍布美国、加拿大、新加坡、印度尼西亚、埃塞俄比亚、吉布提和中国的江苏、浙江、台湾、北京、上海、广东、福建、河南、内蒙古等地。

协鑫集团自创立以来，始终秉承“把绿色能源带进生活”的理念，持续为社会提供优质的能源与服务，通过创新驱动、追求卓越，致力成为最受尊重的国际化清洁能源企业。二十多年来，协鑫集团始终坚持创业、创新、争先、领先的企业精神，迄今已构筑光伏材料、环保电力、新能源、油气、金融五大板块（见图8-1），资产总额近 1 000 亿元。协鑫集团旗下拥有保利协鑫能源控股有限公司（3800.HK）、协鑫新能源控股有限公司（0451.HK）、协鑫集成科技股份有限公司

---

① 本案例在协鑫集团副总裁崔乃容先生的领导下完成，崔乃容先生同时兼任财务共享服务中心董事长，是协鑫集团财务共享服务创始人之一。协鑫集团财务共享服务中心总经理刘东红女士负责中心的实际运营工作，本案例是在刘东红女士的直接指导和组织下完成的。本书作者对案例资料进行适当修改和整理，整个过程得到用友软件的徐国徽先生的大力协助。

（2506.SZ）等在内的 3 家控股上市公司，是亚洲光伏产业协会主席单位。

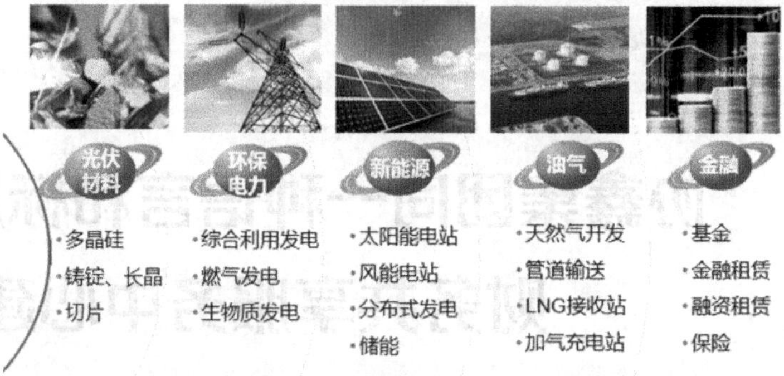

图 8-1　协鑫集团产业板块分布

二、协鑫集团财务共享服务中心建设的必要性分析

（一）集团管控力度被众多业务削弱

随着协鑫集团能源行业相关多元化的产业发展，从投资运营燃煤燃气热电联产、燃煤发电、垃圾发电、风力发电、生物质发电、太阳能发电等电力业务，到规模化投资多晶硅和硅片等光伏材料业务，以及正在建设中的天然气勘探、开发、仓储、配送、终端业务，覆盖了能源行业多个产业。协鑫集团的战略、运营、财务、人力资源等方面均面临管理挑战。

（二）财务风险不断增加

协鑫集团产业对接资本市场的步伐提速，环保电力业务 2007 年 11 月在香港主板上市，多晶硅业务 2009 年注入保利协鑫，2014 年重组新设协鑫新能源、协鑫集成两家上市公司。为满足上市公司的监管和管理要求，会计核算标准和财务管理水平亟待提升。随着企业信息化技术的发展和应用，协鑫集团于 2007 年先后着手 ERP 的实施、现金池的建设、网银支付功能的开通，已具备实施财务共享服务平台的必要条件。集团快速、多元化发展的进程也带来诸多问题。

（三）财务规范性难以统一

投资多元化导致财务规范滞后，其原因在于协鑫集团涉及电力行业、光伏行业、新能源行业、天然气行业等，各个行业特点差异很大，管理层的要求不一，难以形成统一的财务核算规范。同时，财务数据可靠性欠缺，其原因是各个公司、各个行业没有形成统一的基础数据，加之 ERP 系统的版本不同，财务数据可比性不足。还有就是人员参差不齐、处理效率慢，财务人员流动性大、职业素质参差不齐，难以很好地适应企业的快速发展，难以达到集团化企业的要求。

综上所述，加强和规范财务管控已在集团财经条线的顶层设计中。在此情况下，结合集团财务管控的提升，为了降低人员成本，提升工作质量和效率，实现会计核算的一体化，财务共享服务中心应运而生。

三、协鑫集团财务共享服务的平台架构

（一）分层次的财务人员架构

根据协鑫集团财务人员分层管理的部署（见图 8-2），财务共享服务平台的职责定位为共享财务。

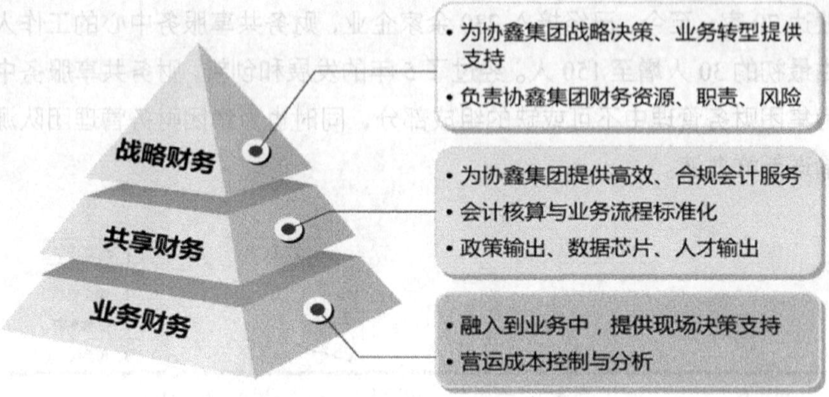

图 8-2　协鑫集团分层次的财务人员架构

（二）以增值为导向的流程架构

财务共享服务（其架构见图 8-3）是标准化、规范化的基础，实现业务与财务数据一致化后，对战略财务可以实现后期的财务经营分析及各种管理会计数据分析，对业务财务可以提供及时、准确的财务核算数据，满足日常经营及财务审计的工作开展需要。

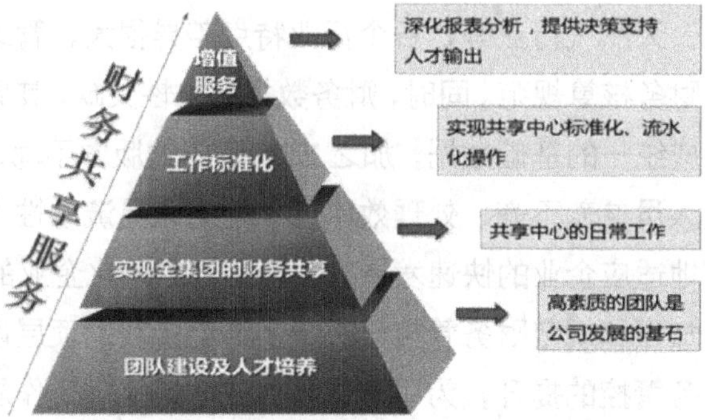

图 8-3 协鑫集团财务共享业务层次架构

四、协鑫集团财务共享服务中心的发展历程

（一）协鑫集团财务共享服务中心整体发展历程（见图 8-4）

协鑫集团财务共享服务中心始建于 2010 年，选址于徐州，启动电力板块的 22 家企业试点。2012 年搬迁到苏州园区，承接电力、光伏、地产等板块业务，接入企业达 70 家。至今，已经接入 230 余家企业，财务共享服务中心的工作人员也已经由最初的 30 人增至 150 人。经过了 5 年的发展和创新，财务共享服务中心逐渐成为集团财务管理中不可或缺的组成部分，同时也为集团财务管理团队源源不断地输送新鲜血液。

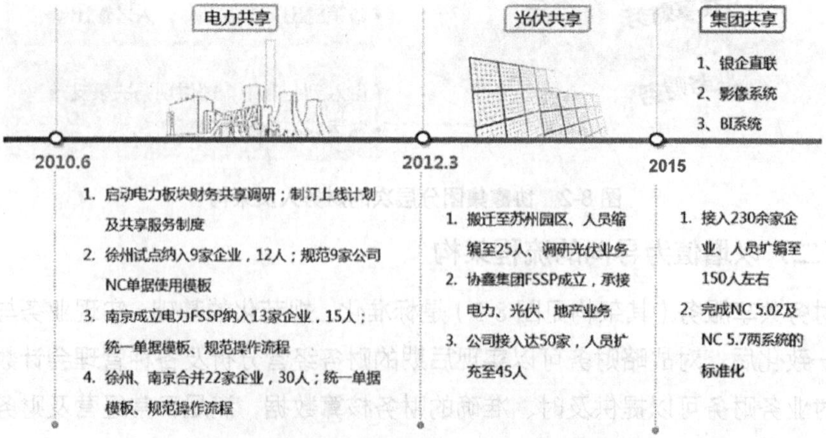

图 8-4 协鑫集团财务共享服务中心整体发展历程

（二）协鑫集团财务共享服务中心具体发展历程及重要工作

- 2010 年 7 月，协鑫集团实施财务共享服务中心调研。
- 2010 年 9 月，协鑫集团会计（财务）共享服务在徐州试点，服务于徐州、连云港地区的 7 家电力企业；将徐州地区电力企业的付款、收款、应收、应付、存货、总账、报表等模块核算工作集中到会计共享服务中心进行集中处理。
- 2010 年 12 月，会计共享服务中心在南京设立机构，主要服务于苏中、浙江地区的电力企业。
- 2011 年 3 月，南京与徐州地区的会计共享服务合并至南京地区，至 8 月 1 日，服务范围扩大至苏南地区，合计服务 28 家电力企业。
- 2011 年，会计共享服务中心推进优化流程、细化单据、整合模块，同时推出待处理单据的抢占抢单模式。
- 2012 年 3 月，集团会计共享服务中心从南京迁往苏州，并开始向集团企业提供服务。
- 2012 年 5 月，会计共享服务中心向光伏板块提供共享服务，苏州地区 14 家光伏企业整体纳入会计共享服务中心，从此集团会计共享服务中心建设进入了一个全面发展的快速拓展时期。
- 2012 年 7 月，会计共享服务中心启动光伏北美公司的共享准备工作。之后几个月，共享服务中心转换及补录了北美公司非 NC 会计系统的大量前期凭证。北美公司的会计共享有着重大的意义，不仅标志着协鑫会计共享走出了国门，为集团业务的全球化、国际化提供及时、准确的会计核算支持，也为共享服务中心培养国际化的会计核算人才提供了专业途径。
- 2012 年 8 月，集团正式启动了电力和光伏共享业务的整合。整合后的共享服务中心无论在人员配置、系统支持、流程改善方面都拥有了更多的资源、更好的统筹能力，也为 2012 年下半年的客户拓展夯实了基础。
- 2012 年 9 月，光伏欧洲 7 家公司会计核算业务转至会计共享服务中心。
- 2012 年 10 月，地产板块 13 家公司纳入会计共享服务中心，光伏板块新能源电站 3 家公司纳入共享服务中心，标志着集团会计共享业务已全面覆盖各主要业务板块。

- 2012 年 11 月，集团 8 家管理公司和其他投资公司进入共享服务中心。集团管理的子公司进入共享服务中心后，费用类及其他会计基础业务转移至共享服务中心，使集团财务部更专注于财务管理和战略决策支持。
- 2012 年 12 月，苏州地区以外的光伏企业进入会计共享服务中心，标志着会计共享服务中心在总结、完善前期光伏制造共享业务的基础上，稳步向苏州地区以外的企业推进。
- 2014年3月，会计共享服务中心开始接入子公司的实质性审核工作，收付、审核、材料、成本、总账、报表等除业务财务外的所有会计核算的职能转移到共享服务平台。
- 2014 年 4 月，影像管理系统调研开始，以实现报销凭证的影像化工作。
- 2014 年 5 月，协鑫新能源控股有限公司在香港联交所上市，我们开始接入新能源光伏电站的会计核算业务。
- 2014 年 10 月，会计共享服务中心开始在为电力板块各子公司出具财务报表的基础上，出具财务分析报告，之后拓展至其他板块。
- 2015 年 2 月，会计共享服务中心更名为财务共享服务平台（简称 FSSP，后述两个名称均有，指代相同），业务涉及集团、电力、光伏、地产、新能源、海外光伏电站、油气等板块，持续扩大服务范围。
- 2015 年 9 月，财务共享服务平台接入集团子公司数量达到 200 家，集团主要业务均纳入共享服务。

（三）协鑫集团财务共享服务中心发展历程的思考

在协鑫集团财务共享服务平台的发展初期，如何在财经条线中统一思想，如何获得各子公司、各管理中心管理层的支持，如何定位集团财经管理部、共享财务、子公司财务之间关系，以及包括各现场财务人员的配合都是至关重要的。在发展的过程中，由于新的核算业务模式的改变，理顺了共享财务与业务的核算关系，并推动了信息系统的全面提升。而标准化的规范建设，逐渐形成了同类企业的可比性数据，给管理层提供了集团战略和决策支持。

五、协鑫集团财务共享服务中心组织架构

（一）协鑫集团财务共享服务中心整体架构

经过五年的平稳运营，协鑫集团财务共享服务平台下设数据中心、技术支持部、新能源事业部、光伏事业部、电力事业部、质量控制部、信息管理部，以及人事行政部等（见图 8-5）。

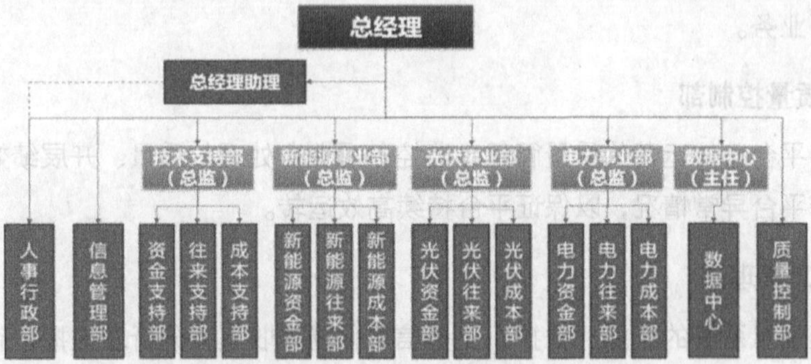

图 8-5　协鑫集团财务共享服务中心整体架构

（二）协鑫集团财务共享服务中心下属机构及其职能

1. 数据中心

负责集团层级的部分合并报表、财务分析、集团业务的数据分析，以及会计、税收政策的研究等业务。

2. 技术支持部

负责共享流程的标准化、系统优化、凭证审核，以及各种专项工作如现金池业务、银企直联等的推进。

3. 新能源事业部

负责新能源事业部下的资金结算、银行账户管理、信贷与票据管理、采购与销售业务、集团内部往来与交易核对、费用报销、成本核算、资产与税务核算、财务报表等业务。

4. **光伏事业部**

负责光伏事业部下的资金结算、银行账户管理、信贷与票据管理、采购与销售业务、集团内部往来与交易核对、费用报销、成本核算、资产与税务核算、财务报表等业务。

5. **电力事业部**

负责电力事业部下的资金结算、银行账户管理、信贷与票据管理、采购与销售业务、集团内部往来与交易核对、费用报销、成本核算、资产与税务核算、财务报表等业务。

6. **质量控制部**

负责平台整体运营的质量管理，监控各项业务处理的质量、开展绩效分析、监控预警平台异常情况，以保证平台持续高效运转。

7.信息管理部

负责信息系统的实施、维护，业务信息化需求收集、分析及提报，新业务解决方案的制订及实施，对最终用户定期的信息系统应用培训。

8. **人事行政部**

负责平台的人员招聘、人事管理、薪酬绩效、培训及其他行政工作。

六、协鑫集团财务会计档案管理

财务共享服务平台服务业务属于集中处理业务，其会计档案始终或最终存放于各子公司，故将会计档案区分为实质性审核会计单证与非实质性审核单证。

（一）实质性审核会计单证管理

实质性审核单证指已接入子公司实质性审核业务，其会计档案递送至财务共享服务平台，由财务共享服务平台上挂影像系统，并对照影像附件与纸质单证进行业务处理。财务服务平台严格规定了资料传递和归档的流程。该过程中，双方由“单证签收表”、邮递单信息核对签收；财务共享服务平台单证员对单证进行分拣、派发，以“共享内部签收表”进行业务处理和传递。待业务处理完毕，单证集中打印、装订成册，递交子公司。针对实质性审核防范风险，制定了实质性审核公司单证丢失的应急预案。

（二）非实质性审核会计单证管理

非实质性审核单证指未接入子公司实质性审核业务，其所有会计档案始终存放于子公司。子公司进行扫描上挂附件或扫描上挂影像附件，财务共享服务平台则通过上挂的扫描附件或影像附件进行业务处理。

七、协鑫集团财务共享服务中心的管理体系梳理

（一）共享平台职能升级步骤

1. 建设初期职能

协鑫集团财务共享服务平台在建设初期，遵循传统共享服务平台建设的原则，将具有一定规模、易于集中核算的业务纳入与整合，并且整合审批流，衔接现场业务端与共享财务端的工作，规范财务共享服务平台业务操作，并对纳入财务共享的业务进行业务规范初级化的整理。

2. 平稳运行期职能

随着协鑫集团财务共享服务平台运营平稳后，企业对财务共享服务平台的职责定位又赋予了更高的要求，即在提供标准化服务的同时，也要兼顾集团及板块的管理需求。通过财务共享服务平台先进的技术与集中管理优势，将整个集团的会计核算、资金结算的延伸业务也纳入财务共享服务范围，从而实现“同一个协鑫，同一种语言，同一个标准”，提供更多的数据集中、信息共享等延伸服务。

3. 远景规划职能

财务共享服务平台的业务发展将逐步由开始的费用稽核、往来清账、资金收付、成本核算逐步发展到税务服务、报表分析及预算控制管理，如图 8-6 所示（浅色字体为正在建设的功能）。

图 8-6　协鑫集团财务共享业务职能规划

（二）共享服务业务标准化

为适应协鑫集团的快速发展，规范前端业务流程及基础财务管理工作，自 2014 年开始，财务共享服务平台组建各板块 “业务流程标准化” 编写及推进小组，历时近一年时间完成了各板块业务流程标准化工作。该标准以流程为中心规范财务基础管理操作，确定财务共享服务平台工作标准，明确财务职责划分，规范考核指标，提高工作效率，实现管理的快速复制。

1. 财务共享业务流程标准化编写结构

协鑫集团财务共享服务中心制定的标准由正文和附录两部分组成。

正文涵盖了财务共享服务平台涉及的全部业务范围，内容包括：报销核算业务流程、采购核算业务流程、销售核算业务流程、付款核算业务流程、收款核算业务流程、资金结算业务流程、总账核算业务流程、存货核算业务流程、固定资产及在建工程核算业务流程、票据核算业务流程、信贷核算业务流程、销售开票业务流程、国内国际报表编制业务流程等。

附录包括附件要求和标准化的表格。通过“业务流程标准化”的编制及推进，逐步实现协鑫集团财务管理的流程化、标准化，推动业务高效、规范化发展，以期实现财务共享服务平台的职责转型。利用其在财务数据方面的集中优势，运用科学的数据分析模型对财务数据、资金数据、业务数据进行分析，为集团管理会计实施、经营决策提供辅助服务。

协鑫制定了规范的财务共享业务流程标准化手册，形成了政策索引、财务制度、操作手册、业务流程标准化等体系化内控文档。每个流程的编写结构如图 8-7 所示。

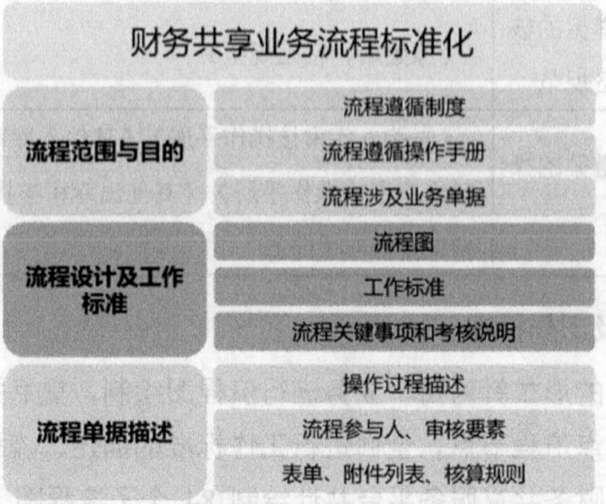

图 8-7　财务共享业务流程标准化编写结构

2. 财务共享业务流程手册编写规则

流程手册要依据协鑫集团及各板块的财务制度，遵循业务操作手册，按照涉及的流程范围、部门及业务单据类型，明确流程设计目的，每一章节都要遵循相应规则，如“存货核算业务流程”章节编写规则如表 8-1 所示。

表 8-1　“存货核算业务流程”章节编写规则

流　程	内容项	具体内容说明
存货核算	流程范围	存货核算流程主要涉及出入库单据收发类别等项目的审核、出入库单据成本计算、出入库调整单维护、凭证生成核算业务流程、财务存货模块与供应链模块数量核对、财务存货模块与总账金额核对
	流程目的	规范存货采购入库、领用出库业务，核对收发类别，确保存货核算的及时性、准确性、完整性
	流程涉及单据	采购入库单、其他入库单、材料出库单、其他出库单、入库调整单、出库调整单

续表

流　程	内容项	具体内容说明
存货核算	流程涉及部门	FSSP 业务会计、业务经办
	流程遵循的核算制度及规范	《原始单据粘贴规范》
	流程遵循的操作手册	《采购入库审核操作手册》、《其他入库审核操作手册》、《材料出库审核操作手册》、《其他出库审核操作手册》、《材料差异调整操作手册》

3. 流程设计及工作标准

通过言简意赅的形式针对每个业务进行流程图绘制，重点关注阐述谁、在何时、处理何事及重点流程节点，全面进行工作标准的描述、流程关键事项及考核的说明。协鑫集团财务共享服务平台共计绘制 84 个子流程图（见图 8-8）和 84 个业务工作标准（见表 8-2）。

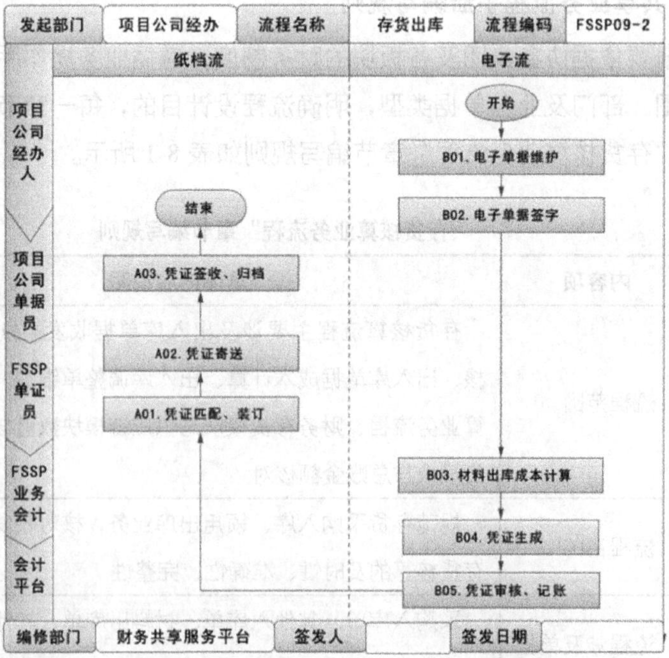

图 8-8　协鑫集团财务共享服务平台业务流程图示例

表 8-2　　　　协鑫集团财务共享服务流程工作标准示例

节　点	工作执行标准（工作职责）		执行工具
项目公司经办人	B01 B02	经办人对出库的物资及时完成电子单据录入，并保证出库类别、仓库类别、存货编码、存货名称、存货数量等信息的准确性，确保账实相符，存货出库当天或次日必须完成系统数据的维护； 签字人自出库之日起当天或次日核对出库物资数量、仓库类别、出库收发类别、存货名称等信息，并完成签字动作	材料出库单 其他出库单 出库调整单
项目公司单据员	A03	单据员接收 FSSP 按约定期限寄回的会计凭证，并做好移交清单及档案管理工作	影像系统
FSSP 单证员	A01 A02	FSSP 单证员遵从《纸质单证传递保管规范》时限管理规定，完成凭证匹配及装订，并确保会计凭证寄送前的安全性及按时限办理寄送	影像系统
FSSP 业务会计	B03	FSSP 业务会计遵从《纸质单证传递保管规范》时限管理规定，检查出库收发类别、仓库类别等核算信息填列准确性，并确保月底前完成出库业务成本核算	材料出库单 其他出库单 出库调整单 会计平台
	B04 B05	FSSP 业务会计遵从《纸质单证传递保管规范》时限管理规定，按时完成会计凭证生成 FSSP 业务会计遵从操作手册及《纸质单证传递保管规范》时限管理规定，按时保质完成会计凭证审核、记账	

4. 流程描述

操作手册中要阐述涉及业务单据操作过程、流程参与人及标准审批流、明确业务单据核算规则等，协鑫集团财务共享服务平台共计描述 102 个业务单据，示例如表 8-3 所示。

表 8-3　　协鑫集团财务共享服务平台业务流程描述示例

<table>
<tr><th colspan="4">【材料出库单】业务单据流程描述</th></tr>
<tr><td>单据类型</td><td colspan="3">【供应链—材料出库单】</td></tr>
<tr><td>适用范围</td><td colspan="3">用于通过供应链领用材料、燃料等物资的出库业务</td></tr>
<tr><td>附件要求</td><td colspan="3">【材料出库清单】</td></tr>
<tr><td>审核要点</td><td colspan="3">【收发类别】【仓库】</td></tr>
<tr><td>单据发起人</td><td colspan="3">项目公司经办人</td></tr>
<tr><td>摘要规范</td><td colspan="3">【月份】【部门】领用【存货名称】出库</td></tr>
<tr><td rowspan="2">流程描述</td><td>实质性</td><td colspan="2">项目公司参照【领料申请单】生成【材料出库单】→项目公司签字【材料出库单】→FSSP【出库成本计算】→FSSP 生成【会计凭证】</td></tr>
<tr><td>非实质性</td><td colspan="2">项目公司参照【领料申请单】生成【材料出库单】→项目公司签字【材料出库单】→项目公司【出库成本计算】→项目公司生成【会计凭证】</td></tr>
<tr><td rowspan="2">审批流程</td><td>实质性</td><td colspan="2">无</td></tr>
<tr><td>非实质性</td><td colspan="2">无</td></tr>
<tr><td>上游单据</td><td colspan="2">项目公司参照【领料申请单】</td><td>适用于日常材料出库领用</td></tr>
<tr><td rowspan="2">账务处理</td><td colspan="2">借方</td><td>贷方</td></tr>
<tr><td>1</td><td>生产成本/制造费用/管理费用/</td><td>原材料/燃料等</td></tr>
<tr><td>ERP 路径</td><td colspan="3">【供应链】→【库存管理】→【出库业务】→【材料出库】</td></tr>
<tr><td rowspan="2">扫描上传</td><td>实质性</td><td colspan="2">无</td></tr>
<tr><td>非实质性</td><td colspan="2">无</td></tr>
<tr><td>控制方式</td><td colspan="3">【收发类别】【存货分类】</td></tr>
</table>

八、协鑫集团财务共享服务中心的人力资源管理

人力资源管理是企业管理的核心，对于财务共享服务中心同样如此。在共享服务中心建设、运营的不同阶段需要根据不同的用人需求招募、储备合适的人才，组建合适的团队。对企业而言，推动财务共享服务进展所面临的人力资源挑战十

分明显，包括提高员工素质及效率、招聘及保留合格员工、职业生涯规划及晋升等。清晰的职业规划和职业上升通道是保证财务共享品质、保留财务共享人才的关键所在。

（一）人员招聘原则

1. 财务共享服务中心建立初期的人员招聘原则

协鑫集团财务共享服务平台建立初期，由于涉及“财务共享”理念宣导的重要性，主要是以集团、各子公司选拔、借调财务人员集中办公为主的形式进行财务共享服务中心的工作。在财务共享服务平台的建设期，人员的配置也是偏向于专业和沟通学习能力强、抗压能力强的财务人员，协鑫集团财务共享服务平台采用通过择优录用原子公司财务分流人员加招聘外部人员相结合的形式进行工作。

2. 财务共享服务中心运营期的人员招聘原则

在财务共享服务中心的各项工作进入运营期时，协鑫集团财务共享服务平台采用招聘外部人员与内部人才选拔相结合的招聘模式，外部招聘人员的专业不仅局限于会计、财务管理专业，并且逐步扩展到金融、计算机、国际贸易等多元化专业。

（二）企业文化建设

第一，根据财务共享服务工作员工年纪轻、思想活跃等特点，协鑫集团财务共享服务平台组建各类文娱兴趣小组开展系列活动，如参加集团的“协同一家 鑫动一夏”的年度运动会、苏州园区当地的“享乐五月 青春嘉年华”舞蹈大赛，均获得了一致好评。

第二，每季度员工们齐聚一堂，与寿星员工共同度过充满欢乐的温馨时刻；组织踏青、远足、拓展等活动；建立“内部讲师”机制，提倡人人为师、人人为生，加强员工“自我学习”和各类业务培训，鼓励员工参加“中级会计师”、“高级会计师”、“CPA”、“ACCA”等证书的考试，并给予奖励，做到工作和学习相结合。

第三，推动 6S 管理、美化工作环境和目视文化建设，打造环保、清洁、快乐的工作氛围。

第四，组织“走出去”和“引进来”活动。组织“走出去”活动：参加用友2015“无边界”管理会计创新论坛和全球SSON中国系列活动，学习同行业的先进经验。同时，也组织“引进来”活动：接待其他企业来协鑫集团财务共享服务平台实地考察，介绍协鑫自己的建设心得，沉淀知识，锻炼队伍。

第五，建立“微信平台”，开展年度员工座谈与满意度调查，加强员工与财务共享服务平台的沟通。

第六，通过各种各样形式的活动，宣传协鑫集团企业文化——“协心、协力、协同”，增加员工的归属感和认同感。

（三）人才培育体系

建立系统的、与财务共享服务中心发展及人力资源管理相配套的培训体系是非常重要的。为了全方位打造、培养员工，对于不同类型员工进行不同类型的培训项目。设计与财务共享服务中心发展、员工个人兴趣和其发展能力相吻合的培训计划，制订年度、季度、月度培训计划，拓展员工自身能力，开展各项技能竞赛，从中选拔、培养储备基础管理人员。

1. 新员工培训

对于新入职员工，协鑫集团财务共享服务平台会加强入职培训和企业文化培训，使其更快地了解财务共享服务平台的各部门职能、公司管理制度和企业文化，快速融入集体。

2. 基础员工培训

为了有效提高员工的适应能力与快速上岗能力，打造专业化的复合技能人才队伍，协鑫集团财务共享服务平台会加强基础员工会计标准化业务操作流程和服务要求培训、操作系统培训、专业知识和技能培训、案例分析培训等。建立各类专业兴趣小组，通过相关培训及轮岗来丰富员工的工作面。

3. 管理梯队员工培训

针对管理梯队内员工，除了专业知识和技能培训外，还逐步加强沟通写作能力、组织策划能力等管理和领导技能培训、项目管理培训及人力资源管理培训，从而打造各层级职业化的管理人才队伍，以确保人员与岗位的匹配。

（四）职业生涯规划

协鑫财务共享服务平台针对不同个性的员工设计不同的职业生涯发展通道，主要有专业通道和管理通道两种（见图 8-9）。

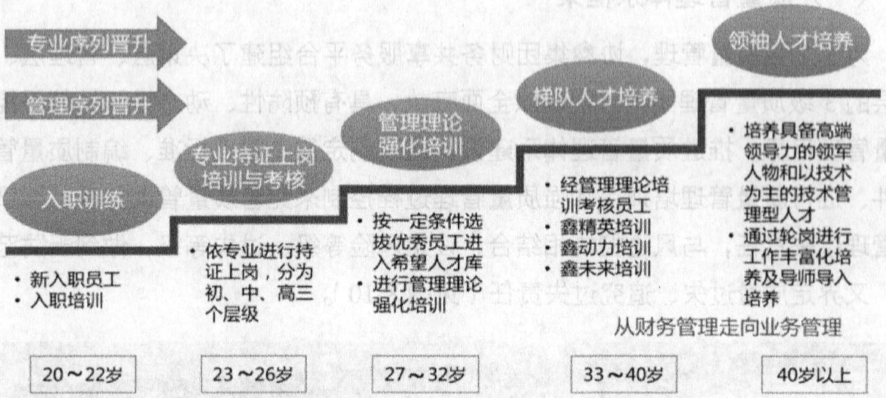

图 8-9　协鑫集团财务共享服务平台员工职业生涯规划

1. 内向/专业型员工职业生涯规划

对于个性比较内向、专业技能更突出的员工，协鑫集团财务共享服务平台会更注重专业技能的培养，通过定期专业竞赛和各类业务培训、跨板块业务轮岗、跨部门轮岗、到子公司同职位轮岗来加强他们的工作面宽度和深度的培养，使得大部分普通员工从事不同的业务，系统、全面地掌握各类财务工作，增加职业竞争力。

2. 外向/沟通型员工的职业生涯规划

对于个性比较外向、沟通能力较强、有管理潜力的员工，建立基层管理者内部选拔机制，通过岗位竞聘、轮岗实习等方式，为普通员工创造职业发展机会。

协鑫集团财务共享服务平台通过以上的培育机制，针对不同类型的员工提供更适合员工发展的平台与空间，向子公司、各板块管理中心输送、培养各类专业、基础管理人才，通过多通道、多职级、重业绩、可成长的员工职业生涯规划，真正做到协鑫集团财经条线“黄埔军校”的作用。

九、协鑫集团财务共享服务中心的质量管理

（一）质量管理体系框架

为了加强质量管理，协鑫集团财务共享服务平台组建了决策层、管理层、执行层的 3 级质量管理团队。明确以全面有效，具有预防性、动态性、持续受控为质量管理目标。推进质量管理体系建设，通过制定质量管理标准、编制质量管理文件、进行质量管理培训、加强质量管理过程控制来完善质量管理体系。强调质量管理过失责任，与风险控制相结合，设定风险等级、过失等级，做到既防范风险，又界定质量过失、追究过失责任（见图 8-10）。

图 8-10　协鑫集团共享服务平台质量控制

（二）业务流程充分考虑风险控制

通过流程控制评价表来评估流程风险，主要包括评估流程的完整性、正确性、有效性、访问限制等控制目标；评估认定存在或发生、完整性、估计或分配、权利和义务、表达和披露等风险内容；界定预防型、发现型、自动、人工等控制类型；评估风险对应的有效性，并对风险对应的控制措施进行评价。通过流程控制评价表，对流程设计涉及的控制环境、目标设定、事项识别、风险评估、风险应对、控制活动、信息与传达、监督等事项做到了全面评估，从而达到从源头事先进行风险预警。

（三）不相容岗位在业务处理时相互审核

通过 NC 系统权限设置，业务制单与业务审核不得为同一人；各业务处理均既进行制单操作又必须由他人全面审核；月末处理，进行结账、记账，进行二度审核。

（四）财务共享服务中心内部审计岗位和职责

对于相容岗位的职责检查、业务处理的时效性检查，要求出具周检查报告、月度汇总检查报告。为了有效进行质量控制管理，建立了内审管理制度。共享服务平台设置内部审计专员，进行日常检查。检查内容涵盖财务共享服务平台的业务范围，主要检查项目制度的执行情况、标准化流程设置、信息系统的风险、专项审计报告，并依据检查结果督促整改，起到了质量控制与风险预警的作用。内部审计专员应每周出具周检查报告，每月出具月度汇总检查报告，可以根据日常检查报告出现的重点案例进行专项审计，并出具含管理建议的专项审计报告。

十、协鑫集团财务共享服务中心的信息系统建设

（一）信息系统建设目标

以协鑫集团发展战略为导向，适应协鑫板块发展需要，建立统一的财务核算服务平台；建立财务核算信息“标准化”体系；实现业务流程规范化、建立协鑫财务共享服务业务流程标准化体系；实现集团所有业务板块资金收付集中管理机制；实现业务与财务一体化，形成内部往来结算及财务报表统一管理；稳定财务队伍，提高财务服务质量，打造协鑫财务高级管理人员的人才培育基地。

（二）信息系统规划

1. 信息系统整体规划

2008 年用友 NC 在协鑫集团的成功实施成为财务共享服务平台成立的前提条件。ERP 系统将业务与财务集成为一体，财务数据来源于业务，使得业务与财务异地工作成为现实；通过系统规范业务流程，监控业务执行，保证了财务数据的准确性；统一的科目体系及入账规则系统控制，保证了财务报表的一致性。ERP 系统的成熟度及 ERP 系统与其他业务系统的集成度直接影响着共享业务的扩展。

协鑫集团财务共享服务信息平台系统架构如图 8-11 所示。

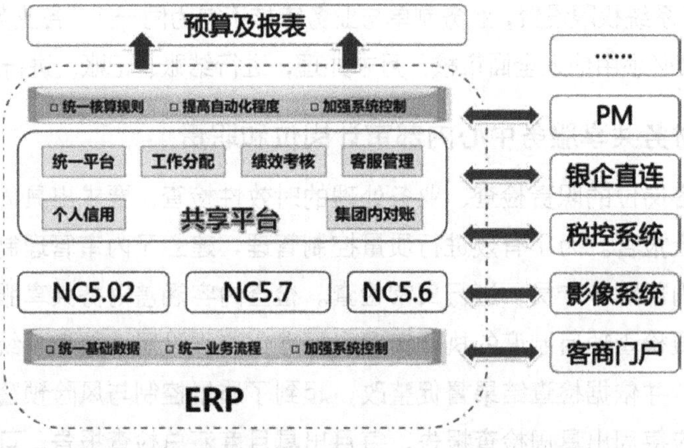

图 8-11 协鑫集团财务共享服务信息平台系统架构

2. **信息系统主要模块及其功能**

协鑫集团财务共享服务平台满足现有各板块业务及财务管理需要，并与现有的预算、报表分析、项目管理、银企直联、税控系统、影像系统、客商门户等外围系统进行无缝对接。

（1）预算控制。全面预算控制已经成为现代化企业不可或缺的重要管理模式。现 ERP 系统不仅可以实现全面预算的编制、审核及变更，而且可以实现预算对业务发生的控制。例如，费用报销能够在系统中制单的前提是要有足够的预算。系统的控制代替了人为的审核，自动实现了财务的监管作用。

（2）银企直联。银企直联的应用大大提高了资金集中支付的效率。资金支付是财务重要的工作之一，财务人员不仅要保证资金支付的准确性、及时性和安全性，还要保证资金账户每日的账实相符。协鑫集团财务共享平台负责集团 200 家公司的资金支付及对账，工作量相对庞大，需要有效的信息手段支持批量支付与自动对账。

（3）影像系统。影像系统的引入使协鑫集团财务共享服务平台跨入又一个里程碑。财务共享服务平台为集团管理带来的突出效益是加强集团监控。实质性审核业务的接入有着非凡的意义，它可以有效地降低串通舞弊的行为出现。但实质性审核面临的最大问题是报销凭证的影像化工作，以及报销凭证的流转、装订、存储等管理工作，为此协鑫集团财务共享服务平台引入了影像系统。协鑫集团共享服务平台采用集中扫描与单点扫描结合的模式解决国外及偏远地区的实质性审核问题，共享服务平台审核人员通过双屏显示审核 ERP 系统单据与报销凭证的一致性。有效的信息手段使财务共享服务平台的业务范围得到了快速的扩张。

协鑫集团财务共享服务平台的影像系统正处在推广阶段，现阶段主要采用在财务共享服务平台所在地进行集中扫描的方式（见图 8-12），业务处理人员影像审核，新疆等距离苏州较远的地区则采用现场扫描的方式进行（见图 8-13）。

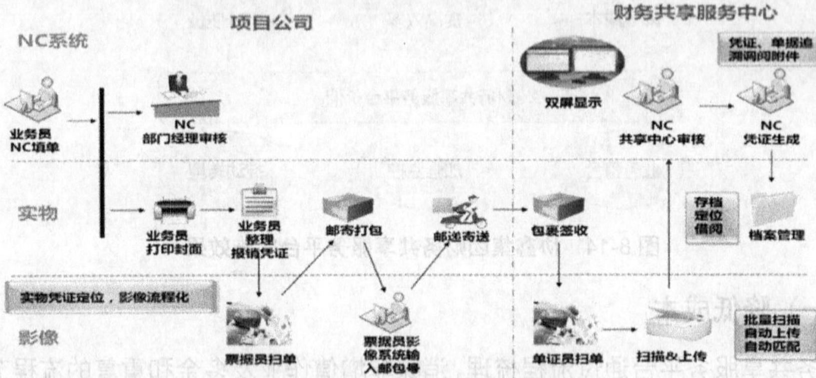

图 8-12　所在地集中扫描模式

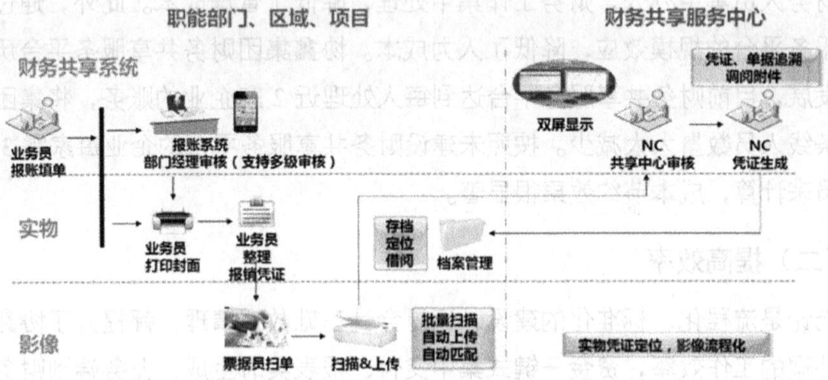

图 8-13　现场扫描模式

（4）商务智能。商务智能在财务共享服务中心得到较为充分的应用，建立了统一的平台，实现统一登录和工作分配机制。在这个基础上，可以实现员工的绩效考核，提高员工的积极性。

十一、协鑫集团财务共享服务中心的实施效果及实现途径

始终坚持“以标准化为基础”、“以信息化系统为依托”、“以人才培养为保障”、“以管理层支持为推手”、“以风险管理为导向”的建设原则，协鑫集团财务共享服务平台历经 5 年的发展，我们深切感受到共享服务的优势及价值所在，主要体现在以下六个方面（见图 8-14）。

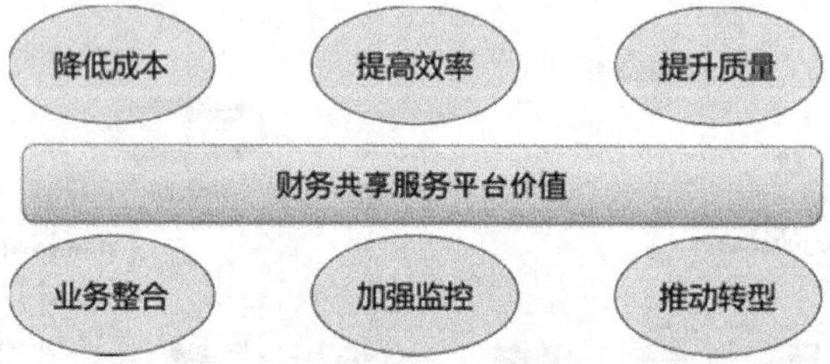

图 8-14　协鑫集团财务共享服务平台实施效果

（一）降低成本

财务共享服务平台通过流程梳理，消除非增值作业及多余和重复的流程节点，将业务细化、流程标准化、操作简单化，从而压缩了财务人员的数量。同时，由于将财务人员集中办公，财务工作集中处理，降低了管理成本。此外，通过财务共享服务平台的规模效应，降低了人力成本。协鑫集团财务共享服务平台历经 5 年的发展，目前财务共享服务平台达到每人处理近 2 家企业的账务，将集团整体财经条线人员数量大大减少。按照未建设财务共享服务平台的企业每家需 3 名财务人员来计算，成本节约效果很显著。

（二）提高效率

无论是流程化、标准化的建设，还是会计基础数据清理，都提升了协鑫集团账目处理的工作效率，资金一键式集中支付、报表实时生成、业务端到财务端凭证自动生成等就是典型代表。随着“互联网+”的发展，以及云服务的兴起，越来越多的信息技术被应用到业务中，信息与业务的融合也越来越深入，预算自动控制、交叉验证及自动预警等提升了自动化程度，提升了效率。

（三）提升质量

协鑫集团财务共享服务平台聚集了各类专业人才，成立会计政策、税收政策解读小组，规范基础的会计核算业务，改变了因人员素质不齐而出现的政策解读偏差、制度执行不统一的情况；梳理了全集团的会计基础数据，清理冗余、无效的数据，保证会计信息的准确性和可比性；加强制度体系建设，建立各产业的标准化流程，细化操作手册，尽可能减少人为理解的误差；同时在管理职能活动中，强化质量控制、质量保证、质量改进，真正把质量作为财务共享服务平台的生命线。

（四）业务整合

“同一个协鑫，同一种语言，同一个标准。”这是目前协鑫集团财务共享服务平台的流程目标，要求集团上下统一标准、统一流程、统一操作模式。

信息化系统为集团提供全方位的数据支撑，标准化的建设不断地推动系统的优化与整合。协鑫集团先后完成了 ERP 系统与项目管理系统、电子采购系统、人力资源系统等业务系统的整合，通过 ERP 与海波龙系统实现全面预算管理与控制、自动报表生成、商业智能分析、自动预警等功能。专业的资金管理系统、共享服务运营平台及移动终端的创新应用都已纳入了未来规划，以实现业务与财务的融合。

（五）加强监控

首先，财务共享服务平台的单据审核具有随机性，一定程度上减少了人为感情因素的影响，保证了审核的客观公正性，使机构财务可以有效回避业务前端违规的压力；其次，搭建资金管理平台和银企互联系统，实现了资金的集中收付与管理，能够实时监控银行账户资金沉淀信息，降低了资金风险；最后，集中统一的政策窗口，保证了相同业务的会计核算一致性，规避了更多的监管风险和税务风险。

（六）推动转型

财务共享服务平台通过对简单重复的会计作业进行整合，将所有的核算业务和资金支付业务统一到财务共享服务平台，利用规模优势，释放财务部门的生产力，使得集团财务人员可以集中精力，将工作重点放在预算管理、财务分析、决策支持等附加值较高的财务管理活动中，从而推动整个企业集团的财务管理转型。

财务共享服务平台成立以来，已经改变了原来财务服务的局面，由财务被动服务发展成财务主动创造价值。协鑫集团财务共享服务平台的价值创造体系如图8-15所示。

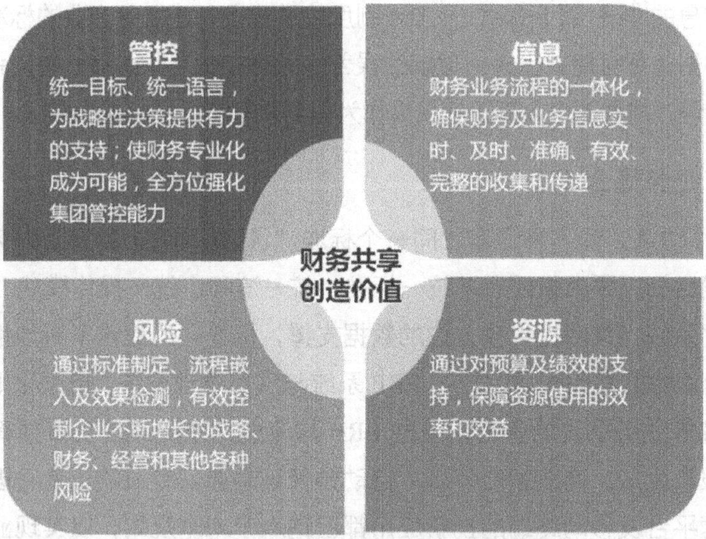

图 8-15　协鑫集团财务共享服务平台的价值创造体系

十二、协鑫集团财务共享服务中心的发展展望

协鑫集团未来将在纵向和横向两个维度优化财务共享服务平台的各项工作。在纵向方面，探索财务共享服务平台是否可以上下延伸，角色转换，承担更多的战略财务、业务财务的职能；在横向方面，在之前5年的发展时间里，协鑫集团财务共享服务平台60%的工作依然是基础性的，侧重于会计核算，在控制决策分析上相对较少，需要进一步优化和提升。协鑫集团财务共享服务平台发展转型升级的方向如图8-16所示。

（一）大数据的提炼窗口

财务共享服务平台将从原先的费用中心、报账中心、结算中心、影像中心衍生出数据中心的职能，借助大数据分析技术，为企业获取更多的商业信息，创造商业价值。

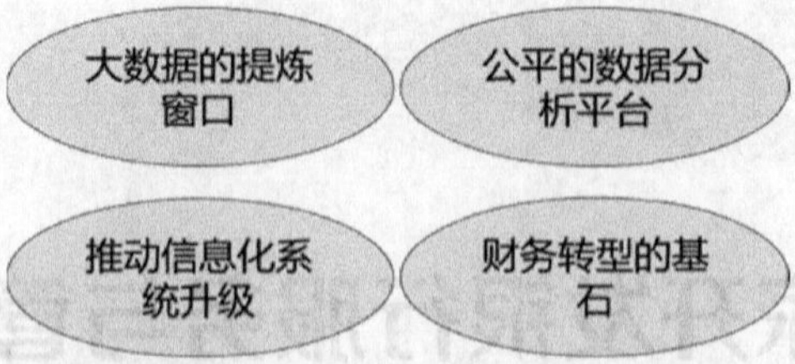

图 8-16　协鑫集团财务共享服务平台发展转型升级的方向

（二）公平的数据分析平台

随着业务的深入开展，财务共享服务平台必定会沉淀大量的业务及财务数据，财务共享服务和大数据的结合，将推动依托数据进行的决策优化和绩效提升。

（三）推动信息化系统升级

财务共享服务平台应推动信息系统在新产业、新业务中的应用，不断地通过流程改造、流程优化提高业务与财务的集成度，应用当前先进的信息技术如 OCR、三单匹配等提高系统自动化程度与系统自动控制力度，应用互联网及移动终端为客户提供优质的服务，进而推动现有信息化系统的全面升级和优化。

（四）财务转型的基石

随着移动“互联网+”、大数据、云计算和物联网等信息技术的进步，以及共享服务（含财务共享）的变革等，财务共享服务平台将朝着全面支撑企业管理会计的方向转型。

第九章

国家开发银行服务与管控并重的财务共享模式[1]

一、国家开发银行简介

国家开发银行成立于 1994 年，是我国中长期投融资领域的主力银行、最大的对外投融资合作银行和全球最大的开发性金融机构，主要通过开展中长期信贷与投资等金融业务，为国民经济重大中长期发展战略服务。

国家开发银行贯彻国家宏观经济政策，筹集和引导社会资金，缓解经济社会发展的瓶颈制约和薄弱环节，致力于以融资推动市场建设和规划先行，支持国家基础设施、基础产业、支柱产业及战略性新兴产业等领域发展和国家重点项目建设，促进区域协调发展和城镇化建设，支持保障性安居工程、中小企业、“三农”、教育、医疗卫生及环境保护等领域的发展，支持国家“走出去”战略，拓展国际合作业务，以此增强国力，改善民生，促进科学发展。国家开发银行坚持以开放性方法和市场化运作服务经济社会发展，努力保持强有力的发展能力、创新能力和先进的市场业绩。

国家开发银行历史演进主要经过三个大的阶段。一是 1994—1998 年政策性银行阶段，主要是为国家重点项目配套贷款资金；二是 1998—2008 年银行框架内、市场环境下运行阶段，支持国家重点战略前提下自主选择项目，控制风险；第三

---

① 本案例由国家开发银行财会局共享服务中心张屹提供，本书作者进行调整和修改。

是2008年之后市场化改革阶段，一体两翼发展，支持国家重点项目、民生和走出去业务。

2013年，国家开发银行坚持开发性金融发展方向，秉持增强国力、改善民生的使命，落实国家稳增长、调结构、促改革各项政策措施，经营业绩实现新突破。截至2013年年末，国家开发银行总资产8.19万亿元，不良贷款率0.48%，连续35个季度控制在1%以内；实现净利润799亿元，资本充足率11.28%，可持续发展和抗风险能力进一步增强。

二、国家开发银行财务共享服务中心建设的背景

（一）行业背景

传统的管理模式由于缺少效率和重复建设，已经不能适应大型银行战略发展的要求，共享服务在财务、人力资源管理、信息服务、后勤、资产管理、法律事务等诸多方面具备独特的优势，能够提供专业的、标准的服务，起到控制风险、降低成本、提高运营效率等作用。

自2000年以来，从跨国银行开始，越来越多的金融服务机构启动共享服务，服务于银行国际化、银行集团化，推动业务快速扩张。汇丰银行作为全球最大的金融机构之一，已经先后在亚太地区开设了十五家后台作业中心，以标准化的运营模式和统一的管理服务于全球业务，主要处理财务会计、账户管理、币种清算、贷款集中审批等。德意志银行拥有的德意志知识服务有限公司是其主要的金融、环球业务服务和IT的全球共享服务中心，向全球的内部业务部门提供账务、报告、损益、成本、对账、管理信息系统、风险控制、信息技术及运营等服务。

我国银行业在2005年左右开始集中共享业务研究，近三年开始后台集中处理中心的建设，一般采用全国集中或一级分行集中两种共享模式。银行业集中共享包括两个方面，一个是建立业务大后台集中处理中心，一个是建立财务共享服务中心。

银行建设共享服务的驱动因素概括起来主要包括以下两个方面。一是内部因素，主要是优化内部管理及流程，提高竞争力的需要。具体表现在：① 通过标准化前后台业务流程，支持业务快速扩张；② 通过降低财务自身的运作成本，提高财务工作效率；③ 整合信息平台，为业务部门及其他职能部门提供数据及分析支

持，提升财务价值；④ 提升流程质量，提升服务水平；⑤ 更专注于决策管理业务，为业务增长与扩展提供服务平台。二是外部因素，应对日渐加强的监管需求。通过财务共享加强财务管控，缩减财务数据合并及报告的周期，提高数据及报告质量。

（二）国家开发银行自身内在需求

2008 年 2 月 12 日，国务院批准了《国家开发银行改革实施总体方案》，提出国家开发银行要按照建立现代金融企业制度的要求，全面推进商业化运作，实行自主经营、自担风险、自负盈亏；从政策性金融机构转型为商业银行；实施股份制改造，建立健全公司治理结构。

国家开发银行自商业化转型以来，努力形成综合经营、协同发展的新格局，实现了业务稳健快速发展，经营业绩和自身实力大幅提升。成立之初，国家开发银行主要将市场定位在对“两基一支”的支持上，随着自身的壮大发展，业务市场和经营范围进一步延伸拓展到民生、新兴产业、文化产业等领域；大力开展国际合作业务，深化多双边务实合作，外汇贷款余额约占总贷款余额的 19%；伴随着业务的发展，境内外分支机构数量逐年增长，除在中国大陆已经设立了 38 家分行之外，在海外也成立了香港分行及若干代表处，形成信贷、投资、融资租赁和证券协同发展的经营格局。

商业化转型将前台业务推向市场化，对应需要逐步完善中后台的“专业高效管理”平台以满足转型的需要。在此背景下，构建统一核算体系，提升财务集中管控力度，支持管理层的决策需要，加强财务信息化建设，成为财务管理的构建重点。

三、国家开发银行财务共享服务中心的建设与运营

（一）财务共享服务中心的组织定位

财务共享服务中心职能定位为全行财务运营支持中心，集核算共享、信息集成、协调调度、风险监控于一体，资金管理与全行整体及财务职能管控模式相匹配。通过集中核算、集中支付和预算控制三大职能，进行集中核算与报告，负责信息管理、维护与支持，预算执行与监控，财务分析评价，经费资金的集中管理

与支付，实现对全行的财务运营支持。

国家开发银行财务共享服务中心目前设置四个业务处室，其中业务管理处负责综合业务、制度建设、风险管理、系统开发与维护、系统参数维护、供应商管理等业务；核算一处负责总行本级相关费用、固定资产、税金的核算与账务处理工作；核算二处负责分支机构费用、固定资产、税金的审核与账务处理工作；支付处负责全行集中支付业务的审核、支付与相关账户管理工作。

（二）财务共享服务中心的业务范围

财务共享服务中心负责处理全球分支机构的财务报销、审核、账务处理等工作。国家开发银行财务共享服务中心业务范围包括资产核算、采购和应付账款、薪酬核算、员工报销、资金支付、税费核算、结账等。具体可以分为以下几个方面：① 全行财务经费的集中核算，对财务制度执行情况进行审查和监督；② 全行财务经费的资金支付，负责全行本外币财务经费账户管理；③ 全行财务经费预算执行预警及控制；④ 全行资产管理和资本性支出核算；⑤ 全行财务经费分析及相关信息披露；⑥ 全行供应商及内部员工信息维护；⑦ 财务共享系统业务需求、参数管理及运营维护。

（三）财务共享服务中心的建设过程

2008 年 9 月 9 日，陈元董事长在有关外汇贷款业务的讲话中首次做出关于“建立共享平台、共管机制”，“建立财务审批中心”的批示。2008 年 12 月财务共享服务中心项目正式立项，同时成立“共享服务中心建设领导小组”，负责统一指导规划，协调推动财务共享服务中心的建设。2011 年 1 月 1 日财会共享系统正式上线运行，支持国内分支机构财务共享运营服务，建立了数据集中化、流程标准化、监督自动化、管理信息化、服务综合化的财务共享服务管理体系。国家开发银行财务共享服务中心的建设与发展主要经历了如下几个阶段。

1. 财务集中阶段（系统一期，2011 年 1 月）

2011 年 3 月财务共享服务中心成立，服务于 52 家核算单位，成功实现了集中核算、集中支付、预算控制三大建设目标，达到了以下成效。

（1）集中核算突破传统。电子审批取代了纸质审批，实现财务管理制度系统嵌入，通过影像扫描实现集团集中会计审核，实现记账、月结、年结工作集中统一处理。

（2）集中支付优势明显。集中支付打破了传统的财务柜面报销模式，将财务共享系统与银行现金管理系统进行专线直联，使支付业务不受柜面业务时间和空间限制，实时支付，提高资金到账效率，提高服务质量。

（3）预算控制效果明显。通过共享系统实现预算自动控制，预算控制提前到审批环节，提供预算预警功能，实现自动生成预算控制，服务各使用单位。

2. 服务和管理提升阶段（系统二期，2013 年 6 月）

2012 年 4 月，启动系统二期建设，重点是海外共享、智能分析、员工自助等功能的开发。2013 年 6 月，系统二期正式上线运行，开始服务于香港分行，建成服务境内、境外分支机构的财务共享系统，实现全球财务共享服务。

（1）系统二期的主要效果。首先，进一步优化共享系统，提升共享服务能力。优化现有 171 项一期系统功能，增加了项目核算和项目预算功能、移动审批功能，开发财务多维分析模块和财务共享信用评价模块。

其次，系统支持海外分支机构核算，提供全球共享。适应国家开发银行业务发展，建立共享系统可扩延范围，根据海外分行特点采用双准则核算体系，实现单笔业务同时驱动两个账簿账务处理，同时满足国内准则要求、当地准则要求和预算控制的业务需要。

最后，与前端业务管理系统直联，推动相关系统流程规范。目前已实现与采购系统、固定资产、人力资源、专家劳务系统等 16 个外围系统直接连接，实现数据一个入口，自动生成报销单据的模式，自动进行系统间数据校验。

（2）系统二期开展的主要工作。依托财务共享系统的建设与发展，国家开发银行财务共享服务中心按照“建设一个系统，完善一套制度”的工作思路，本着“机构与制度”同步建设的基本原则，积极开展各项工作。

第一，完成机构设置、加快制度建设。① 完成机构设置和人员配备。2011 年 3 月 8 日，完成了财务共享服务中心的机构设置和人员配备工作。之后，建立了各处室工作流程和岗位责任。目前，已由 4 个业务处室、呼叫中心和商务流程外包（Business Process Outsourcing，BPO）共同构成完善的组织架构。② 完成共享业务管理制度的编制工作。编制并印发了《国家开发银行财务共享管理办法》，该办法是国家开发银行财务共享业务管理的第一个制度，内容全面严谨，流程清晰易懂。另外，还印发了《国家开发银行共享系统操作手册》、《国家开发银行境外代表处财务管理办法》，并制作了共享系统操作录像等，用于指导全行员工和财务人员高效操作共享系统和规范财务报销行为。③ 编制《财务共享业务工作手册》。为集中财务共享业务制定管理制度，统一财务共享系统操作流程，更好地服务于全体员工。该手册将财务制度、共享管理和系统操作融为一体，结合财务共享系统功能新增与优化特点，依据国家开发银行财务管理相关制度的内容更新，按照科目对制度进行更加全面、深入的解读，有力地支持了财务报销和财务核算的顺利进行，是全面掌握财务共享业务必读的工具书。

第二，通过系统固化财务核算流程，统一运行服务。财务共享服务中心成立后，各分支机构仅对财务报销业务进行初核实，会计复核及后续的账务处理、报表、分析等均由财务共享服务中心统一完成。一是在系统中定制全行统一的报销审批流程；二是将制度嵌入系统，形成硬约束；三是集中进行人员信息维护、供应商信息维护、系统参数维护，统一维护流程；四是集中进行系统运行维护，提高系统运行效率；五是通过呼叫中心服务，提高服务质量。

第三，梳理业务流程，完善 BPO 外包服务。国家开发银行的共享业务模式是由国家开发银行共享服务中心、业务流程外包服务和财务共享系统共同组成。外包可以大大减轻共享服务中心人员的压力，由外包人员进行专业化的服务，这在提高效率的同时，也能控制操作风险。一是按照业务类别梳理业务流程。根据费用报销类、资产类、在建工程类、薪资类、税务类等进行各类业务详细的业务流程分析，形成流程细分图，进而根据风险识别，找出外包流程。二是按照审批流程梳理业务流程。识别审批流程中重复的、低风险的业务，进行分析，进而找出外包流程。例如，会计初核、后督、影像管理等。

2013 年 6 月以来，国家开发银行财务共享服务中心进入运营与持续优化阶段，截至目前运行平稳。

（四）财务共享服务中心的实施效果

自 2011 年 3 月 8 日财务共享服务中心正式成立以来，共享系统集中核算、集中支付和预算控制的三大功能日益突显，起到了“促业务、提效率、控风险”的作用。国家开发银行财务共享服务中心注重在制度强化、系统优化、风险管理等多方面开展工作，实现了财务共享业务的跨越式发展，为全行日常业务运行提供了安全高效的支持与保障。

1. **财务共享运行机制**

目前，财务共享服务中心的财务共享业务已覆盖境内、境外分行，支撑“集中核算”、“集中支付”、“预算控制”的财务共享服务运行模式，实现了境外汇款业务实时支付。

2. **财务共享制度建设**

为进一步加强财务管理、规范财务操作、细化岗位分工、提高系统使用效率和财务服务水平，财务共享服务中心结合财务共享系统功能新增与优化特点，依据国家开发银行财务管理相关制度的内容更新，编制了《国家开发银行财务共享业务工作手册》，推动财务管理精细化、业务操作标准化、经费报销合规化。

3. **支持业务领域拓展**

财务共享不仅支持现有总分行的财务核算，而且能够快速支持国家开发银行新增机构、新增核算单位的财务核算，使创新业务能够快速、顺利推进。快速建立海口、三亚、苏州会议中心和怀柔党校四个内部会议中心共享核算功能，极大促进了四个会议中心的工作推进；建立船舶融资中心共享核算模式，支持了该项业务的有序开展；建立不同科目体系、不同审批流的总行机关党委工会费用共享核算机制，进一步规范了相关核算及审批。

4. **增强风险防范能力**

财务共享服务中心通过集中增强了内控能力，通过系统增强了控制的硬约束。通过系统统一全行电子审批流，使得同一种业务审批流程一致，并且由系统进行控制；通过系统进行预算控制，强化了费用预算约束；通过系统规范了全行核算，同一事项只能进系统配置科目核算；制度进行系统嵌入，共享系统自动约束和计算，增强制度执行力；与全行其他相关系统平台进行对接和数据共享，进一步降低操作风险。

5. **显著提高财务核算效率**

由于系统增加了安全认证、统一核算、集中支付和电子审批等功能，财务共享提高了财务核算效率，因此集中优势明显。取消了财务报销电子审批与纸质审批并行的局面，节省了时间；总行集中进行会计复核、制单、记账和出报表，体现集中优势；总行统一进行月末结账，加快了结账速度；实现河北、天津、山西、苏州 4 家分行集中支付，打破了传统的银行柜面交易渠道，使支付业务不受柜面业务时间和空间限制，工作效率提高了 9 倍。

6. 规范业务流程

通过流程梳理，财务共享简化并规范了全行财务报销业务流程，标准化了财务核算前后台分离，推动了全行核算标准化。集中系统参数管理权，总行统一维护，执行统一标准；统一所有分行的收支事项，收支事项与科目对照关联；统一全行交流干部“五险一金”和在建工程的核算流程。

7. 降本增效工作

国家开发银行具备人员少、业务量大的特点，通过财务共享的实施减少人力成本不是主要目的，但客观上还是起到了促进降本增效的作用。一是集中支付将分行费用账户头寸集中至财务共享服务中心一家，能够节约分行的资金头寸，降低支付成本。二是财务共享服务中心集中会计复核、记账、出报表，并且将低风险业务外包，客观上减少了分支机构会计核算人员。三是财务共享服务中心提高了报销效率、简化了报销流程，促进业务人员更多地专注于业务开展。

8. 财务共享系统与前端业务管理系统直联

国家开发银行财务共享系统已实现与采购系统、固定资产、人力资源、专家劳务等七个前端业务系统的直联。通过直联达到以下效果：一是形成财务 ERP，消除数据不一致现象。通过梳理流程，形成系统间数据不落地连接，系统间直接进行数据交换与数据验证，全面消除了财务系统与业务系统的数据不一致问题。二是自动化完成账账核对工作，全面提高工作效率。接口上线后，由系统自动进行账账核对工作，建立了财务卡片与实物卡片的系统间自动勾对关系，建立了财务账务与采购合同台账系统自动核对机制等。三是简化业务流程，避免重复审批。接口上线后，鉴于业务管理系统已完成了业务部门审批，财务共享系统不再对相同业务进行重复的业务部门审批，直接进入财会人员审核环节，极大地提高了报销效率。四是线上传递业务数据，减少重复录入。接口上线后，业务数据可以从相关业务管理系统直接导入至财务共享系统，并避免了业务人员手工录入业务数据带来的操作风险。

四、国家开发银行财务共享服务中心经验分享与启示

（一）真正落实预算全过程控制

国家开发银行通过财务共享系统对财务费用预算实现报销控制，主要特点如下：一是预算控制提前到审批环节。只要业务部门领导已审批单据，相关费用实时计入预算执行数，这样可以避免审批后没有入账造成的重复审批现象。二是支持预算再次分配控制。预算分配是指各预算单位收到总行财会局下达的预算后，按照本单位预算管理模式，通过财务共享系统将预算分配至下属部门的行为，并能够按分配预算进行控制。三是刚性控制与柔性控制相结合。刚性控制是指在系统中设置控制限额，超过限额则不允许报销的预算控制方法；柔性控制是指在系统中设置预警限额，超过预算执行预警控制额度，系统会给出超出执行比例预警提示，但预算执行仍然可通过的预算控制方法。四是单项控制与多项控制共举。在对综合费用进行预算控制的情况下，对其中某项单独费用进行预算控制。五是实时生成预算控制情况表。系统设置了实时的预算执行情况表和固定时期预算执行情况表，有权限人员可以随时掌握预算执行情况。

（二）财务共享服务助推信用评价管理服务

国家开发银行财务共享信用评价是指运用一定的评价方法、量化指标和评价标准，对各单位财务共享报销及审核工作质量进行打分、评比财务共享信用等级的工作，包括对总行各局、各个分行机构和各个人的信用评价打分和定级。

为进一步规范国家开发银行员工费用报销行为，从源头上开始防范财务操作风险，增强员工风险防范意识，有效降低财务风险，国家开发银行在《国家开发银行财务共享业务工作手册》中规定了信用评价管理内容，并在财务共享系统中完成了信用评价功能开发，构建了共享信用评价标准化体系，对各单位财务共享报销及审核工作质量进行量化计算，为各单位全面了解员工报销情况、有针对性地进行报销风险管理提供了依据。

通过财务共享系统，财务分析模块实现共享信用评价标准化系统建设，一是

通过系统自动进行员工和机构的财务共享信用分值计算；二是支持员工通过系统查询信用分值、分值的计算过程和具体的扣分单据；三是系统自动生成报销差错分析报告。

综上所述，国家开发银行基于行业及企业自身背景，以服务与管控两个目标为基础，初步构建了一个适合自身特点的财务共享服务中心。从管控目标的实现来看，其通过发挥财务管理中的预算控制职能来实现管控，这与大多数通过资金管控实现控制目标的财务共享服务中心相比是特色之一。此外，从服务于信用评价体系来看，其通过财务分析模块实现共享信用评价标准化系统建设，助推了整个集团信息评价管理体系的完善。

第十章

蒙牛以信息化集成为基础的全业务循环财务共享服务中心建设①

一、蒙牛集团简介

内蒙古蒙牛乳业（集团）股份有限公司（简称蒙牛集团）始建于 1999 年 8 月，总部设在内蒙古和林格尔县盛乐经济园区，为国家农业产业化重点龙头企业。蒙牛集团已在全国 18 个省区建立 33 个生产厂，员工近 3 万人。截至 2015 年上半年，蒙牛集团总资产达到 501.1 亿元，年产能达到 861 万吨，累计创造产值 3 670.2 亿元，向国家上缴税金 186 亿元，累计向农牧民收购鲜奶 3738 万吨，发放奶款 1 221.7 亿元。

蒙牛集团连续 7 年入围“全球乳业 20 强”榜单，2015 年跻身全球乳业 11 强，是香港恒生指数里的第一支乳业蓝筹股。中国最大的粮油食品企业中粮集团是蒙牛最大的股东，法国达能、丹麦的 ArlaFoods 是蒙牛的国际战略伙伴。

在“诚信、创新、激情、开放”的价值观指引下，蒙牛集团日益重视与消费者、合作伙伴及所有利益相关方的相互理解与共赢发展。从上游的原料采购、产品设计、产销计划、生产及质量控制，到中游的物流配送管理，直至下游围绕消

① 本案例在蒙牛集团副总裁张平先生的领导下完成，由助理副总裁蒯育龙先生及财务共享服务中心的肖梅、辛本梅、罗洪滨、李秀丽、柴丽娜、商志强等组织编写和提供，本书作者进行修改和整理。

费者的沟通、服务，蒙牛集团借鉴世界先进管理经验，努力构建“田间到餐桌”完整产业链及共生共赢的“乳业生态圈”。

二、蒙牛集团财务共享服务中心建设的背景

（一）国际视角及新商业格局下的管理需求

从 1981 年福特公司首先建立财务共享服务中心以来，在全球几乎每个行业都能找到采用财务共享服务中心的领先公司和最佳实践。根据 IBM 商业价值研究院数据，在世界 500 强中有超过 50%的企业在应用财务共享服务中心。

同时我们也要看到，在新的市场和技术环境及管理变革趋势下，集团性企业往往面临包括业务扩张、效率提升、优化资源配置、标准化与合规性等方面的问题或新的管理诉求，在此背景下，财务共享服务中心应运而生。

（二）蒙牛集团财务发展战略对财务共享服务中心建设的引领

与蒙牛集团五年的战略规划相辅相成，财务管理系统制定了财务五年发展战略规划，而财务共享建设是其中的关键一步。蒙牛集团的生存环境在不断发生变化，其财务组织也需要不断地积极转型和变革。在全球化浪潮下，蒙牛集团与其他企业一样，经营模式正在向“整合性企业”发展。整合性企业是从全球化的角度进行战略规划、管理和运作，建立在标准化和自动化的基础上，实现企业战略、业务模式、流程和系统的整合和协同。其中，财务共享是整合性企业的基础组成部分，它利用并整合蒙牛集团范围内的资源。同时，财务共享建设也是推动蒙牛集团财务整体转型的第一步。将财务部门从日常交易工作中抽出身来，专注于从事专业管理和价值创造，促使蒙牛集团财务管理的角色由传统意义上单纯的交易处理者，向战略规划者与管理执行者转变，并且通过管理边界前移推动业绩加速。蒙牛作为一个定位于全球布局的快速成长中的集团性企业，财务管理部门也需通过财务转型不断提升其管理能力，对业务发展战略予以支撑，以兼顾财务效率和业务洞察力，从而在未来充分发挥价值引领作用。

蒙牛集团财务组织的变革方向同样遵循“集中的更集中、分散的更分散”的原则，其中财务共享模式是成熟的集中方式。分散的更分散，能够使得业务财务

更加融入企业前端，促进“业财融合”，加强对业务部门决策的支持力度。集中的更集中，则是通过共享财务、战略及专业财务集中实现资源共享、效率提升和风险管控。尤其是财务共享模式一方面吸收了财务集中模式的规模效应等优点，另一方面它还具有加速标准化、强化风险控制、提高服务专业化、提高运作效率、降低综合成本、专注于核心业务、扩张更灵活等优势。

（三）财务业务一体化的信息系统基础

2015 年公司以共赢生态圈为导向，明确了巩固核心业务、推动成长业务、培育萌芽业务的战略格局和未来五年的战略发展目标和实施路径。为支持战略发展，财务效率提升和职能转型势在必行。具体来说，2014 年蒙牛集团 SAP-ERP/CRM 系统试点上线成功，2015 年完成集团旗下 49 家子公司的推广，财务业务一体化的信息化系统运行为财务共享服务中心建设奠定了良好的系统基础。

三、蒙牛集团财务共享服务中心建设的立项准备

（一）财务共享服务中心构想的提出

蒙牛集团自 2009 年开始提出建设财务共享服务中心的构想，2012 年提出具体建设思路，并在财务五年战略中明确了路径规划。之后财务团队从信息系统、业务流程、职能划分、团队整合等方面完成了大量的标准化、规范化的基础建设工作，如集团内核算单元全部实现按法人核算，并整合成立会计核算中心，奠定了财务共享服务中心实施的良好基础。

（二）财务共享服务中心的推进思路

2013 年蒙牛集团现首席财务官张平升华财务共享服务中心推进思路，将其清晰定位为集资金管理共享和会计核算共享的统一财务共享服务平台；2014 年 4 月项目组建团队，开始深入项目的探索与研究，经历了向国内共享服务中心先驱单位的调研学习交流、内部项目批复立项、公开透明的商务洽谈程序，最终确定：蒙牛集团财务共享服务中心平台应用 CE+Open Text+SSF，合作实施商为国际商业机器（中国）有限公司（IBM）。

（三）财务共享服务中心项目正式立项

蒙牛集团在财务共享服务中心项目立项前做了长达三年之久的远景规划、基础建设、交流学习、内部宣导等系列工作，而在时机成熟时于 2015 年 3 月 18 日正式立项启动，仪式由首席财务官张平主持，公司高层悉数出席，总裁孙伊萍女士发表重要讲话，在集团范围内引起各系统、中心、部门领导的重视，并获得了大力支持。

四、蒙牛集团财务共享服务中心建设的方案设计

蒙牛集团财务共享服务中心项目定位是公司财务战略转型规划中的一部分，是以共享服务为基础的新的财经体系的重新搭建。整体方案设计采用“整体设计、分步实施”策略，涉及模块包括总账报表、费用报销、销售应收、采购应付、资产管理、成本月结、资金管理、会计档案；实施范围包括 49 家法人公司，对应 33 个核算单元。全过程将实施公司的方法论经验与蒙牛集团的实际业务流程有机结合，先后输出了既高瞻远瞩又切实可行的高阶设计方案、详细设计方案、系统实施方案、共享迁移方案，为项目后续顺利开展奠定了理论、机制、流程、工具的坚实基础。

项目团队利用为期一个月的时间对 13 家试点法人公司进行了实地流程的调研，一切从无开始，自下而上全面真实记录各项业务端到端的流程，并在详细设计阶段自上而下充分讨论，进行流程合理性、有效性的综合评估，最终确定统一的流程来全面执行，实现全公司的标准化、规范化。

同时全职人力工时（Full-Time Equivalents，FTE）概算立足全集团，对于全部单位的职责、流程、人员结合共享建设后的财务职能划分做出初步推算，形成项目建设推进期的人员分布、转移、引入等多维度集成的统一方案，指导公司内部协同完成共享财务、业务财务、业务部门的职责明确、人员划转、流程梳理。运用选址模型进行选址分析，并结合公司实际管理需求综合确定方案；充分展现现代化气息的运营现场及匹配相应的建设硬件设计，有效保障运营顺利开展。

在财务共享服务中心的内部管理与服务机制上，对内运用信息化的绩效管理工具保障由 200 余人组成的庞大团队的高效运营，对外运用服务水平协议作为共享财务为各业务主体提供服务的双向承诺，使共享服务中心更加关注提供服务的

品质和运营管理的高效，提升标准化、高质量的服务，并在提供标准化服务业务的同时，可以有效确保公司的管理政策落地实施。

迁移前夕，项目组重新组合形成迁移团队，结合集团下属分子公司共享人数的均衡性，共享难易程度等实际情况制订分批次迁移计划。在管理机制上利用迁移团队牵头完成知识转移和流程迁移，明确地方财务、迁移团队、运营团队的职责分工，有效保障现场迁移、业务承接、后续支持等工作顺利开展。

五、蒙牛集团财务共享服务中心建设的变革推动

结合国际、国内已成立财务共享服务中心的企业集团的经验教训，财务共享服务中心建设是一个非常艰难、复杂的过程。在蒙牛集团各方的通力支持和高度关注下，蒙牛集团财务共享服务中心项目组苦战 156 个工作日后，财务共享服务中心成功上线，同时也在选址、人员、流程等变革方面展现了极具蒙牛特色的变革思路和变革方案。

（一）选址方面

蒙牛集团财务共享服务中心选址并未参照目前国内已实施企业的选址方案，而是重点考虑会计人员保留、工业企业参观感受及上传下达快速执行等方面，将选址落在集团总部所在地。

（二）人员方面

蒙牛集团财务共享服务中心在计算人员 FTE 时，在迁移方面：充分考虑财务转型人员需求的同时，遵循快速见效的原则，统筹计算出每一阶段需要迁移及安置的人员数；在项目初期便和各被迁移单位负责人进行逐一沟通，并将每个被迁移单位的负责人确定为人员安置的第一责任人，被迁移单位的会计人员在支持共享 3 个月后必须快速、妥善安置。在财务共享服务中心人员定编方面：详细评估系统实施及流程标准化后可带来的效率输出，每阶段的人员定编直接按效率评估后的人员 FTE 确定，第一年便可提升人员效率 20.6%。

（三）流程方面

在经历了现场调研、流程详设、系统评估后，蒙牛集团财务共享服务中心共

计梳理出 35 项变革提升点，分别分布在流程效率、财务内控、业务支持三大维度上，极大地提升了蒙牛财务共享服务中心的运营效率及业务管理的精准性。其中，事前审批、BPM（业务流程管理）固化审批流、投资项目管理、自动支付、薪酬发放等功能，在蒙牛集团完整的信息化集成体系支持下高效地运行；同时通过财务共享带来的变革，驱动着前端业务也在不断地改变原有的思维模式，积极配合财务共享的业务变革向标准化、规范化迈进。

（四）职责分工方面

在财务转型过程中，充分考虑共享财务与业务财务的职能划分，针对每项财务工作进行分析、判断，并结合每个地区的实际业务需求情况，将可标准化、流程化、信息化程度高的业务纳入共享，将个性化业务、与业务部门强相关业务划入业务财务。

例如，在税务业务划分方面，将税务政策研究、税务方向制定、重大税务事项把控等工作纳入战略财务（税务管理部门）；将税务客情维护、地方税务政策研究、税务申报等工作放在业务财务（地方财务部门）；将税务实务、税务报告、税务分析、税票认证等工作收回至共享财务（财务共享服务中心）。

（五）资金业务划分方面

由于蒙牛集团同步实现了资金共享，因此，所有资金业务全部划归资金管理部门管理，财务共享服务中心通过信息化手段与资金管理部门进行业务衔接。例如，全部的付款业务要通过 CE 系统提报，推送到资金系统进行付款，再回到 CE 系统进行账务处理。

六、蒙牛集团财务共享服务中心的信息系统建设

蒙牛集团财务共享服务中心的建设是基于高度集成的信息系统的，是以 SAP-ECC 为基础的共享系统平台（综合管理报账平台+影像传输管理系统+共享操作平台），并接口集成了 EAS 资金管理系统、PeopleSoft 人力资源系统、Hyperion 预算系统、MDM 主数据系统、SAP 企业管理解决方案系统，实现 6 大系统互联互通，搭建了一套完整的业务财务数据流转的信息化平台，如图 10-1 所示。

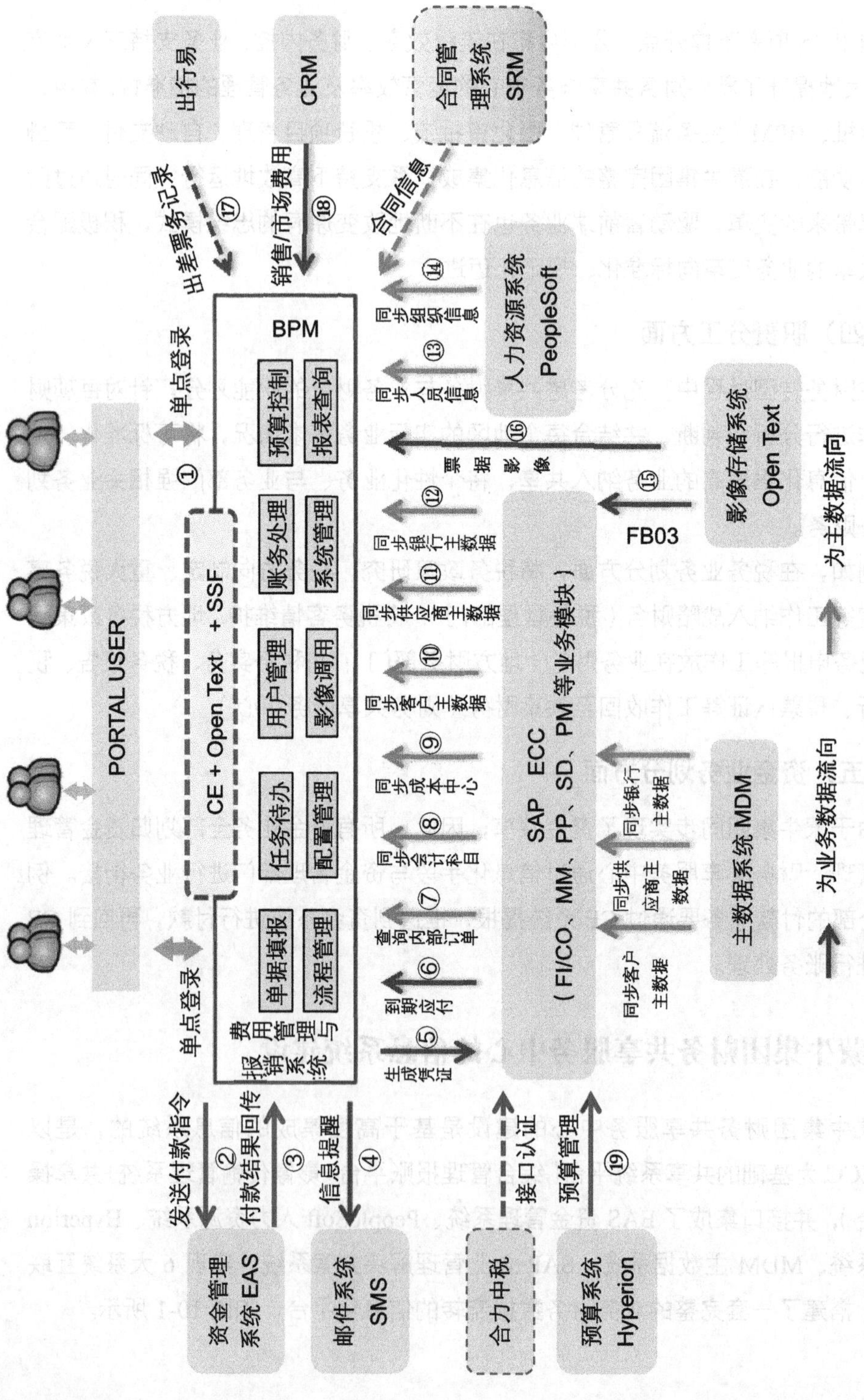

图 10-1　蒙牛集团财务共享服务中心信息系统整体架构

蒙牛集团财务共享服务中心在系统搭建的同时，对系统间数据、流程及单据的标准化也做了大量的精进。例如，资金的共享及系统的升级给财务共享带来了收付单据的集中处理及全面自动化；BPM 审批流的固式化给业务财务审批带来了快捷性及流程的可追溯；单据的标准化设计及表间的钩稽控制，强化了流程的衔接及内控的自动化；项目管理与业务的数据集成，满足了公司管理层对投资项目管理的内控管理及数据的快速分析；主数据的统一管理，实现了各系统间接口数据的无差别传输，实现了各系统间数据传输的无缝连接。

七、蒙牛集团向财务共享服务中心迁移的路径

（一）迁移基础的夯实

蒙牛集团通过系统、流程和人员三方面工作的推进，为财务共享迁移打下了坚实的基础。

1. 系统支撑方面

蒙牛集团通过 2014 年到 2015 年的 SAP 系统的实施，保证了业务与财务的数据一体化，保持业务与财务使用系统的唯一性。同时，以 SAP 系统为中心，打通人力管理、预算管理、资金支付等系统，实现数据的实时交互。

2. 流程支撑方面

通过对全国业务有代表性的事业部调研作为基础，梳理输出覆盖全公司业务的 8 个二级流程、47 个三级流程、105 个四级流程，利用系统实现流程从标准化转化为信息化，从流程上为共享迁移做好了坚实的铺垫。

3. 人员支撑方面

随着共享的推行，在人员保证方面，通过对各核算单元的核算和管理工作量的划分，初步确定共享人员的需求，结合流程整合和系统功能优化的目标最终确定共享上线的岗位需求。迁移后，各迁移单位的人员从核算功能转为业务财务支持分析功能，财务共享服务中心人员缺口统一招聘，并派驻到迁移单位进行实操培训。

（二）迁移策略的选择

蒙牛集团财务共享服务中心基于自己的业务特点——财务共享服务中心与地方交接内容多、复杂程度高、各地存在一定差异、事业部财务人员迁移进财务共享服务中心比率较低——迁移方式最终选择现场迁移。选择现场迁移有利于财务共享服务中心与地方建立协作关系，并理解流程的来龙去脉；更易于获取第一手的工作支持文档；地方可以正常从事日常工作；对迁移内容理解充分。地方对共享各项工作充分了解，能够保证后期地方业务的正常运营，共享工作顺畅承接。迁移过程中运用迁移手册指导日常迁移工作，迁移手册包含迁移过程整体流程、各相关部门职责及专门的方法和迁移工具。用迁移手册既有的方法论来指导迁移工作。

（三）迁移过程的具体实施

根据蒙牛集团自身的特点，采取稳健的做法分两个阶段实现迁移。

1. 试点先行阶段

在不具备系统上线的基础上，选择距蒙牛集团财务共享服务中心所在地和林较近的事业部核算群体开始，以现场迁移的方式，首先整合了具有集团财务职能和较为复杂的事业部财务职能的核算工作，业务覆盖面占到 100%，此阶段为传统的承接。

2. 系统工具 CE 上线和迁移并行推广阶段

借助系统上线，所有报销事宜都在系统中自动流转审批流，报销实现以 Open Text 承载影像和 CE 关联，通过影像完成报销审核。试点单位成功迁移的方法论和经验结合，成功在迁移单位得到推广运用。

八、蒙牛集团财务共享服务中心的运营管理

（一）架构设置及职能分工

蒙牛集团财务共享服务中心下设销售应收部、采购应付部、原奶资产部、费用报销部、总账报表部，以五大业务循环主要对接业务处理；设立综合支持部、

服务支持部两个支持部，主要负责服务绩效、流程优化、档案管理和后援支持等（见图 10-2）。

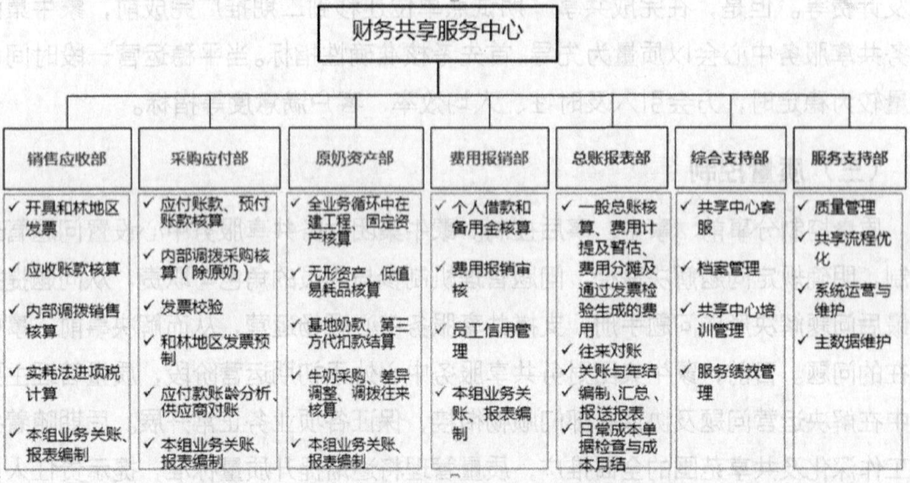

图 10-2　蒙牛集团财务共享服务中心架构及职责

未纳入财务共享服务中心的业务主要有财务分析支持、预算编制管控和税务对接工作。这三项业务未纳入共享的主要原因有：第一，部分业务为管理会计范畴，不适宜纳入共享；第二，考虑到业务部门需求不同，业务标准化、统一化程度不高，不宜纳入共享；第三，属地性较强，不宜纳入共享。例如，预算的日常核减和使用在系统中自动控制，但预算编制和使用进度控制在地区业务；合同审核、奶源扶持资金管理、成本分析与控制等与业务衔接紧密，标准化程度不高；纳税申报及相关税务对接，无法实现异地化处理；区域管理中的个性化需求的工作内容无法标准化、统一化等。

（二）服务绩效

1. 对内服务绩效评价

在公司绩效体系内采用平衡计分卡并结合服务水平协议设定员工岗位 KPI 指标，制定从员工入职到转正的闭环绩效评价机制，以此考察不同阶段员工的胜任能力。同时制定轮岗机制、双向晋升通道（管理晋升通道、专业晋升通道）及不胜任淘汰机制作为员工绩效评价结果的应用。

2. **对外服务绩效评价**

通过服务水平协议明确财务共享服务中心与客户的职责、合作方式、服务标准及计费等。但是，在完成共享一期试点单位迁移到二期推广完成前，蒙牛集团财务共享服务中心会以质量为先导，首先考核准确性指标。当平稳运营一段时间，质量较为稳定时，方会引入及时性、人均效率、客户满意度等指标。

（三）质量控制

质量控制分事前、事中、事后控制。蒙牛集团财务共享服务中心设置问题管理机制，明确规定问题解决途径、问题管理机制参与人员的角色与职责，从问题提报到最后问题解决形成问题手册，支撑共享服务中心顺畅运营，从而解决事前、事中存在的问题。目前，蒙牛集团财务共享服务中心处于初期运营阶段，质量管理主要集中在解决运营问题及协调各部门顺畅衔接，保证各项业务正常开展。后期随着共享工作深化及共享范围的全面推广，质量管理将逐渐提升质量标准，提示责任人自查、定期核查、不定期抽查、定期出具质量检查报告，以及会计核算法律法规的普及、实操运用检查等深入质量管理工作，以此解决事后存在的问题。

1. **流程优化**

蒙牛集团财务共享服务中心流程优化机制确定了组织架构、职责分工、机制执行、人员培养、产出发布等几个环节，旨在整合共享业务范围和应用系统的变化，通过跨部门协同，建立流程优化长效管理机制，持续提升财务共享服务中心的效率。

2. **单据流转**

在电子单据审核环节，业务线层级领导重点审核业务的真实性和合理性；在财务环节，重点审核票据的真实性、完整性、合规性、准确性。审核通过 CE 线上审核和手机移动审核，以影像作为支撑；信息传递靠 CE 自动匹配的 BPM（结构化审批）流转加之短信提示来保障单据审核效率。

实物单据通过 CE 自动生成的条形码进行管理，附件根据条形码识别上传的影像，并通过系统进行实物档案的移交、确认、分册、入柜等一系列操作，完成实物档案与电子档案的匹配和归档工作。目前蒙牛集团财务共享服务中心实物档案采用集中归档管理方式。

九、蒙牛集团财务共享服务中心的未来发展方向

根据蒙牛集团财务五年发展战略，以财务共享（会计核算、资金结算）作为基点，打造世界先进、国内领先的蒙牛共享服务中心。具体执行全面四向（内部三向、外部一向）发展原则，稳扎稳打、持续推进。蒙牛集团财务共享服务中心建设从创新、引领、专精、服务四个方面体现自己的特色，并产生“三大引领、三大变革、三大价值”九项效益。

（一）全面四向

1. 内部三向

横向发展业务板块，由核心业务板块向发展业务、投资业务、萌芽业务扩充；纵向发展共享职能，由财务向人力、信息技术、采购、客服等方向扩充；竖向发展组织范围，由集团总部向生产型事业部、销售型公司、合资公司、海外市场扩充。

2. 外部一向

将蒙牛财务共享服务中心由成本中心向利润中心模式转变，树立乳业财务共享标杆，打造财务共享示范产业园。

（二）三大引领

1. 中国乳业财务共享第一家

蒙牛集团财务管理系统于 2012 年提出建设“共享财务、业务财务和战略财务”的五年战略规划；2014 年 SAP 系统全面上线运行，实现财务业务一体化，为财务共享服务中心的构建奠定了系统基础；2015 年实现 CE+Open Text+SSF 综合报账平台在 12 家法人单位、7 个核算单元上线应用，中国乳业财务共享建设第一家就此诞生。

2. SAP-SSF 创新技术应用，全面打通业务、财务系统

蒙牛集团围绕财务共享服务中心综合报账平台构建整合的信息系统，实现以 CE、ECC 为核心的集成了 PeopleSoft（人力资源系统）、EAS（资金管理系统）、Hyperion（预算系统）等在内的六大信息系统，推进蒙牛集团基于集成系统架构

的业务、流程的互联互通。

3. 一步建成的成熟运营模式的财务共享服务中心

如图 10-3 所示，其中路线 A 是蒙牛集团的财务共享服务中心建设路径，服务广泛组织的共享服务和技术，全业务、全流程、全系统同步实现共享模式一步建设到位，建成成熟模式的财务共享服务中心。这一路径对企业流程标准化程度、系统支撑全面性、组织的变革推进协同度要求高。

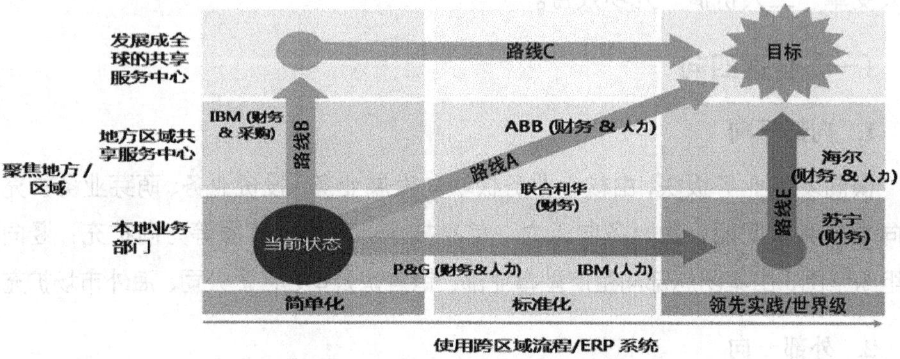

图 10-3 蒙牛集团财务共享服务中心建设路径

（三）三大变革

1. 财务转型

蒙牛集团财务共享服务中心的建设推动和助力财务管理系统的转型。先进的财务组织特征是“集中的更集中，分散的更分散”，成立财务共享服务中心承接各财务组织中的交易处理型工作之后，使其他财务组织具备条件加强高价值的战略财务、业务财务建设，财务组织将整体转型，未来充分发挥价值引领作用。

2. 技术变革

（1）基于 CE 系统的财务共享业务提报与流程处理技术，实现业务单据化、流程自动化、预算在线化、业务规则固化。① 业务单据化，即将相关报账业务基于在线单据实现标准化；② 流程自动化，即以 BPM 引擎和人力资源数据为基础，实现业务报账与审批流程的自动化；③ 预算在线化，即预算控制过程在线，实时进行预算的控制和提醒；④ 业务规则固化，即对于具有清晰业务规则的报账，直接进行业务规则的系统固化。

（2）基于 Open Text、ECC 的档案电子影像管理、实物档案管理技术，实现报账单据电子化、档案管理过程的电子化、电子与实物管理高效对应。

（3）基于业务交换功能（Service Suritch Function，SSF）的服务管理与运营管理平台，具体表现在如下两个方面：① 构建面向未来的统一共享服务与运营管理平台，以 SSF 为共享业务管理的统一平台实现以财务为先导的共享服务集中管理体系；② 充分拓展共享未来空间，借助 SSF 的共享交互模式，推动未来蒙牛集团共享业务应用的深化和运营的持续优化。

3. 流程变革

通过对原流程梳理，共梳理出 184 个差异及改进点。通过形成的 17 个专题进行讨论及详细设计，确认解决方案，产出 35 个变革点。变革点将从流程效率、财务内控、业务支持三方面带动流程效益提升。其中，费用报销流程变化最大，决策过程从人工判断到系统智能分发，提升风险控制能力；投资管理流程提升最显著，通过线上全程流转和控制，规范资本支出管理；付款流程效率提升最快，实现自动提醒与支付，平均每单处理时效提升 70%。

（四）三大价值

1. 提高效率，节约成本

财务共享服务中心承接各财务组织的交易处理工作后，打通组织壁垒，端到端的流程实现了跨组织整合，实现整合操作的规模效应、集团财务监督与内部控制力加强。提升合规性的管理效率，降低变革推行的难度，财务核算政策由总部统一发布。共享前，执行政策的组织范围广，总部难以全面监督，因此各地执行效率、质量不一；共享后，发布、执行同步在总部层面实现，执行效率、质量全面提升。

2. 推进标准化，产生规模效益

财务共享服务中心标准化的流程可实现快速复制，能够在业务快速发展的同时实现财务核算工作的快速配套落实，从而支持未来业务快速发展的需求，助力更便捷的收购兼并。蒙牛集团实施财务共享范围内的人员效率提升 20.6%，未来

三年内共享服务中心效率还将持续提升，平均比例约 20%/年。

3. **大数据助力业务运筹水平提升**

以财务共享和信息化集成为基础，实现管理颗粒度更加精细，通过数据分析寻找最佳实践，引导业务提升管理水平，提升风险识别准确度，规范运营，发现业务合作突破点。

十、蒙牛集团财务共享服务中心的经验分享与启示

蒙牛集团自 2012 年建立共享财务规划的提出，历经三年时间于 2015 年实现一期试点单位财务共享目标。在共享建设过程中全面打通了业务和财务系统，实现“业财一体化”，充分应用技术创新，一步建成全业务、全流程、全系统的成熟运营模式下的财务共享服务中心，并驱动了财务整体职能的转型。同时，打通组织壁垒将端到端的流程实现了跨组织整合，提升了合规性的管理效率，通过标准化和规模效应支持未来业务快速发展的需求，以助力于未来更便捷的收购与兼并。一期初步建成两个月内，即实现整体工作效率提升 20%左右，付款时效每单提升 70%左右。最重要的是，蒙牛集团已经培养出一支强有力的共享运营管理团队，可致力于共享范围的不断拓展、专业的服务绩效管理、质量管理及流程持续优化等，从而打造出一个一流的财务共享服务中心。

第十一章

中交二航局"财务与会计平行运行"模式财务共享服务中心建设①

伴随着改革开放以来中国经济的飞速发展，中交二航局取得了长足的发展。企业的规模和竞争力在不断提升，并已经走向国际化发展之路。管理的纵深、幅度、难度都在不断增大，对内外部市场环境反应的速度、内部管理的效率要求也越来越高。作为企业管理核心的财会管理，更需要顺势而为，不断开拓创新，以适应企业发展和竞争的需要。为适应企业升级转型的需要，中交二航局推进"财务与会计平行运行"管理，并将此管理理念探索运用到企业财务共享服务中心的建设中，以期实现财务、会计管理的专业化、精细化、高效化，实现财务与会计的高度协同管理，为企业创造更多的价值增值。

一、中交二航局简介

中交第二航务工程局有限公司（简称中交二航局）创建于1950年，是原交通部直属四大航务工程建设一级施工企业之一。2006年，成为世界500强企业——中国交通建设股份有限公司的全资子公司。经过60多年的发展，现已成为一家融设计、施工、科研、资本运作于一体，以路桥、港航、铁路、城市轨道交通、市政工程施工为主业，"大土木"、多元化经营的大型跨国工程公司。市场遍布全国

① 本章由中交二航局财务共享服务中心负责人廖书佳撰写，本书作者对稿件进行了一定的调整和修改，在此表示感谢。

31 个省（直辖市、自治区）及中东、亚洲、欧洲、非洲、南美洲的 22 个国家和地区。2014 年，中交二航局新签经营合同额 480 亿元，实现营业收入 361 亿元；2015 年，新签经营合同额超过 500 亿元，实现营业收入超过 400 亿元。

中交二航局下辖 14 家子公司、23 家分公司、18 家投资项目公司、5 家参控股公司、17 个经营性办事处，具有公路工程设计施工总承包特级、港口与航道工程设计施工总承包特级、市政公用工程施工总承包一级和城市轨道交通工程专业承包等资质；现有员工 8 100 多名，其中经营管理和专业技术人员 5 200 多人；拥有各类大型工程船舶 83 艘，施工机械设备 5 200 余台（套）。2005 年，中交二航局获得了全国质量奖。

中交二航局现拥有博士后科研工作站、交通部长大桥梁重点实验室、国家级企业技术中心、公路长大桥梁国家工程研究中心等多个技术创新平台，在路桥、港航、铁路、城市轨道交通、地下工程、市政工程施工等方面处于技术优势地位，在全球承建了一大批具有国际影响的工程。公司承建的苏通大桥、杭州湾大桥、港珠澳大桥等项目为我国由桥梁建设大国向桥梁建设强国的转变做出了重要贡献；承建直径达 14.5 米的南京纬三路过江隧道创造了国内深水大直径盾构施工记录；修建各类码头 200 多座；修建高等级高速公路 1 000 多公里；承建了哈大铁路客运专线、京沪高速铁路、石武铁路客运专线、沪杭铁路客运专线、西宝铁路客运专线、成渝铁路客运专线等世界一流的高速铁路和客运专线项目。公司被业内誉为“中国建桥梦之队”、“特大型桥梁、水工建设王牌军”、“铁路建设主力军”。

近年来，中交二航局获得“乔治·理查森”等各类国际奖项、“鲁班奖”、“詹天佑奖”、国家优质工程奖和中国市政工程金杯奖共 35 项，获得部、省级优质工程奖近 60 项，并先后获得“全国质量奖”、“全国精神文明建设工作先进单位”、“全国企业文化建设工作先进单位”、“全国质量效益型先进施工企业”、“全国用户满意施工企业”、“中国交通建设十大桥梁英雄团队”等荣誉称号。

二、中交二航局财务共享服务中心建设的背景

（一）行业竞争加剧

建筑行业竞争激烈，成本管控压力大，财务管理成本属于需要优化的范畴。同时，建筑施工企业的特点是项目分散，区域内集中度低，“点多线长”，各核算

单位通信、交通条件不均衡，上级公司对下属单位和项目的风险管控难以落实到位。近年来，随着国家经济投资的放缓和经济结构的转型，受劳动力、资源、环境等成本上升影响，依赖低要素成本驱动的发展方式已难以为继，技术、管理创新将是建筑业转型升级的关键。建筑业正从要素驱动、投资驱动向创新驱动转变。这些都要求建筑企业提升管理和技术水平，适应发展的新要求。

（二）企业发展的内在要求

1. 人力资源紧缺

从 2006 年到 2014 年，中交二航局订单合同额从 130 亿元发展到 480 亿元，经营规模迅速扩大，各专业的人力资源非常紧缺。同时，各项目数量快速增加，2015 年年初，中交二航局共有核算单位 500 余家。按传统财务会计观念，至少需配备财会人员 900 余人，当时实际人数仅为此数量的一半。适合企业发展要求的财会人才供给严重不足，同时也给企业的人力资源成本控制带来了很大压力。

2. 运行成本增加

中交二航局项目分散，核算单位“点多线长”，区域内集中度低，各核算单位的通信、交通条件不均衡。随着核算单位的增多，各单位之间资源共享程度低，重复投资、建设较多，造成较大浪费。同时，管理层级多，人员复杂，各项制度的执行力受到较大影响，政策传递过程中带来了较高的损耗。降低企业运行成本、提高运行效率是企业能否赢得市场竞争的重要因素。

3. 管控难度加大

中交二航局的核算单位遍布国内外，地域和时差较大，管理幅度大，管理层级多，增加了管理难度和风险，公司总部、分子公司难以及时、准确地掌握基层单位的财务状况和经营成果，会计信息质量也水平不一，使得管控风险较高、财务资源闲置。

综合以上，传统的财务管理模式已经难以解决企业快速发展带来的各方面问题，一场深层次的、全面的财务变革迫在眉睫。

三、中交二航局“财务与会计平行运行”财务共享模式

目前，中交二航局推行的“财务与会计平行运行”管理变革主要包括打造两大体系建设和扁平化管理——打造“垂直、统一、高效”的财务管理体系和“集中、规范、高效”的会计管理体系，以及“两级财务、会计机构服务三级组织”的扁平化管理。其具体内涵是指企业财务、会计工作既相互分工独立，又相互协作，财务工作主要由财务资金部（设置见图 11-1）负责，会计工作主要由会计部（财务共享服务中心，设置见图 11-2）负责。在公司成立会计部（财务共享服务中心），两块牌子一套人马，负责整个公司的会计核算、反映和会计监督工作。

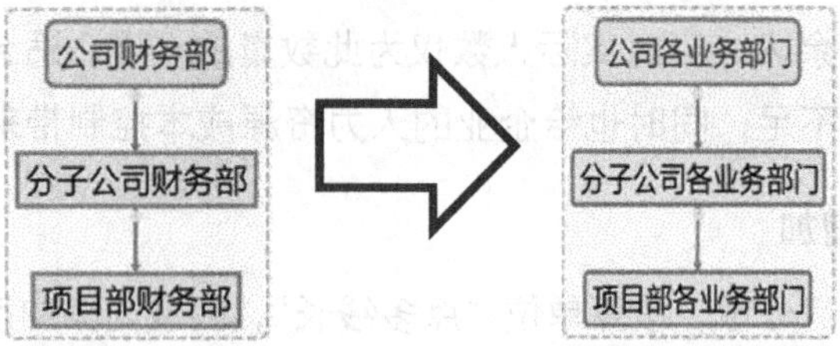

图 11-1　财务会计平行运行后财务资金部门设置

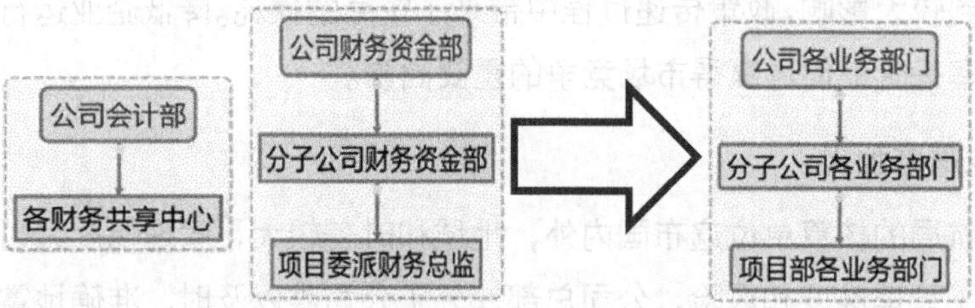

图 11-2　财务会计平行运行后财务共享服务中心设置

四、中交二航局财务共享服务中心的建设

管理理论的创新、信息技术的飞速发展给中交二航局财会管理变革带来了契机。自 2008 年起，中交二航局开始研究国际、国内财务共享服务模式和趋势，并进行了多种模式的试点和总结，先后探索建立“直属项目部模式、总部模式、片

区模式”的财务共享服务中心 23 个。考虑到施工企业“点多线长”，核算单位分散，交通、通信条件不均衡等客观情况，通过试点经验总结，最终确定了“财务与会计平行运行”的“区域型财务共享服务中心”模式。在财务共享服务中心的建设过程中，中交二航局注重了理论与实践的创新，主要采取了以下措施。

（一）选择合适的共享服务模式

施工企业具有“点多线长”、核算单位分散，通信、交通条件不均衡等特点，客观上为财务共享服务中心的建设带来了许多困难。中交二航局在分析、探索和试点的基础上，选择了适合施工企业业务特点的“跨组织机构区域型财务共享服务中心”管理模式，主要基于以下因素考虑：第一，在成熟的市场区域内，能够集合足够多的单位达到规模效应，实现财务共享服务中心在优化人力资源配置方面的优势；第二，以区域为中心，各单位距离财务共享服务中心的物理距离较近，便于沟通与监督的实现，降低单据传递成本，提高传递效率；第三，同一区域内，各单位外部经营环境相同，在经营管理方式、风险控制方面有更多相似点，便于共享服务中心的工作开展和知识共享。

（二）明确财务会计的职能分工

在基于“财务与会计平行运行”的财务共享服务中心建设过程中，要想做到财务与会计的专业化、精细化，就必须明确各级财务与会计机构的职能定位和分工。中交二航局根据工作需要在公司层面成立了财务资金部和会计部（财务共享服务中心），在分子公司层面成立了财务资金部，在项目部等基层单位层面实行委派财务总监制度。

财务资金部门及委派财务总监专注于资金、预算、税务、保险、资产管理、成本费用管理、债权债务管理、投资管理、财务监督及风险管控、财务分析与评价等工作，侧重于财务的事前策划、控制、决策职能。会计部（财务共享服务中心）专注于会计核算、反映和监督工作，侧重于公司各项财务、会计制度的执行，反映企业的财务状况和经营成果，为内外部利益相关者提供会计信息。同时，牵头负责财务信息化管理、管理会计和人才队伍的建设等工作。

中交二航局财务共享服务中心以“服务为先、反映立本、监督至上”为服务宗旨，履行服务、反映、监督职能，为成员单位提供专业化、规范化、标准化的服务，包括会计核算、资金结算、会计报表、管理会计、制度执行监督等内容，持续为成员单位提供高质量、高效率的专业服务。

（三）建立健全服务组织机构

中交二航局根据业务和人员分布情况，在全国规划了六大财务共享服务中心分中心，分别为武汉、镇江、芜湖、重庆、贵阳、深圳财务共享服务中心。各财务共享服务中心直属公司会计部管理，为会计部派出机构，考核及薪酬由会计部主要负责，确保财务共享服务中心工作的独立性。2012 年，武汉财务共享服务中心成立；2013 年，镇江财务共享服务中心成立；2014 年，重庆、芜湖、贵阳财务共享服务中心成立；2015 年，深圳财务共享服务中心成立，实现了国内单位财务共享服务的全覆盖。各财务共享服务中心的服务范围如表 11-1 所示。

表 11-1　　中交二航局各财务共享服务中心的服务范围

名　称	服务范围
武汉财务共享服务中心	湖北
镇江财务共享服务中心	江苏、上海、浙江
重庆财务共享服务中心	重庆、四川、陕西、甘肃、青海、新疆、宁夏、西藏
芜湖财务共享服务中心	安徽、河南、河北、山西、山东、北京、天津、黑龙江、吉林、辽宁、内蒙古
贵阳财务共享服务中心	贵州、云南、广西、湖南
深圳财务共享服务中心	福建、江西、广东、海南

同时，为确保财务共享服务中心的职能实现，根据专业化分工特点，共享服务中心下设资金结算组、资产成本组、费用核算组、收入核算组 4 个小组，在专业组下设资金结算、材料核算、协作施工核算、船机核算等 14 类专业岗位，具体如图 11-3 所示。

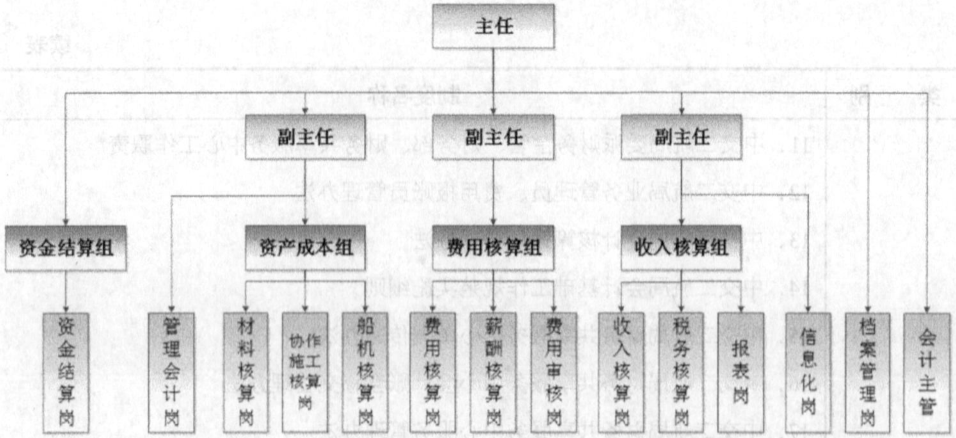

图 11-3　中交二航局财务共享服务中心专业岗位设置

（四）制定完善统一的制度体系

中交二航局财务共享服务中心在建立之初，就特别注重财务共享服务中心管理制度的建设和完善工作，从职能定位、内部管理、运行支持、绩效考核四个方面，持续优化、制定各项制度 30 余项（见表 11-2），为财务共享服务中心的运营管理和有序工作提供了依据。

表 11-2　中交二航局财务共享服务中心制度体系

类　别	制度名称
职能定位	1．中交二航局财务共享服务中心管理办法 2．中交二航局财务共享服务中心部门工作职责 3．中交二航局财务共享服务中心岗位职责和岗位说明书 4．中交二航局财务共享服务中心文化建设指引
内部管理	5．中交二航局财务共享服务中心业务处理流程 6．中交二航局财务共享服务中心内部控制制度 7．中交二航局财务共享服务中心会计交接管理办法 8．中交二航局财务共享服务中心轮岗管理办法 9．中交二航局会计档案管理办法 10．中交二航局共享中心标准化管理办法

续表

类　　别	制度名称
运行支持	11．中交二航局委派财务主管、财务部、财务共享服务中心工作职责
	12．中交二航局业务管理员、费用报账员管理办法
	13．中交二航局会计核算策划管理办法
	14．中交二航局会计基础工作规范实施细则
	15．中交二航局财务共享服务中心单据传递办法
	16．中交二航局财务共享服务中心会计账套移交管理办法
	17．中交二航局财务共享服务中心服务管理办法
	18．中交二航局回访交流管理办法
	19．中交二航局财务共享服务中心时效管理办法
	20．中交二航局财务共享服务中心检查管理办法
	21．中交二航局财务共享服务中心现场 5S 管理办法
	22．中交二航局财务共享服务中心质量管理办法
	23．中交二航局会计人员培训管理办法
	24．中交二航局网上银行业务管理办法
	25．中交二航局银行回单管理办法
	26．中交二航局财务共享服务中心财务安全应急预案
	27．中交二航局财务共享服务中心指导手册：服务手册、操作手册、培训手册
绩效考核	28．中交二航局财务共享服务中心考核管理办法
	29．中交二航局财务共享服务中心个人考核管理办法
	30．中交二航局财务共享服务中心薪酬管理办法

（五）流程梳理与优化

在财务共享服务中心业务流程的设计过程中，中交二航局认真梳理了各项业务管理流程，剔除了冗余和不必要的环节，在满足风险管控和兼顾效率的基础上，优化收入确认、凭证传递、税金计提、费用报销、资金支付等业务财务工作流程 44 项，为财务共享服务中心工作的正常开展和效率提升提供了有力保障。

（六）持续推进业务标准化管理

中交二航局财务共享服务中心自2012年起，推动了管理制度、业务流程、业务处理、会计信息反映四个方面的标准化建设和管理，规范了成员单位的经济行为，促进了财务共享服务中心的业务水平提高和效率提升，为财务共享服务中心的复制、推广打下了坚实基础。

1. 推动公司管理制度的标准化

将以往由各部门或分子公司自行发布的制度逐步统一，通过财务共享服务中心强化制度执行力，促进管理标准化水平的提高。

2. 推动业务流程的标准化

统一经济业务流程，将之固化到信息系统中执行，规范业务处理，避免人为干预带来的“管理噪声”。

3. 推动业务处理的标准化

提高业务处理专业化水平；财务共享服务中心统一会计核算口径，统一会计核算标准，提高了会计业务处理质量。

4. 推动会计信息反映的标准化

财务共享服务中心统一要求会计信息反映的格式和时间点，明确了各类单据传递共享的时间要求，有利于信息反映质量的提升和各级单位的管理决策。

（七）建设集中统一的信息平台和数据中心

财务信息系统是财务共享服务中心工作开展的有效平台，是实现企业科学、规范化管理的有力抓手。中交二航局通过在公司总部建立统一集中的信息平台和大数据中心，依托信息技术，缩短了财务共享服务中心与成员单位的物理距离，提高了数据处理效率和利用价值。中交二航局的信息平台以财务管理信息系统为核心，包括资金管理系统、网报系统和会计核算系统，推进了营销、薪酬、合同、物资等业务系统与财务系统的对接工作，促进了业务财务的一体化建设，提高了数据的共享程度。

（八）积极开展业务培训和交流

为加强成员单位的管理，提高财务共享服务中心人员综合素质，中交二航局通过人才培养创新，实施新进会计人员非财务岗见习和财会人员导师带徒制度，积极开展财务共享服务中心、成员单位的业务培训和内部交流，积极参与外部交流学习活动。这些人才培养举措缩短了财务共享人员的学习曲线，开阔了视野，提高了工作适应能力，对财务共享管理人才的培养具有十分积极的意义，为财务共享服务中心的建设提供智力支持。

在财务共享服务中心服务单位培训方面，各财务共享服务中心加强了财务共享理念宣贯，加强了管理制度、流程、系统应用等内容的培训，确保了各单位能顺利适应财务共享服务中心的管理。

财务共享服务中心内部积极开展专题学习，利用内部刊物、学习小组等形式，搭建好内部业务交流学习平台，坚持开展每周两小时的学习活动，提高财务共享服务中心的业务处理水平。

五、中交二航局财务共享服务中心的运营管理

中交二航局财务共享服务中心经过多年的建设，针对行业、企业特性，设计了独特的运营管理体系，涵盖目标管理、员工管理、知识管理、绩效管理、文化管理、流程管理、制度管理、服务管理、质量管理、后勤管理等内容，有力支撑了财务共享服务中心的运行，适应了企业内外部的需要。

中交二航局建设财务共享服务中心的初期，由于财务共享服务中心和服务单位对业务不熟悉、服务单位对新模式不适应，双方配合默契度并不高，存在部分业务审批时间过长、资金支付不及时、会计处理滞后等效率不高的情况。

为提高业务处理效率，经多方调研和数据统计，中交二航局对财务共享服务中心的所有业务均设定了处理的时限要求，对服务单位传递到财务共享服务中心的各类单据明确了各类时间节点，并要求财务共享服务中心每月报送“超三、超八”超长业务简报（“超三”：从单据达到处理要求，至财务共享服务中心处理完毕，超过 3 天；“超八”：从成员单位发起业务，至财务共享服务中心处理完毕，超过 8 天），且每笔“超长业务”均要求说明原因，由会计部汇总统计后，向相关单位通报，并多方督促整改。

通过各方努力，中交二航局六大财务共享服务中心目前每月的“超长业务”均不超过1%。“效率是财务共享服务中心的生命线”，及时、准确地提供真实、可靠的会计信息，高效处理完成各类业务，是财务共享服务中心存在价值的重要体现。如图11-4所示，武汉财务共享服务中心采取措施后超长业务从2013年的21%下降并稳定在1%至今。

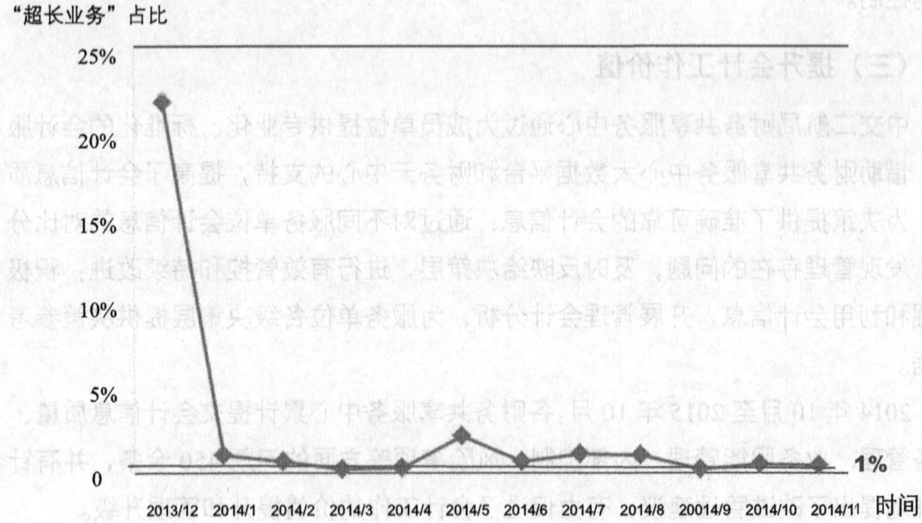

图11-4　武汉财务共享服务中心超长业务在采取措施前后的变化

六、中交二航局财务共享服务中心的运营效果

（一）促进公司的规范化、标准化和专业化管理

中交二航局财务共享服务中心以统一的工作流程和业务标准为成员单位提供服务和监督，改变了以往服务单位经济业务管理水平参差不齐的局面，带动了各单位管理水平的提升；同时，减少了各服务单位人为因素对管理的干扰，促进了中交二航局整体管理的规范化和标准化；通过专业化分工，为服务单位提供财会专业化服务，提高了工作效率，让服务单位专注于自身的核心业务。

（二）提升企业风险管控能力

中交二航局财务共享服务中心的建立，实现了“两级会计机构服务三级组织”的会计管理架构，确保了对服务单位会计监督的独立性；强化了国家财经法规、企业财务会计制度的执行力度，规范了服务单位各项经济业务的管理，有效防范了财务风险；通过对流程的严格执行，强化了内部控制，实现了对关键风险控制点的控制。

（三）提升会计工作价值

中交二航局财务共享服务中心通过为成员单位提供专业化、标准化的会计服务，借助财务共享服务中心大数据平台和财务云中心的支持，提高了会计信息质量，为决策提供了准确可靠的会计信息；通过对不同服务单位会计信息的对比分析，发现管理存在的问题，及时反映给决策层，进行有效管控和持续改进；积极挖掘和利用会计信息，开展管理会计分析，为服务单位各级决策层提供决策参考依据。

2014 年 10 月至 2015 年 10 月，各财务共享服务中心累计提交会计信息质量、财务管理、业务职能管理、内部控制、风险事项等方面的问题 450 余条，并有针对性地提出了改进管理建议，有力促进了会计工作的价值提升和管理升级。

（四）节约人力资源和管理成本

中交二航局财务共享服务中心的建设实现了财会工作扁平化管理。2015 年，中交二航局营业规模超过 400 亿元，全局独立核算单位近 600 个。目前，全局实际配备财会人员 520 人，较传统财务会计管理模式减少了财会人力资源约 400 人。人力资源的节约直接带来了管理成本的降低和效率的提高，每年节约人工、办公等成本 4 000 余万元，效益十分明显。

中交二航局通过多年的经验积累，掌握了财务共享服务的各种模式和管理经验，培养了一大批熟悉财务共享服务模式和运营管理的人才，具备财务共享规划、建设和咨询能力。中交二航局财务共享服务中心的管理模式为中国交建财务共享服务中心的建设提供了探索经验，并积极参与了中国交建财务共享服务中心的建设，为中国交建的财务共享服务建设输送了有丰富管理经验的财务共享服务管理人才。

（五）形成较好的社会影响力

中交二航局积极组织和参与财务共享服务内外部交流活动，形成了较好的社会影响力，也获得了各交流单位的肯定和认可，先后有30余家国际国内知名企业集团、咨询及学术机构前来交流考察，中交二航局财务共享服务中心的模式和建设经验获得了各单位的一致好评。

七、中交二航局财务共享服务中心的经验分享与启示

（一）根据企业特征和管理需求选择合适的管理模式

施工企业“点多线长”的行业特性，是“施工行业不适宜建立财务共享服务中心”论断的重要原因。但是，中交二航局大胆采用跨组织机构的区域型财务共享服务中心模式，找到了适合企业的共享服务建设模式，并在探索过程中发现了该模式对施工企业的其他诸多好处。全国各地的六个财务共享服务中心，根据业务情况配备人员，组织小而精干，也有利于人才的培养。因此，因地制宜的模式选择，是所有企业建设财务共享服务中心首先要面临的问题。

（二）传统思想的更新与阻力

企业在多年的发展过程中可能会形成有自身特点的企业文化和行事风格，财务共享服务中心的建设带来的变化将是全方位和深层次的，并且会带来组织机构的变革，因此管理者需对建设中出现的阻力做好充足的应对准备，也应通过多种途径赢得公司内部员工的理解和支持，建设中还要加强问题和意见的收集，提高响应能力。

（三）信息系统的支持与优化

信息平台是财务共享服务中心工作开展的基础，系统的易用性、便捷性、优化水平等都将影响财务共享服务中心的运行情况。一个有效的信息系统在企业的风险控制和效率提高上发挥着重要作用，集中、统一、高效的信息系统是财务共享服务中心建设的平台保障。

（四）业务财务流程的精简与改进

效率是财务共享服务中心的生命线，业务财务流程的梳理和精简是效率提升的基础，面对新的企业环境，必须对业务财务流程进行重组，从本质上反思流程，去粗取精，去繁就简，以在服务质量上取得突破性的改变。

（五）挖掘增值服务的潜力

增值服务是未来财务共享服务中心发展的方向，如何发挥财务共享服务中心作为企业管理大数据中心和云平台的作用，如何有效地利用数据，如何加强决策支持，这些都必须早做准备和应对，甚至在信息系统设计之初就应该考虑嵌入该方面的需求。

第十二章

金蝶集团的财务共享服务中心建设①

一、金蝶集团及金蝶集团财务共享服务中心介绍

（一）金蝶集团简介

金蝶国际软件集团（简称金蝶集团）始创于 1993 年，是香港联交所主板上市公司。公司成立 23 年来一直努力运用前沿科学技术，以管理信息化产品服务为核心，为超过 100 万家企业和政府组织提供 ERP 产品及服务，是中国软件市场的领跑者。金蝶集团在中国大陆及亚太地区拥有 60 多家分子公司，与超过 3 000 家合作伙伴实现共创共赢。

（二）金蝶集团财务共享服务中心简介

金蝶集团财务共享服务中心始建于 2009 年，迄今为止已走过 7 个年头，其间培养并走出了一大批共享服务领域的专家及人才。金蝶财务共享服务中心为金蝶集团所属 60 多家分子公司、3 000 余家合作伙伴、近 5 000 名知识工作者提供基础财务服务，其业务范围涵盖会计政策及报表披露、财务核算、费用报账、资金收付及会计档案管理等。随着业务模式的逐步成熟，金蝶集团共享服务中心将逐步从财务领域扩展到人力资源领域、行政后勤领域、信息服务领域、O2O 销售领

---

① 金蝶集团的案例由杨健先生提供，本书作者进行调整和修改。杨先生任金蝶集团执行董事、副总裁兼财务总监。1999 年毕业于广东商学院，取得经济学学士学位，后取得中国政法大学法学学士学位。杨先生于 2003 年加入金蝶中国，先后负责审计、财务、运营、IT、行政后勤等职务，具有丰富的管理经验，对财务领域有着深刻的认识和丰富的实践经验。

域，从而成为集团战略和业务发展的重要支撑平台。

现阶段，金蝶集团财务共享服务中心定位于集团基础管理支撑平台、数据中心、人才培养及输出组织。未来，金蝶集团财务共享服务中心将借助“金蝶”品牌，扩大金蝶集团共享服务的影响力，为更多外部客户提供基于移动互联、云计算、大数据的财务云服务。

二、金蝶集团实施财务共享服务中心建设的背景

（一）公司管理面临的困难及问题

2007—2009 年是金蝶集团高速增长的黄金 3 年，虽然经历了 2008 年的金融危机，但截至 2008 年年底公司在中国内地的分公司增长了接近 1 倍，达到 80 多家，并且有进一步增加的趋势，但在公司高速成长的同时也暴露出不少问题。

1. 公司成本居高不下，经营质量和效率下降

公司外部，人工、材料、税赋及营销成本不断高涨。各机构分散采购，无法发挥集团统一采购的议价能力和价格优势；公司的人工成本占比由 2006 年的 55% 上涨到 2008 年的 64%。公司内部，新成立的机构都要重复设置一套包括财务在内的职能组织，资源配置不合理。

2. 分子公司各自为政，集团管控难度增加

各家分子公司的财务管理、人力管理、资源配置各自为政，没有统一的标准和规范进行协调。例如，每年年初集团总部给各分子公司确认年度经营指标时，总要持续很久，争论的焦点就在于费用是否充足，是否足以支持业务指标的达成。同时，由于各机构费用标准不统一，给成本费用的准确预测带来较大难度。

3. 方法不统一、信息不对称，总部对下属机构的评价遭遇挑战

下属机构是否准确执行了总部战略和政策，下属机构的资源配置是否符合公司战略方向，是集团性公司在发展过程中经常遇到的问题。特别对于年度投资总结，总部往往要反复核对、确认机构提供的各种经营数据，才能最终准确确认各机构、各业务财务、各业务线的业绩情况。

（二）财务管理面临的困难及问题

1. 分散式财务运作对财务战略支撑不足

财务在现代企业经营中发挥越来越大的价值和作用，但公司分散式的财务运作模式导致财务对战略支撑不足。财务部门70%以上的人力和时间用于日常基础业务处理，无法有效深入业务进行支持决策。

2. 财务工作对企业价值增值贡献小

财务人员无法形成专业化分工，效率不高。财务人员长期从事基础性工作，对财务价值的关注、影响和贡献很小，财务能力和价值没有得到有效发挥。

3. 财务管理和思维模式滞后

财务管理和思维模式仍停留在传统职能方面，对先进经验和发展方向学习不足，已不能适应新的市场和企业环境。

4. 财务团队的管理遇到较大挑战

财务人员，特别是派驻外地的责任单位财务负责人，在贯彻总部政策方面起到非常重要的作用，公司对这些财务人员的依赖和要求也较高。一旦出现风吹草动，一方面影响公司业务顺利开展，另一方面需要花很大的精力去进行人员的招聘和培养，时间短的一两个月，时间长的甚至半年。

（三）新技术及新思维催生新的财务管理模式

1. 移动技术和互联网已经成为信息通信技术发展的主要驱动力

移动技术为普适计算、随时随地在线连接、通信联络和信息交换提供了可能，为移动工作提供了新的机遇和挑战，推动了社会形态及组织形态的变革。

2. 在线社区聚集相同爱好的人群

基于互联网的社交网络为一群拥有相同兴趣与活动的人创建了在线社区，提供了各种联系、交流的渠道，而企业正好在这个基础上将这群人的兴趣与活动更加聚焦。

3. **全球进入数据大爆炸时代**

DCCI 互联网数据中心的数据显示：每 1 秒有 60 张照片被上传；每 1 分钟，有 60 小时视频被传到 Youtube；每 1 天，搜索引擎产生的日志数量是 35T。过去 3 年产生的数据量比以往 4 万年的数据量还要多。

4. **信息技术发展使得共享服务具备条件**

云计算模式，基于互联网，通过共享软硬件资源和信息，只需投入很少的工作资源就能够被快速提供，并按需提供服务，这必将促进服务和管理模式的变革。在 *Oxford Economics* 进行的未来 5 年什么技术对业务产生积极影响的调查中，有接近 60%的人选择了移动技术，35%的人选择了大数据和云计算，30%的人选择了社交网络。

5. **财务管理里新观念的推动**

在旧形态的财务活动中，其绝大部分精力投入在处理行政事务及日常运营等基础性工作方面，在战略及绩效改进方面投入的精力很少。在财务管理的新观念中，要求大幅降低在行政事务及日常运营方面投入的精力，聚焦战略及绩效改善，体现财务专业能力和价值提升。

（四）实现财务人员专业价值引发的思考

1. **财务管理重在价值**

财务管理活动在企业经营中的价值创造在金蝶集团主要体现为：通过项目、个人、部门、公司、业务线、产品线等利润管理，落实责任会计；通过产品结算、利润考核，引导资源配置，促进经营结构优化；通过制定标准和规范，落实预算与执行结果，提供前瞻性的服务决策支持；通过专业分析和评价，促进业务过程的自我管理。

2. **财务人员向管理会计转型**

如何在克服各种困难的前提下，实现金蝶集团财务人员向管理会计转型，为经营决策服务，体现财务专业优势，在企业经营活动中创造价值？这是金蝶财务团队一直在思考的问题。我们的答案是，一方面，通过财务人员转型，构建专业化分工的财务组织和财务能力；另一方面，建立一个以人为本但不依赖于任何人，与业务高度融合的 IT 系统，将财务人员从繁杂的日常事务中解脱出来。

3. 工作聚焦推动专业化分工

构建专业化分工的财务能力就是要工作聚焦，专业分层，更好地融入业务，为业务经营决策提供财务专业支持。现代企业管理固然需要大量复合型人才，但在知识爆炸、大数据的时代，人的精力越来越有限，聚焦某个领域更能体现出优势和价值。现代企业管理中，人员的分工与合作越来越普遍。财务管理工作同样如此，越来越细分至聚焦于财务战略及前瞻性研究、创新盈利模式、优化资源配置、输出方法论与体系的战略财务；聚焦于落实战略财务要求、服务业务单位财务需求、渗透业务行为的业务财务；聚焦于标准化操作、低成本高效率提供基础财务信息的共享财务。

4. 业务系统与 IT 系统融合

建立与业务系统高度融合的 IT 系统就是要从系统框架上做深入思考、整体部署，分别提供服务于战略财务的全面预算管理系统、资金结算及监控系统、风险管控系统、税负监控系统等，服务于业务财务的成本管理系统、损益管理系统、工时统计系统等，服务于共享财务的财务核算系统、财务服务系统、组织评价系统等。

（五）金蝶集团管控产品拓展的需要

随着中国企业集团的发展壮大，一些优秀集团的财务管控在经历了“分散→集中”管理阶段后，急需把财务部门的重复性、事务性工作分离出去，向战略财务和业务财务领域转移，而财务共享服务中心正好迎合了这些企业集团的财务管理需求。通过金蝶集团自身财务共享服务中心的建设，可以向众多集团企业推广财务共享服务中心的建设成果。

三、金蝶集团财务共享服务中心的建设过程

金蝶集团财务共享服务中心的建设，需要从选址、流程、组织、技术、服务等方面来进行优化和准备。上线财务共享服务中心项目之前，先请业内财务共享服务中心应用比较好的中兴通讯协助做项目咨询，整体规划财务共享服务中心建

设方案，然后运用信息化手段来保障咨询成果的有效落地。

（一）地点的选择

财务共享服务中心的办公选址问题正确与否，将直接影响能否实现充分共享及获得合理的投资报酬率，且制约业务执行情况。决定将财务共享服务中心的办公地点设立在哪个城市，需要综合考虑如图 12-1 所示的因素。

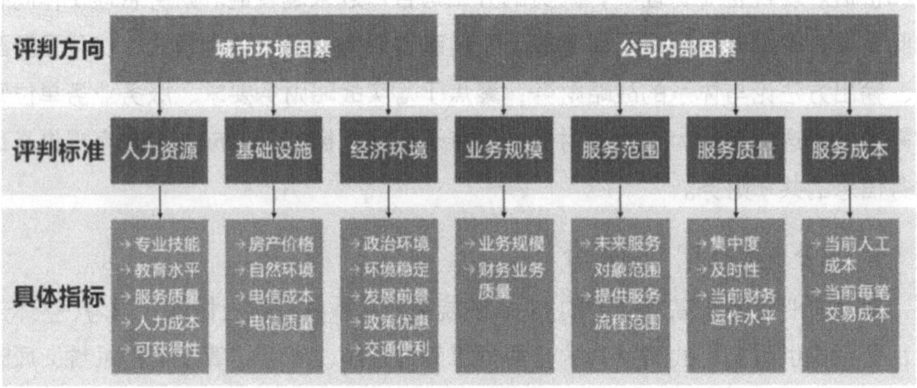

图 12-1　金蝶集团财务共享服务中心选址考虑因素

大部分财务共享服务中心选址在大城市或其周边地区，其中包括上海、北京、广州、深圳、大连、成都和武汉。这些城市凭借自身的资源禀赋分别在业务先进性、行业代表性、服务辐射性、规模增长性四个方面呈现出各自的特色。另外一种比较常见的是总部式选址，即将财务共享服务中心建设在总部所在城市，这在建设财务共享服务中心初期较为常见，无论在沟通和管理上都比较方便。我们在选址的时候，经过综合考虑评审，决定把中心设在湖南长沙。

（二）流程的设计

财务共享服务构建的过程，实质上就是财务流程再造的过程。构建财务共享服务中心工作体系，必须进行集团范围内的财务制度统一和财务处理流程梳理工作。除此之外，还应考虑共享服务中心运营管理通用流程。哪些流程纳入共享服务中心？哪些流程仍保留在当地业务单元？流程划分应充分考虑同质性，兼顾特殊性。财务共享服务中心涉及的流程包括核算、付款、过账和报告等共性的、重复的、标准化的业务，而高附加值的非重复发生的财务活动通常不纳入共享服务领域。我们根据软件行业的特点，决定先从业务量大、占用各个分公司财务人员精力多的费用报销流程作为项目首期实施内容。

（三）组织的调整

建立财务共享服务中心，必须进行财务组织结构的深度变革。过去，集团财务部下设总部财务、区域财务、分子公司财务组织。机构财务人员在费用审核、凭证录入、资产折旧核算、税费计提、薪酬社保核算等方面都做着相同的、重复性的工作。现在，集团成立财务共享服务中心组织，这个组织不仅服务于总部，也可以把所有机构的日常性财务事务集中处理，由财务共享服务中心统一进行流水线式作业，节约了大量的人工成本，具体如图 12-2 所示。

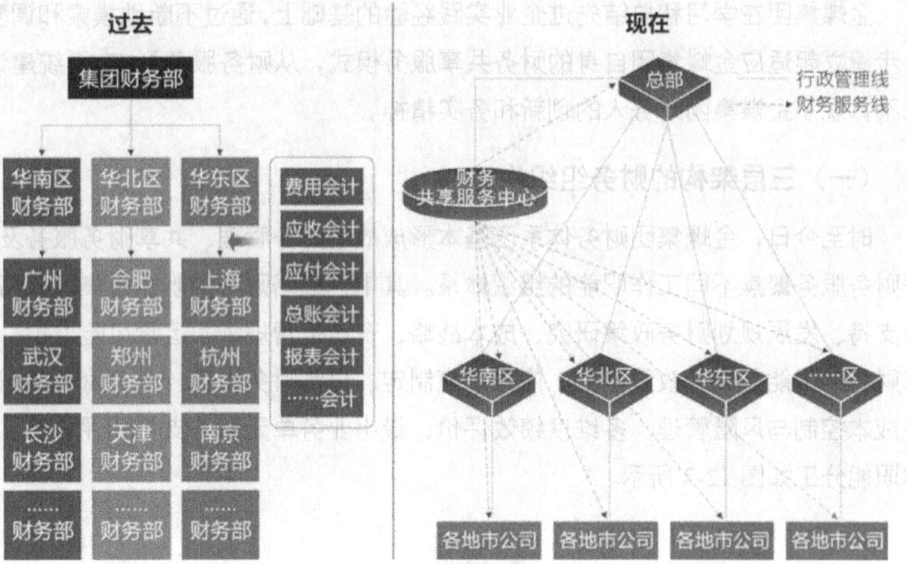

图 12-2 金蝶集团财务共享服务中心建设前后的组织结构调整

（四）信息技术的支持

企业的财务管理信息系统是实现财务共享服务的基础和保障。我们先实现集团财务管控平台的统一搭建和整合，然后再规划财务共享服务中心，这样共享项目整合速度更快，成功率更高。搭建财务共享服务中心体系，还需完成财务共享服务系统与费用报销系统、影像扫描系统、银企互联系统、业务管理系统、移动终端应用等其他系统的对接，实现各信息系统的业务集成和数据共享。

（五）服务水平协议

服务水平协议是财务共享服务中心运作的“逻辑平台”。财务共享服务中心是一个单独的组织，由成本中心转变为利润中心，具有定价、服务协议等功能。在运作财务共享服务中心之前，需要制定服务水平协议，就服务的内容、质量、服务等级和价格、服务反馈评价、改进机制等方面达成共识。财务共享服务中心的所有工作都将基于服务水平协议，各成员单位可根据服务水平协议评估财务共享服务中心的绩效。

四、金蝶集团财务共享服务中心的建设与运营

金蝶集团在学习和总结先进企业实践经验的基础上，通过不断地摸索和调整，逐步建立起适应金蝶集团自身的财务共享服务模式，从财务服务到 IT 系统建设，无不体现了金蝶集团财务人的创新和务实精神。

（一）三层架构的财务组织构建

时至今日，金蝶集团财务体系已基本形成战略财务管理、共享财务服务及业务财务服务聚焦不同工作职能的组织体系。其中，战略财务的职能是集团战略决策支持、发展规划财务政策研究、成本战略、资产运营规划、运营风险监控；共享财务的职能是会计政策研究、流程制度制定、日常财务服务；业务财务的职能是成本控制与风险管理、多维度绩效评价、最小业务单元财务支持和评价等。具体职能分工如图 12-3 所示。

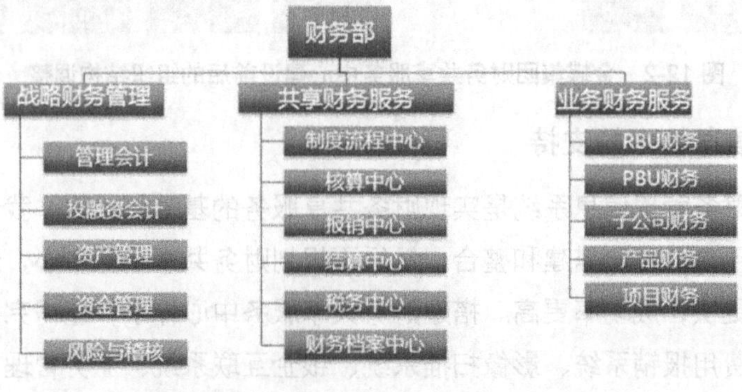

图 12-3　金蝶集团战略财务、共享财务和业务财务的职能分工

（二）财务共享服务平台建设

财务活动作为企业经营活动的核心之一，财务管理也贯穿企业经营活动的各个环节。如何通过标准化和规范化作业将业务数据直接转化为财务数据，实现财务数据与业务数据的同步，是实现财务共享的关键。为此，我们不断推动业务标准化和规范化建设，通过信息系统的高度集成，不仅在数据传输上，并且在业务管理上实现业务系统与财务系统的无缝链接。业务操作的过程直接触发财务数据确认，实现财务信息与实际业务的同步，真正做到“业务信息随时输入，财务数据同步更新，会计核算自动处理”。金蝶集团的财务共享服务信息系统构成如图12-4所示。

图 12-4　金蝶集团财务共享服务信息系统构成

财务共享服务模式与传统财务模式的根本区别在于流程驱动、任务推动和跨组织操作三个方面。

1. 流程驱动

流程驱动就是任何财务工作都会变成工作流程，此流程会告知处理人员需要进行的工作。举例来说，制作凭证是每个财务人员都必须要做的工作，在传统模式下财务人员是今天去处理，还是明天去处理，完全依据财务人员的自主性来确定。共享模式下，这项工作则会变为一个流程，此流程会提醒财务人员有一张凭证需要去处理，并不断督促，直至工作完成。

2. 任务推动

任务推动就是采取一定的规则对工作任务进行自动分配，并通过后台数据统计，检测工作人员的业务处理进度及工作成果。传统模式下，业务处理人员做多做少完全凭个人自觉。共享模式下，业务处理人员的工作成果一目了然。此外，通过任务推送，可以将同一类型的工作分配给不同的人来处理，还可以起到随机分配、强化管控的作用。

3. **跨组织操作**

跨组织操作平台的重要功能就是能实现批量操作，它是提升财务效率的重要手段。金蝶集团财务共享跨组织操作平台如图 12-5 所示。

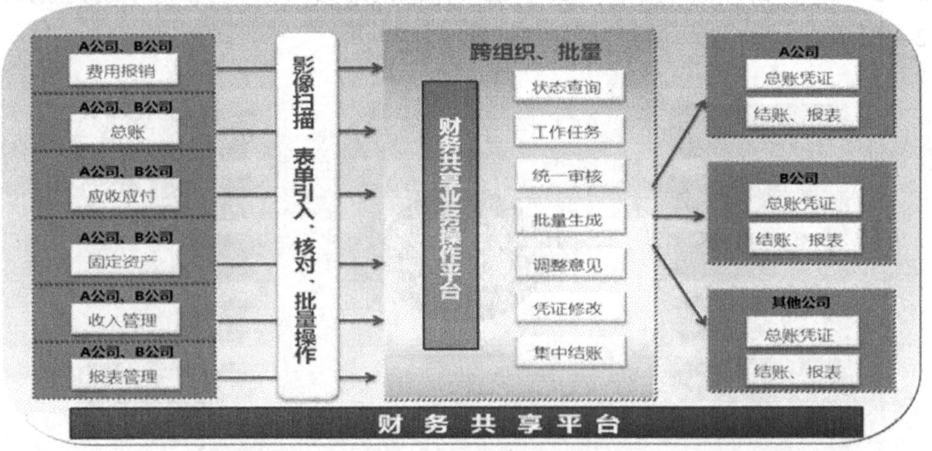

图 12-5　金蝶集团财务共享跨组织操作平台

（三）财务共享实现无纸化财务核算

按照《会计法》相关规定，原始票据要保管齐全、财务凭证要打印装订、财务账册要打印备查，并且这些资料要求保存规定年限内不能销毁。在办公自动化程度越来越高、资源越来越紧张的今天，大家都在提倡绿色、环保，财务领域也正慢慢经历着变化。

财务共享实现了财务核算全流程的无纸化操作。就拿费用报销来讲，原始票据只会在报销申请人、票据档案管理人员中经手，各级审核岗位、核算岗位等均依据电子数据进行处理，其他业务系统莫不如此。金蝶集团财务共享的无纸化核算流程如图 12-6 所示。

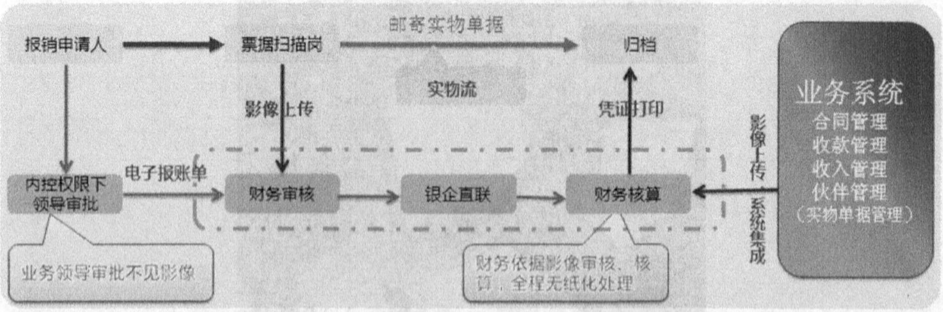

图 12-6 金蝶集团财务共享的无纸化核算流程

（四）财务共享实现会计档案管理变革

会计档案的管理在财务工作中是一项非常重要的工作，它不但占用财务人员大量精力进行整理和归档，后期的资料保管也要面临反复查询。要保证这些资料的安全完整，更需要财务人员精心、细致的工作。财务共享服务通过会计档案的集中管理，引入电子条码和档案管理系统，不但提升了会计档案资料整理的高效率，而且实现了文档资料的精准定位、查询及保管工作，使会计档案工作变得容易和可操作。未来，随着会计法规的改革，会计档案将逐步实行原始票据与会计凭证的分离保管，以及电子凭证代替纸质凭证。图 12-7、图 12-8 分别为金蝶集团财务共享业务流程中的电子条码及其操作实景。

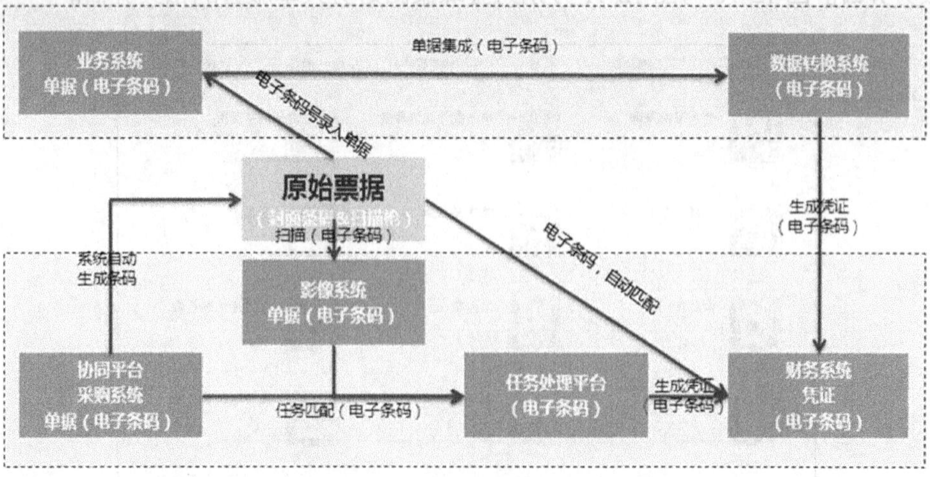

图 12-7 金蝶集团财务共享业务流程中的电子条码

图 12-8 金蝶集团财务共享的电子条码扫描操作实景

（五）财务服务云平台，提供碎片化与移动用户体验

由于财务语言的专业性，很多非财务用户经常反馈，听不懂财务人员的语言，或者不知道财务有什么样的要求。作为财务人员来讲，在业务沟通的过程中，怎样将每件事情以简洁、易懂的语言讲透彻财务的要求，是一个重要课题。财务共享通过财务服务碎片化的方式，降低非财务用户的使用难度。同时，紧握时代脉搏，注重用户体验，充分利用移动互联技术，推出移动报销、移动查询、移动监控等服务，让用户体验方便快捷的财务基础服务。图 12-9 为金蝶集团的财务共享服务界面。图 12-10 与图 12-11 分别为金蝶集团财务共享服务的相关界面。

图 12-9　金蝶集团财务共享服务业务界面

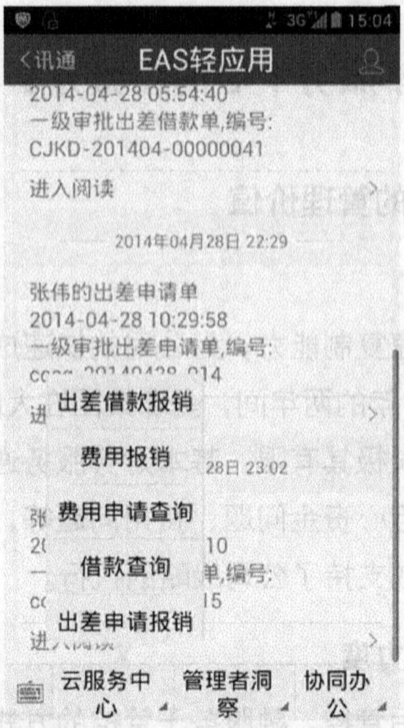

图 12-10　金蝶集团财务共享服务的移动端出差报销界面之一

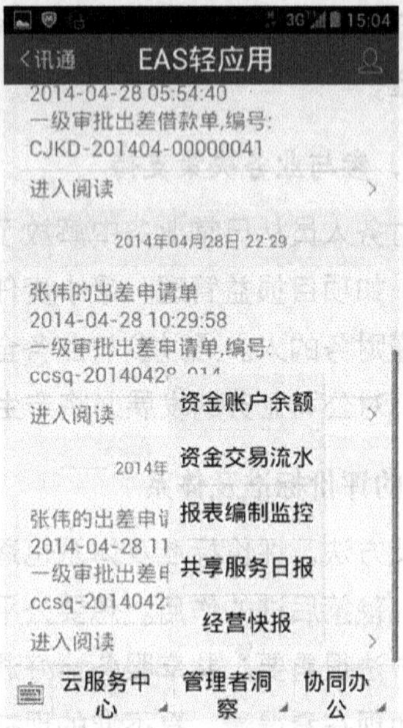

图 12-11　金蝶集团财务共享服务的移动端出差报销界面之二

五、金蝶集团财务共享服务中心的经验分享与启示

（一）财务共享服务的管理价值

1. 支撑公司战略

共享服务通过建立快速复制能力，为公司的快速成长和扩张提供了集约化的后台保障。2010 年到 2011 年的两年间，金蝶集团在大陆地区快速复制了 30 多家分子公司，但财务人员增长极其有限。基本财务服务通过财务共享服务中心延伸到业务一线，业务不用再担心资金问题、费用问题等，只需要轻松地面对市场，做好业务即可，有效保证和支持了公司战略的执行。

2. 提升集团整体管控力度

财务共享通过先服务后管控，融服务于管控的方式，通过即时的数据收集与整理、定期的报告与反馈，变事后检查与稽核为事前参与和事中控制，加强了对下属机构的管控力度，降低了企业在规模扩张和经营中存在的风险，为集团战略方针的执行提供了有效保障。

3. 促进财务人员转型，参与业务决策支持

共享财务将分子公司财务人员从日常业务中解放了出来，让他们更多参与到分子公司的经营活动中去，如项目损益管理、最小责任单位利润管理等，成为财务中最懂业务、业务中最懂财务的人。通过参与业务全生命周期管理，成为业务信赖的财务伙伴，相信他们对公司业务的发展必将产生积极作用。

4. 推动公司形成统一的评价标准及体系

通过统一制度、标准及方法，评价标准及体系也逐渐统一。同时，公司的制度和评价要起到激励先进、鞭策后进的作用。想要公平公正地评价每个组织和个人的贡献，统一的标准和方法很重要。共享服务恰好通过制度流程、标准方法的统一，让以前看不清的东西现在看得清，看不准的现在看得准，从而在公司的评价中起到很好的作用。

5. **促进执行力提升**

财务共享通过财务制度的统一标准和统一执行，促进了金蝶集团执行力的提升；通过财务精细化管理要求并延伸到业务过程，促进了业务过程的不断标准化和规范化。

（二）财务共享服务的效率价值

1. **效率提升，满意度提高**

财务共享使财务处理效率得到普遍提升，财务服务满意度得到显著提高。例如，费用报销，以前员工报销从提起流程到报销款最终到账，一般至少需要 7 天以上，有的甚至半个月，通过共享服务中心处理，3 天时间即可以完成上述流程，员工对财务服务的满意度也由以前的 60%左右提升到 80%以上。

2. **财务数据的及时性得到提升**

通过共享处理之前，由于种种因素的影响，集团合并报表的数据一般在每个月 5 日左右提供，现在每个月 3 日甚至 2 日就可以提供，保障了经营数据及时为经营决策提供支撑作用。

（三）财务共享服务的成本价值

金蝶集团建成财务共享服务中心之前，总部和分子公司的财务人员接近 300 人，现在减少了 37%，达到 180 人左右，每年节约人工费用 2 000 多万元。同时，财务人员的结构也发生了较大变化，基础财务人员占比下降了 20%。除此之外，财务组织的运营成本如固定费用、管理成本也得到了有效降低。

（四）财务共享服务的创新价值

1. **财务管控和 IT 解决方案创新**

现行的财务管控通常通过全面预算、资金集中、内部审计等方式实现，财务共享为财务管控提供了新的模式和手段。金蝶集团的研发团队也以自身为原型，结合共享财务团队的丰富实践，建立起面向大中型集团性企业，包括 IT 系统在内的整体解决方案。

2. **用人模式创新**

金蝶集团财务共享服务中心建成前的财务人员招聘，一般要求211大学、会计或财务管理专业，且通过中级职称考试，最好通过CPA考试，要求较高，招聘的难度也较大；现在财务人员逐步形成了高级—中高级—中低级—低级的人员结构，大幅降低了用人和招聘难度。

移动互联网时代、云服务的大潮正蜂拥而来，财务共享作为云服务的典型运用，在中国大陆如打开的画卷，正在一幕幕展开。金蝶集团，作为IT与服务整体解决方案供应商、云管理的先行者，我们将一如既往地跟大家一起分享和探讨公司管理经验，助力企业发展。

第十三章

中国平安大后援背景下的财务共享服务中心建设

一、中国平安简介

中国平安保险（集团）股份有限公司（简称中国平安）于 1988 年诞生于深圳蛇口，是中国第一家股份制保险企业，至今已发展成为融保险、银行、证券、信托、投资等金融业务为一体，核心金融与互联网金融业务并行发展的个人金融生活服务集团之一。中国平安致力于成为国际领先的个人金融生活服务提供商，坚持“科技引领金融，金融服务生活”的理念，通过“综合金融+互联网”和“互联网+综合金融”两个模式，聚焦“大金融资产”和“大医疗健康”两大产业，围绕保险、银行、资产管理、互联网金融四大板块，为客户创造“专业，让生活更简单”的品牌体验，获得持续的利润增长，向股东提供长期稳定的价值回报。在用户、客户及迁徙方面，持续以客户为中心，为客户提供完善的金融服务，以实现“一个客户、一个账户、多项服务、多个产品”为目标，积极推进用户、客户间的迁徙。核心金融业务方面，向客户提供专业的一站式金融服务，并利用互联网升级综合金融模式，扩大服务范围，提升服务效率和体验。在互联网金融业务方面，围绕用户的“医、食、住、行、玩”需求，不断完善线上平台，提供多种服务和产品，将金融嵌入线上生活服务。

截至 2015 年年末，中国平安总资产约人民币 4.8 万亿元，归属母公司股东权益为人民币 3 342.48 亿元。从保费收入来衡量，平安寿险为中国第二大寿险公司，平安产险为中国第二大产险公司。平安集团在 2015 年《福布斯》“全球上市公司 2000 强”中名列第 32 位，在中国内地企业排名第 8，在全球金融企业排名第 14；美国《财富》杂志“全球领先企业 500 强”名列第 96 位，并首次进入前 100 强，蝉联中国内地非国有企业第一名。

二、中国平安财务共享服务中心建设的背景

（一）行业背景

伴随近代金融的发展，金融业在组织形式和业务运营方面发生了巨大的变化，强调规模经济（扩大规模导致平均成本降低）、范围经济（扩大生产或经营范围导致平均成本降低）及信息优势的大型金融服务集团成为金融业发展的重要趋势。金融服务集团具有组织结构一体化、经营战略多元化、内部管理多线式的特点。通常其集团的定位为投资中心，拥有相对庞大的财务体系，一方面要满足公司法人治理要求，另一方面要防范集团风险，对集团整体的财务管理提出了不容忽视的挑战。

1. 集团风险管控压力巨大

金融服务集团包含若干业务个体，在发挥协同效应的同时，相应承担作为一个有机整体的风险和压力。这些机构中一旦有一家机构因风险管理不善而发生风险事件，这一风险事件可能会影响到集团旗下其他金融机构。从财务角度来讲，财务风险的控制对金融服务集团的财务管理至关重要。

2. 多元化与一体化存在矛盾

金融服务集团一方面追求业务多元化，另一方面又强调集团一体化经营，二者之间存在着很难调解的矛盾，使得财务政策的落实难以严格统一。而多条线的内部管理，又容易使财务信息出现不透明、不准确的现象。

（二）企业集团自身内在需求

平安集团旗下子公司包括平安寿险、平安产险、平安养老险、平安健康险、平安银行、平安证券、平安信托、平安大华基金等公司，业务范围几乎涵盖所有金融领域，已发展成为中国少数能为客户同时提供保险、银行及投资等全方位金融产品和服务的金融企业之一。此外，在互联网金融业务方面，集团已布局了陆

金所、万里通、车市、房市、支付、移动社交金融门户等业务，初步形成“一扇门、两个聚焦、四个市场”的互联网金融战略体系。面对如此庞大的集团组织和繁杂的业务，如何在降低成本的前提下管控风险以支持目标达成，促使众多分子公司在讲究效率的同时执行同样的标准呢?

21 世纪初，平安集团确定了引入共享服务的理念、实施后援集中的战略设想。即建立统一的后台共享服务中心，以实现组织、人员、信息和系统等方面的集中运营管理，达到标准统一、成本节约、效率提升、风险可控的目的。2004 年，马明哲董事长表示：“推进后援中心建设和大后援体系的流程再造是仅次于 IPO 的重大战略项目。”同年 6 月香港上市成功后，中国平安正式启动“全国客户服务及运营技术中心（简称运营管理中心）”建设项目，并于 2006 年 5 月正式投入使用。运营管理中心位于上海张江银行卡产业园区，总建筑面积达 18 万平方米，可同时容纳 12 000 人办公，是中国平安后援集中运营的大平台，也是全国第一家大型综合性后援中心，总体规模位居亚洲首位。新建成的运营管理中心，将集团产、寿险两个子公司所有分支机构的后台作业和服务进行了集中整合，从根本上改变了传统后援的分散运作模式。

平安集团的集中整合实质是信息化系统的再造与流程变革，也就是将原来产、寿险子公司分散的资源和信息全部交由集团的共享中心来统筹处理。通过这种集中整合，中国平安保险的前台业务与后台操作实现了分离，二者也承担起全新的职能。具体来说，一方面，公司的后台，即运营管理中心致力于建立一个高效率、以客户为中心的运营平台，为公司前台提供全面的、标准化的技术支持，并通过资源集中与共享为客户实施综合金融服务计划；另一方面，后援集中也使得公司的前台，即各分支机构变成了“柜台”，专注负责公司的业务拓展以及其他与客户面对面的服务。中国平安这种前台和后台有效分离的直接结果，带来了服务的标准化程度提升、成本的降低及风险控制的加强。

运营集中是中国平安信息化系统再造和流程变革的一个重大战略措施，其目标是实现“以客户为中心，以产品和服务为核心”。它通过整合客户接触界面、共享的作业、集中和专业化的核心运营、第三方服务网络，建立了利用影像、工作流、客户关系管理等最新科技的 IT 平台。整个平台的流程及系统设计以内外部客户需求为驱动，工作流管理和过程监控为要素，体现高程度的网络化、自动化、标准化，并且突出强调了安全性、实时性、便捷性和高效性。

三、中国平安财务共享服务中心的建设与运营

（一）财务共享服务中心的组织定位

平安集团对企业内部各独立公司的后台服务职能进行集中整合，建立了统一的后台服务共享中心，以实现组织、人员、信息和系统等方面的集中运营管理。后援平台承担着对前线的业务支持，同时协助集团后台发挥运维管控职能。在集中共享的背景下，平安集团将财务活动中较为标准化、操作性强的业务剥离出来，集中到财务共享服务中心，发挥统一标准、管控风险的职能，让子公司财务更专注于财务管理、财务战略与决策支持。

（二）财务共享服务中心的业务范围

平安集团财务共享服务中心建设之初仅负责费用审核和报销，此后逐步将服务的范围延伸到资金收支及核算、总账核算、账户开立变更、投资交割、固定资产的新增统计和报告、税金远程申报等业务，甚至还扩展到投资产品的估值核算。财务共享服务中心已经成为整体服务价值链中不可或缺的重要环节。目前，针对集团内部的一些小规模公司，财务共享服务中心还尝试推动全委托模式，除承担现有的会计核算、资金往来业务外，还涵盖了预算编制、会计报表编制、日常税务申报、出纳、审计等工作，提供整套财务管理服务。

（三）财务共享服务中心的建设过程与运营管理

2004 年，平安集团在上海张江的后援中心开建，2008 年中国平安数据科技（深圳）有限公司（简称平安数科）正式挂牌。平安集团的共享服务平台建设经历了两个阶段。① 2009 年之前，逐步探索金融后台集中的运营模式，建立快速可复制的业务集中服务平台。以工厂化、标准化、流程化为运营目标，有效支持集团综合金融后台服务。通过两次集中与深化共享，实现集团所有专业公司后台作业集中运营。② 2009 年之后，实现运营职能的中后台切分，完成网点业务转移，搭建集团综合金融大后援平台。以进一步降低运营成本、支持交叉销售、提升客户体验为目标，通过跨系列的共享、端到端的全流程优化、新技术运用等方式，提高效率、降低成本、支持多产品的交叉销售及促进集团整体客户的体验提升。

伴随平安数科的发展，财务服务中心从最初的寿险机构试点开始，逐步扩大到保险类、银行类、资产类的各家专业公司。集中作业地点从上海扩展到深圳、成都、内江和合肥，以降低成本并分散风险。五个中心的职能各有侧重，上海中心作为管理中心，承担了部门总体规划、运营管理、业务接洽、重点资金业务等工作，并为上海的公司总部提供现场服务。深圳中心为平安集团深圳总部提供现场服务，以及预算审批、投资类资金往来服务；成都、合肥、内江中心则是主要的会计类、资金类标准服务提供地区，并相互作为业务备份。当一地遇上突发事件暂停工作，其他地区可以迅速承接起来，保持财务共享服务的持续性，避免对整个业务运转造成致命影响。

在集中共享和分中心运营的模式下，如何科学有效地设置管理架构和组织体系成为财务共享服务中心目前面临的挑战。结合业务管理实际，财务共享服务中心采用了矩阵式组织架构，部门负责人下辖数位服务线经理，分别管理不同的服务流程。各个地区设置现场运营经理，承担该地区的人事、行政等运营管理。例如，资金服务线经理负责资金服务线的业务承接、标准制定、计划安排、过程监控、目标分析等，成都分中心运营经理则要负责在当地服务线（包括资金服务线）之间的资源协调、人事及行政管理等。

（四）财务共享服务的实施效果

平安数科已经成为国内金融业建立较早、规模较大、业务较全的全方位大后援共享服务中心，为中国平安及旗下各专业公司提供后台运营服务，业务涉及保险、年金、银行、证券、投资等金融领域，业务范围涵盖呼叫中心、数据处理、核保核赔、流程改造、人力资源服务、银行后台管理、财务结算、信息技术支持等服务业务。

在平安数科的众多共享服务平台中，财务共享服务平台是非常重要的一个组成部分。由于财务的标准化程度好，共享程度高，财务集中是平安后援集中的最早项目之一。财务共享集中方面，历经十年潜心建设和持续投入，财务服务中心横跨保险、投资、银行等多行业，业务纵深覆盖资金、核算、估值、年金等七大领域，已发展成为国内领先的企业级财务共享服务平台，服务涵盖平安全集团，涉及近 50 家子公司，同时管理着整个集团近 10 000 个银行账户，全年资金收付近 3 亿笔，资金规模近 4 万亿；全年核算费用 500 万笔，规模 300 亿；投资组合估值近2 500个，投资规模2.6万亿；管理近4 500家的企业年金，年金总量达1千多亿。此外还管理5 800个职场，逾400万平方米，年统筹30亿元租赁、装修费用。

从2013年起，在“互联网+”浪潮下，平安集团又基于原有的财务共享平台着手进行新的尝试，逐渐建立命名为“财酷”的新一代互联网财务创新服务平台，通过移动互联网、大数据、云计算等新兴科技及思维与传统财务的融合，提供更加高效、便捷、智能的财务管理解决方案，向管理者及员工提供更加优质的财务服务，至此，平安财务共享服务开始进入“互联网+”时代。

财酷平台经过一年多传统财务与互联网等新技术的碰撞与融合，在传统财务管理的思路上，不断吸收并应用平等、开放、互动、迭代、演化的互联网精神，推动传统财务转型、跨界。目前也已经确立了明确的财务“互联网+”战略方向：建立互联网化的财务服务/管理平台，以创新服务替代传统管理，用互联网产品模式提供可持续的创新财务服务，以大数据应用驱动财务管理升级。

此外，平安集团正在尝试利用科技创新手段，进行财务共享服务自动化审核与风险控制，推动财务共享服务向智能化升级。

四、中国平安经验分享与启示

目前，平安集团庞大的后援平台集中了以前全国各地数百个城市中的后台运营工作，从客户接触、共享作业、专业作业、第三方作业到运营控制和政策制定六个层面进行了整合，并且支持集团企业的管理决策和发展战略。其中，从财务的角度出发，结合大型金融集团防范风险的职能，后援平台上的财务共享服务以防范和化解风险为主，并采用标准化的作业流程提升整个业务体系的合规程度。同时，财务共享服务平台强化了总部对分公司财务行为的约束，统一标准及减少地区差异；降低了人为更改、操纵会计记录的可能，保证了会计信息的准确性和可靠性，提高了会计核算质量；通过总对总全国集中资金运作，提升了资金支付的时效。

财务集中是对过去分散管理方式的变革。任何变革，背后一定有利益的重组和冲突，没有高层的推动，没有强大执行力，变革很容易夭折。平安集团在向共享财务模式的转变过程中，集团和专业公司高层领导的改革决心及平安自上而下的强大执行力起到了不可替代的决定性作用。

在推进过程中需要各个子公司各个业务部门的协同，高层领导的决心和平安集团的务实文化让这样的协调更加顺畅。集中参与者客观务实地去解决面临的问题，制订行动方案，确定时间节点。

同时，远程的集中运营模式也有赖于社会科学技术的支持，平安集团也有着一个非常强大的信息技术团队，可以支持并确保集中所需的系统需求完全顺利地予以开发和实施。在集团提出“科技引领传统金融”的目标下，服务创新和新科技应用是工作的重点。如何把服务体验做得更完善，如何依靠新科技的应用，打造领先的财务共享服务中心一直是平安财务服务中心的核心。

目前，国际上多数大型金融企业都在世界各地拥有强大的后援服务系统，这个后台系统是对金融企业业务流程的变革，它将前台业务和后台操作彻底隔离，由此产生的直接结果就是服务的标准化、成本的降低及风险控制的加强。

财务共享服务平台如何适应新的变化，如何利用新的技术，如何满足新的业务需求，如何为专业公司和客户提供超越期望的服务，既是财务共享服务平台在未来所面临的新挑战，也是持续发展和成长的新机遇。同时，平安集团积极跟随新技术发展，其互联网财务服务应用产品，用“互联网+”思维，通过大数据的应用，推动管理向智能化、自动化发展。在场景应用、费用管理方面带来新的价值，开始了财务共享服务的新探索。

当前来看，国内大多数保险企业已经纷纷开始研究并着手建立起集中运营的“大后援”模式，以应对业务快速发展所必须应对的统一、规范、高效运营管理与服务要求。而中国平安集团作为较早提出并运作大后援模式的大型保险集团，已经积累了丰富的经验。符合人力资源、行政、IT、财务等综合性共享服务的理念。而在这种模式下，财务共享服务平台如何支撑和协调所有其他共享服务资源，尤其是财务共享服务平台与IT系统之间的支撑和相互协调。其经验有利于未来大型金融保险集团构建大后援背景下的财务共享服务中心进行借鉴。

第十四章

中国铁建以下属集团为单位推行建筑企业的财务共享服务中心建设

一、中国中国铁建简介

中国铁建股份有限公司（简称中国铁建），由中国铁道建筑总公司独家发起设立，于 2007 年 11 月 5 日在北京成立，为国务院国有资产监督管理委员会管理的特大型建筑企业，2008 年 3 月 10 日和 13 日分别在上海和香港上市。

中国铁建目前是中国乃至全球最具实力、最具规模的特大型综合建设集团之一。中国铁建自股改上市以来，公司实现了跨越式发展，企业经济效益和社会效益取得了令人瞩目的成绩。2014 年公司营业收入达 5 920 亿元，连续 9 年进入世界 500 强；2015 年达到 79 位，在全球 250 家工程承包商中排名一直稳居前三位。

公司业务涵盖工程建筑、房地产、特许经营、工业制造、物资物流、矿产资源及金融保险等，其中建筑工程承包是公司核心及传统业务，业务种类覆盖铁路、公路、城市轨道、水利水电、房屋建筑、市政、桥梁、隧道、机场建设等多个领域。目前，公司已经从以施工承包为主发展成为具有科研、规划、勘察、设计、施工、监理、维护、运营和投融资的完善的行业产业链，具备为业主提供一站式服务能力的大型建筑工程综合承包商，并在高原铁路、高速铁路、高速公路、桥梁、隧道和城市轨道交通工程设计及建设领域确立了行业领先地位。

公司旗下子公司众多，通过各地子公司，为全国各省、自治区、直辖市、香港和澳门特别行政区提供建筑工程承包及其他服务，并在非洲、亚洲、南美洲和欧洲等海外国家及地区参与基础设施建设。

二、中国铁建财务共享服务中心建设的背景

（一）行业背景

在我国，建筑施工行业与机械电子业、石油化工业、汽车制造业并称为振兴国民经济的四大支柱产业，是典型的劳动密集型产业。建筑工程行业产品大多为不动产，其建设周期长，使用年限长，耗费的资金量大。工程建设的整个过程需要考虑的因素很多，如产品成本、实际建设情况、投资回报、进度控制、技术投入等各个方面，工程项目的审查也是整个建设工程中非常重要的环节。

1. 分包业务风险加大

现阶段，建筑工程行业逐渐走向国际化，施工范围更加广泛、工程规模不断增大、项目复杂度越来越高、分包业务越来越多，相应的项目各类风险也随之加大。一些企业出现分包工程估算存在偏差、合同条款存在漏洞、工程质量不符合约定、分包商恶意拖延工期、安全事故频发、工程款结算与支付出现纠纷等情况，这都给企业提升项目管理水平提出了更高的要求。如何有效管理分包业务存在的风险，特别是采用互联网手段对项目实施有效的远程管理，是摆在很多建筑企业面前的一道待解难题。

2. 精细化管理存在不足

根据中国建筑行业协会及国家统计局发布的数据显示，1985 年至 2013 年，中国建筑行业发展迅速，技术水平和盈利能力均有较大提高。纵观收入类指标，2013 年建筑业总产值达 159 312.95 亿元，较上年增长 16.1%。在盈利能力上，我国建筑企业利润总额保持平稳增长。2013 年全国具有资质等级的总承包和专业承包建筑业企业实现利润 5 575 亿元，较上年增长 16.7%。其中，国有及国有控股企业 1 363 亿元，较上年增长 20.1%，但利润同比增长率有所放缓。从损益指标角度看，行业发展迅猛，但通过利润增长和收入构成集中程度等指标可看出，在行业迅猛发展的同时，精细化管理方面存在一定的不足。

3. 财务管理问题不容忽视

作为公司治理核心部分的财务管理，从国家制度到企业内部也存在许多不容忽视的问题。

（1）项目财务监管乏力。项目部是建筑企业最小的管理单元，常常与总部不在同一地区，且数量众多、分布较广、流动性大，由于受机制、手段、距离的制约，企业管理层对项目财务监管的难度相对较大。总部虽然制定了非常详细的规章制度，也实行了财务委派制、过程审计、纪检监察等措施，但还是存在管理层触角延伸不到的地方，部分项目出现超权限范围审批、超制度规定采购、超工程清单计价、超合同条件付款等现象，甚至存在少数项目经理独揽财权、总部委派的财务主管难以制衡、公司制度形同虚设的情况，项目财务监管乏力成为行业内普遍性的难题。

（2）资金集中程度不高。因为属地结算、业主监管等原因，很多建筑企业银行账户数量众多、资金相对分散、资金集中难度较大，一些特大型施工企业的银行账户超过 10 000 多个，分布在全国各地，开户行囊括了全国上百家大大小小的商业银行。资金集中、远程监控是一个很大的难题，仅银企直联一项工作就要花费大量的成本和人力，甚至个别银行和业主不允许项目开设网银，使得一些项目的资金只能滞留在当地银行账户，且收支信息对总部无法透明。总部只能通过邮寄银行对账单、定期检查、事后审计等方式进行远程监管，无法有效地提高资金集中度、规避项目资金风险，资金集中度难以进一步提升。

（3）财务人员素质不齐。很多施工企业都按照“一个项目、一名会计、一名出纳”的要求配置财务人员，以符合内控基本需要。由于近几年建筑行业的快速发展，很多企业承揽的工程项目不断增多，使得企业对财务人员的需求数量急剧增加，大量年轻的财务人员迅速走上了财务主管岗位，一些特大型建筑企业的财务人员甚至超过万名。由于缺乏系统的培训和必要的实践，部分人员的工作水平短期内无法达到企业要求。一些财务人员基础知识储备不足、岗位熟练程度不够、财务风险意识较低，导致部分项目出现会计基础工作薄弱、企业制度执行不力、会计核算质量不高、财务内控把关不严、资产与账目不符、项目资金管理混乱等问题。甚至个别项目出现财务人员受领导指使违反财经纪律的情况，使得项目的财务管理水平受财务人员素质的影响很大，人员调动也会导致项目财务管理水平出现波动，这给很多建筑企业集团的管理者带来困扰。

（4）财务管理信息化程度不高。建筑行业由于其独特的生产经营模式而带来诸如地域广泛、财务主体不唯一等问题。财务信息化建设需要克服包括更广阔的信息网络、更大量的培训、复杂的管理层次等更多的问题。例如，一些铁路、水电工程地处深山、远离城镇，互联网络无法覆盖全部项目现场；一些项目甚至还会面临经常停电、网络带宽不足、网络设备无人维护等问题；还有很多海外项目既无法在当地搭建信息系统，也无法连接到国内的网络环境，使得很多管理需求无法得到信息化的有效支撑。

总结以上，我们可以看出，建筑行业企业及其财务当前普遍面临的形势是：经营规模持续增长，产业链条不断延伸，施工区域不断扩大，组织机构日趋复杂，经济指标日益繁重，风险管控和管理难度不断增加。从财务角度分析，其问题表现在：资金需求日益增加，成本管控难度加大，费用支出增幅较大，主业利润空间缩小，债权债务居高不下，企业资金周转缓慢，管理机构臃肿低效。

（二）企业发展内在需求

1. 企业规模快速扩张，亟须改进管控手段，提升管理效率

中国铁建结构调整稳步推进，海外业务快速扩张，“一带一路”迎来了发展机遇。按照公司实施的“建筑为本、相关多元、一体运营、转型升级”的整体战略部署，为进一步巩固及提升行业领先地位，企业必须抓住“互联网+”机遇，应用崭新的互联网技术，改进管控手段，实现管理效率的提升和飞跃。

2. 财务管理转型需要提升管控模式

中国铁建从自身行业财务管理存在的普遍问题及企业自身背景出发，做出了实施财务共享的战略选择。这既是企业“做大做强”的自身需求，同时也与国资委“管理提升”活动、风险内控体系建设的要求相契合，是企业补齐管理短板、加快转型升级、实现健康持续发展的必由之路。通过财务共享服务中心的建立，总部一方面可以集中处理记账、支付、报表等基础性工作，减少派驻项目部财务人员的数量，节约成本；另一方面可以加强项目现场管控能力，降低企业经营风险。

3. “走出去”战略的快速推进需要借助信息化手段

随着中国铁建“走出去”海外战略的逐步实施及市场份额的提升，公司点多面广、产高利低、资金密集的特征，对财务管理提出更高要求，加快财务的信息化建设显得尤为紧迫。来自公司年报显示，2014 年中国铁建全年海外新签合同额达到 1 278.027 亿元，同比增长 59.74%；其中，尼日利亚沿海铁路就达 807.79 亿元，占比三分之二。

三、中国铁建财务共享服务中心的建设与运营

（一）财务共享服务中心的组织定位

1. 财务人员转型后的职能结构

财务共享服务中心的建立，势必会带来企业的财务管理组织架构发生巨大的变化。中国铁建实施财务共享以后，逐步形成了面向集团/工程公司的战略财务管理、面向工程项目的业务财务管理、负责会计基础工作的共享服务中心、负责搭建外部银行桥梁关系及企业内部资金融通的财务公司四类财务职能机构。

2. 财务共享服务中心与其他部门之间的关系

中国铁建财务共享服务中心定位为加强集团财务管控的支持部门，业务受集团公司财务部指导，负责会计核算、标准报表编制等工作。虽然在此模式下，财务共享服务中心与资金中心、预算中心等财务部门的领导同为一人，共享服务中心部门层级较低，如需获取高层领导的支持，中间环节较多，流程较长。但此模式有利于财务共享工作的整体推进和协调。特别是建设初期，因财务会计核算方式的改变会对企业员工及财务部的会计业务处理效率产生一定影响，目前的这种工作组织领导模式则保证了财务核算新旧模式的稳定过渡和财务工作的有序开展。

3. 财务共享服务中心内部机构设置

目前财务共享服务中心内部按职能划分为六个科室，分别为资产费用科、收入成本科、总账报表科、资金结算科、票据归档科、运营管理科。不同科室所涉及的工作职责也不一样。例如，资产费用组，主要是对员工借款单、报销类单据进行审核；收入成本科负责收入核算、材料核算等。实行专业化分工以后，每个

审核会计每天 8 小时的工作时间只处理同一类业务单据，因此处理效率是传统财务人员处理效率的 5 倍。通过专业化分工以后，实现了按专业科室集中审核同类单据，保证了该类业务处理的标准化，使企业的制度得到有效的落实。

4. 财务共享服务中心组织建设的未来规划

中国铁建未来几年财务共享服务中心组织建设的初步规划分三步进行。第一步，财务共享服务中心为内部职能部门，负责内部会计核算业务的集中处理；第二步，成为内部运营责任主体，根据协议，对内部客户进行服务，且执行结算标准；第三步，成为独立运营责任主体，除了为内部客户提供服务，还将参与外部市场竞争，提供对外服务。

（二）财务共享服务中心的业务范围

目前，财务共享服务中心主要负责会计职能中的业务执行领域，提供会计核算、资金结算、报表编制、档案管理等基础会计核算业务。随着财务共享服务中心运营管理的不断成熟，在未来推广阶段，财务共享服务中心的业务将逐步涵盖资产管理、应收应付、税务管理、海外核算业务，以及管理会计分析工作等业务范围，未来财务共享服务中心的建设目标将逐步升级为企业的财务信息数据处理中心。

（三）财务共享服务中心的建设过程与运营管理

1. 指导思想

建设之初，中国铁建财务共享服务中心建设的整体指导思想是：按照国资委、股份公司的工作部署，积极应对市场复杂环境，紧密围绕企业发展战略目标，完善财务功能、加强财务管理、调整财务策略、提升财务能力、加快财务转型，在积极推动降本增效、持续创新财务管理、深入推进流程再造、全面建设内控体系、有效加强资金管理、积极创新运行监测等方面推进共享服务中心建设，实现财务管理水平的不断提高。

2. 实施阶段

在具体实施上，中国铁建实施方法遵循“顶层设计、试点先行、逐步完善、集团推广”的原则，通过统一规划，少走弯路，逐步积累经验，稳步推进。实施节点分如下三个阶段。

（1）筹备期。2012 年 6 月 15 日，启动财务共享服务中心调研工作。调研期间，财务部项目组成员参观了数家财务共享服务中心，并多次邀请相关专家来中国铁建进行共享服务理念宣贯和建设经验交流分享。

（2）试点期。2013 年 1 月至 8 月，启动中铁 15 局、17 局、18 局和 20 局共享服务中心的试点工作。该阶段的工作，无论是在营造改革创新理念的氛围上，还是在业务流程的梳理与再造上，或者在财务共享服务中心的人才选拔和储备上，为全集团公司的推广探索方法和积累经验。

（3）推广期。2013 年 9 月至今，已经完成十二个共享中心的建设。中国铁建在业务统一规划、信息系统全国大集中建设、共享中心及人员分部管理的模式下，已经完成十二个集团层面共享中心建设，报账用户近 17 万人，全国大约有 7 000 个项目纳入共享服务中心，涵盖铁路、公路、水利、矿山、房建、地铁等领域。中心以 700 名员工完成以前分散在 7 000 多名财务人员手中的会计核算工作。2015 年预计将完成 500 万笔的经济业务核算。

3. 运营管理

中国铁建共享服务中心运营管理体系包括组织及绩效管理、标准化管理、流程管理、质量管理、时效管理、培训管理、服务管理、现场（5S）管理等体系。具体如下。

- 组织及绩效管理建立了科学合理的内部组织架构、岗位职责、考评标准、汇报制度。中国铁建财务共享服务中心遵循“业务归并、协作高效、人员均衡、跨度合理”的原则设置科室，并持续优化内部管理。
- 标准化管理按照“文件化、动态化、系统化、效率化”的原则，建立流程管理规范、作业管理规范及文档管理规范等标准化框架。中国铁建财务共享服务中心通过统一制定、实施、发布标准和程序，消除重复业务，持续提升财务共享服务中心的工作效率和服务水平，满足风险控制和生产经营的需要。
- 流程管理的对象主要包括各经济业务流程、运营管理流程及其相应标准化文档，中国铁建共享服务中心通过设计、优化、执行、固化、再优化的方式，采用文本化、表单化等手段，吸收整合、总结提炼业务流程，形成标准化、专业化的流程制度体系，用以指导业务操作。

- 质量管理以提高业务质量为目的，通过开展质量宣贯、培训、主题活动等形式，强化质量意识。中国铁建财务共享服务中心通过交叉稽核、定期轮岗、工序性检测、分析性检测等手段，加强质量控制；共享中心定期向股份公司提交质量报告。
- 时效管理以提升共享中心作业效率为目的，采用科学的统计分析方法，定量分析每个作业环节所耗用的时间及单据积压的情况。中国铁建财务共享服务中心从处理流程、软件平台、员工素质、业务量、业务管理等多个方面确定作业时效的"瓶颈"，并定期发布时效报表和单据库存报表，保证共享中心业务的高效运行。
- 培训管理主要包括专业知识培训、岗位技能培训、业务制度培训、管理制度培训、通用技能培训及职业素质培训。中国铁建财务共享服务中心采用内训与外训相结合、专业与非专业知识相结合的方式，通过建立知识库、打造人才池等手段，全面提升员工的业务技能，保障共享中心可持续发展。
- 服务管理以提升客户满意度为目的，以加强服务管控为导向，中国铁建共享服务中心建立了首问责任、客户沟通、咨询规范、案例总结、双向测评等机制，设定综合指标、时效指标、质量指标、满意度指标等关键运营指标并开展测评，实现"答复准确、内容详细、依据充分、口径统一"的工作目标。
- 现场（5S）管理以创造整洁有序、科学简约的办公环境为目的。中国铁建财务共享服务中心成立现场管理小组，制定用品摆放、清洁清扫、员工素养、仪容仪表等管理标准，培养员工良好的工作习惯，提高工作效率，树立良好的外部形象。

中国铁建财务共享服务中心通过运营管理指标的实施，充分利用现有资源，建立自我完善的运行机制，形成集合协同优势，提高了整体效率和质量，也为全面提升企业财务管理能力提供有力支撑。

4. 未来规划

2015—2017 年，在第一阶段试点的基础上，加快推进财务共享服务中心的建设，完成所有工程板块的财务共享服务中心建设。配套建设的全面预算系统、资金管理系统、财务分析预警系统基本到位，并开始进行财务业务一体化的建设，尝试商旅共享、法务共享、人事共享、IT 共享，使更多的业务流、票据流、信息流加速向财务共享服务中心聚集。财务共享服务中心运转趋向成熟，对企业管理的支撑能力逐步凸显。

2018—2020 年，完成非工程板块和海外单位的财务共享服务中心建设，进一步完善财务共享服务中心的组织体系、管理体系和业务体系，并将集团公司的财务共享服务中心进一步整合为一个或几个全国性甚至全球性的财务共享服务中心，基本完成传统财务管理模式的改造，彻底解决工程项目财务管理分散、管理粗放的问题。

（四）财务共享服务中心的实施效果

总体来看，通过建立财务共享服务中心，中国铁建将 80%的低附加值的工作集中到了 20%的人员手中，使大量财务人员从琐碎、繁重的日常业务工作中解放出来，从事企业战略的制定和推进、为高层领导提供高价值的决策支持、负责项目责任成本管理、税务筹划与风险控制、成本与财务分析、业务实际与财务反映动态监控及辅助决策等工作，实现了财务队伍从传统的核算型财务向先进的业务财务、战略财务方向发展，大大提升财务队伍的战斗能力。具体来看，其建设财务共享服务中心后取得的成效及效果集中体现在以下几个方面。

1. 实现了会计业务的集中处理

中国铁建各下属单位在“同一平台、同一制度、同一标准”下进行核算，改变了因政策理解有偏差、制度执行不统一、人员素质不均衡带来的问题。例如，股份公司借助财务共享服务中心，建立了统一的科目体系，设置了 4 500 个会计科目，核算明细达 8 个级次；编写了集团统一的作业指导书，在集团范围内推行统一的审批流程、统一的审批权限、统一的审核标准，为会计业务处理的标准化、统一化奠定了基础。通过成立财务共享服务中心，所有单位的会计核算质量都得到了明显的提升。

2. 实现了资金的集中管理与支付，资金存量与使用效率大幅提升

通过财务共享服务中心，中国铁建将所有银行账户的控制权都上收到法人总部，在法人总部设立专职岗位实施对资金的统一调度、管理、运用和监控，及时将项目资金进行上划归集。通过上收项目部出纳权限，有效解决了建筑行业分散

经营模式下的资金集中管理难题，为资金集中管理搭建了平台。项目资金统一按规定的流程和标准支付，不合规款项和手续不完备事项的支付将被财务共享服务中心审核拒绝，一方面规避了审计风险和法律风险，另一方面试点单位报表反映期末货币资金存量环比、同比皆有大幅增加。为下一步法人机关与业主直接结算和收支两条线管理提供了有效载体。

3. 创新内控管理制度，业务流程得到固化

实施共享以后，审批方式由以前的线下“面对面”，转为线上的“背靠背”。财务共享服务中心的审核人由系统随机确定，一定程度上减少了审批环节中的人为感情因素影响，保证了事项审核与审批的客观公正性。另外，所有项目的每一笔业务、每一分钱的支出都需要经过财务共享服务中心审核，这样可以杜绝项目成本费用的无预算支出、无合同支出、不按规定支出、超计价支付等情况发生。例如，财务共享服务中心严格执行“三无两超”拨款的禁令。在审核付款类单据时，核对项目科目余额表；审核对下计价单时，查看项目合同台账，有效遏制超合同、超计价支付现象，账面超拨款也明显下降。

4. 有效搭建了企业风险管理的“四道防线”

通过财务共享服务中心，中国铁建将原本相对独立、分散的项目管理整合在统一平台上，各级管理者全部在线审批，在局集团、工程公司、财务共享服务中心和项目部四个主体之间形成“四道防线”的财务内控机制。如中国铁建青岛地铁项目，财务共享服务中心成立前，所有的资金内控都是在青岛当地，由会计和出纳共同完成；财务共享服务中心成立后，每笔业务只有北京和青岛两地同时操作后才能对外支付，大大提升了内部控制的力度。

5. 优化了财务队伍结构

由于子公司的财务信息统一由财务共享服务中心处理，可以使企业的管理人员从繁杂的非核心业务工作中解放出来，将更多精力集中在公司的核心业务上，从而更好地为公司创造价值。由于财务共享服务中心汇聚了更多的高素质财务管理方面的专业人员，对国家相关法规政策理解更到位，因此更能防御监管风险。例如，部分二级局集团在成立财务共享服务中心之后，将财务的组织机构进行了重新调整。原先的七个科调整为现在的四个科，分别是预算管理科、财务管理科、税务管理科和资产管理科，主要侧重于发挥财务管理职能。基础的会计工作全部移交给财务共享服务中心处理，并在财务部新设了总分析师，利用共享平台的数据，开展财务分析工作，为集团决策层提供高质量的财务分析报告。

6. 规范增值税票据管理，为“营改增”工作做好准备

建筑业预计将在 2016 年下半年开始实行营改增，如何对中国铁建点多面广的 10 000 多个项目部加强增值税进项发票管理显得尤为重要。为此，中国铁建积极探索增值税发票管理体系。通过增值税业务的流程设计并结合系统实施，将实现法人对项目增值税发票的全过程管理、远程管理、网络化管理，防止出现发票作假、发票错误、发票丢失、发票过期未抵扣等情况，法人单位可实时掌握进、销项税情况，便于整体税务筹划。

7. 成为国内少数与财务公司实现互联互通的财务系统

总结行业内的经验，中国铁建开发了“财企直联”系统，主要解决财务共享服务中心系统与财务公司核心系统互联互通、电子结算的问题，同时也帮助财务公司进一步推动资金集中工作。该系统的设计和开发，参照了商业银行系统的设计模式和安全机制，使用了企业 CA 认证、VPN 加密、前置机、IP 和 MAC 地址绑定等多种安全手段，确保资金交易的绝对安全。财企直联系统上线后，逐步引导非监管资金结算全部通过财务公司进行处理，使财务公司成为企业和银行之间的中间结算平台，强化了股份公司对资金流的掌控力度。该接口平台的上线，标志着中国铁建的会计业务和资金业务形成一个有机的整体，能够帮助财务公司合理安排资金头寸、提供资金需求事前预警、降低备付资金额度、提高资金同业收益。该接口平台在国内同类应用中已处于前列。

（五）财务共享系统建设创新

利用本次财务共享中心建设契机，中国铁建对财务信息系统进行了重新规划。利用先进的互联网技术，建立了跨局集团的软件大集中、数据大集中的财务系统框架。在短短半年时间里，中国铁建用远低于其他行业的成本，建立了中国建筑行业第一家财务共享服务中心。在系统建设过程中，实现了如下创新。

1. 建立了基于中国电信云平台的中国铁建财务数据中心

由于影像系统的使用，对网络带宽、服务器、网络设备的性能、人员技术水平都提出了更高的要求。每个局集团如自建机房，投资将在 600 万元以上（年折旧最低 120 万），而且每年还需 200 万元左右（含电费、网费、维修费、工资）的维护费用。那么，12 个局集团的一次性投入将高达 7 200 万元以上（600 万×12），每年维护费用将高达 2 400 万元（200 万×12）。

为了有效降低成本，中国铁建与中国电信云公司、中国电信系统集成公司合作，一方面以租赁方式替代一次性采购，将每年 320 万元（年折旧费用 120 万元、维护费用 200 万元）的投入降低到 100 万元；另一方面利用电信的技术、设备、专家建立了中国铁建财务数据中心，将分散在全国 10 多个机房的系统整合到一起，为 2020 年的全国大集中打下了坚实的基础。

2. 开发了国内第一个云技术化的财务系统，为实现跨局集团的财务数据大集中奠定坚实的基础

由于财务共享服务平台的数据库结构非常复杂，而且跨局集团的财务数据大集中后，数据量非常大，全系统核算单位将达到 13 600 多个，未来使用人员将达到 24 万人，年数据增长量将达到 1TB，这将远远超出普通财务系统承载的范围。

中国铁建要求软件开发商使用云计算、大数据、分布式、缓存处理等互联网技术对财务系统进行改造，建设了中国第一个云技术化的财务系统，实现了跨局集团的财务数据大集中，为中国铁建财务政策大统一提供了有力的抓手。

3. 成为国内第一个使用国产数据库的财务软件

棱镜门事件后，国家政府为了信息安全，开始逐步推行去除国外信息软件和设备。为了提高数据安全性，进一步降低财务共享服务中心的建设成本，也为了给实现全国数据大集中奠定基础，中国铁建会同软件公司经过半年的研发，用达梦数据库替代了国外数据库。期间使用了很多先进的数据库技术，将数据库投入成本降到了最低。

四、中国铁建财务共享服务中心的经验分享与启示

（一）传统行业也可以实现财务共享

传统观念认为，制造业的工厂、勘探业、信息化程度较低的施工企业不适合

建设财务共享服务中心。因此，财务共享服务中心一直是电信行业、金融行业、保险行业的专利，以ERP为代表的信息化投资已高达亿元以上。但通过中国铁建的实践，发现建筑行业项目核算单位较小、业务单一、成本类业务笔数少、费用和支付类业务笔数多等特点，只要建立简单的网络报账平台，就能够建立一个快速、低成本的财务共享服务中心，而且能够达到更好的集中管控效果。

（二）企业参与信息系统设计和建设

利用财务共享服务中心建设契机，中国铁建对财务信息系统进行了重新规划，并参与了软件公司的研发过程，利用先进的互联网技术，建立了跨局集团的软件大集中、数据大集中的财务系统框架。将以往的财务系统组合为六大系统，分别是报表系统、资金系统、全面预算系统、财务分析预警系统、报账系统和影像系统。其中，核算系统、报账系统、影像系统是财务共享的核心应用系统。在短短半年时间，中国铁建公司利用低于其他行业一半的成本，建立了中国建筑行业第一家财务共享服务中心。

（三）与自身行业特征紧密结合

中国铁建作为中国最具实力、最具规模的大型综合建设集团之一，无论从企业性质还是业务范围，都是我国建筑行业的典型代表企业，其财务共享服务中心的建设有着鲜明的行业特色。从中国铁建自身业务特征来看，其项目核算单位较小、业务单一、成本类业务笔数少，但费用和支付类业务笔数多。虽然建立财务共享在我国已经成功的经验集中在电信、银行、保险行业，但是中国铁建还是从财务共享本身的适用范围和原理出发，找到了自身实现共享的必备条件，并且还建立了一个快速、低成本的财务共享服务中心，迅速达到集中管控效果。

（四）先局部后整体的发展模式

根据中国铁建自身的业务单元各自独立性很强，以及每个业务单元会计核算单一、重复性强、具有规模效应的特征，同时从简化沟通的难度出发，该公司采用了先局部再整体的共享发展模式。这些值得像中交集团、中国建筑、路桥控股等类似的建筑行业实施财务共享服务中心时进行借鉴。

第十五章

四川长虹以业务驱动价值管理的财务共享服务中心建设

一、四川长虹简介

四川长虹电子集团有限公司（简称四川长虹）创立于1958年，从军工立业、彩电兴业开始起步，产业拓展至黑电、白电、通信、服务、零部件、军工等多种门类，现已成为集军工、消费电子、核心器件研发与制造为一体的综合型跨国企业集团，并正向具有全球竞争力的信息家电内容与服务提供商挺进。

公司经营范围涵盖家用电器、电子产品及零配件、通信设备、计算机及其他电子设备、电子电工机械专用设备、电器机械及器材、电池系列产品、电子医疗产品、电力设备、数字监控产品、金属制品、仪器仪表、文化及办公用机械、文教体育用品、家具、橱柜及燃气具的制造、销售与维修；房屋及设备租赁；包装产品及技术服务；公路运输，仓储及装卸搬运；电子商务；软件开发、销售与服务；企业管理咨询与服务；高科技项目投资及国家允许的其他投资业务；房地产开发经营；废弃电器、电子产品回收及处理。

公司产业发展经历了从机会驱动到战略驱动，进而向创新驱动发展转变，期间共经历了三个大的发展阶段。

（1）机会驱动阶段：把握经济体制改革、市场经济发展的机遇，通过对外开放、技术引进的模式，强调快速反应，在20世纪90年代曾经实现连续三年全国电子百强第一名。

（2）战略驱动阶段：2004年长虹提出“三坐标”发展战略，围绕产业价值链、产业结构、商业模式进行调整。组织架构上转变为相关多元化的“联合舰队”模式。公司销售额虽然连年以超过20%的速度增长，但是依然面临三个坎：高科技行业与低附加值、规模化产业与精细化管理、品牌知名度与较低美誉度。

（3）创新驱动阶段：从追求量的增长向增长的良性可持续转变。2011年，四川长虹提出“智能战略”，构造基于连接，以人为核心，以数据为基础的面向家庭物联网的新型商业模式。内聚活力、外集人气，以智能化、网络化、协同化为方向，全面实施战略转型。

二、四川长虹财务共享服务中心建设的背景

（一）行业背景

中国自20世纪70年代末开始通过早期的技术引进来发展自己的家电制造业从而进入家电领域，主要是为了满足国内日益增长的国内消费者对家电产品的需要。但随着中国经济的发展，特别是在改革开放与招商引资政策的刺激下，进入家电行业的企业不断增多。从20世纪90年代中期到21世纪初，中国家电产量飞速增长，家电行业系统配套能力和企业规模不断增强，家电产能也不断增长，中国逐步成为世界最大的家电生产制造基地。

但是，整个行业的产能已经远大于国内市场的需求量，特别是欧美、日韩等品牌也在纷纷加强力度抢占国内市场，更使得国内家电企业产能严重过剩，市场竞争十分激烈，家电价格迅速走低。2000年彩电的行业平均利润仅为2%。企业利润大幅缩减，甚至部分企业如厦华、科龙、创维等出现亏损。国内市场竞争格局基本形成，市场可利用的发展空间有限，行业企业发展遇到了瓶颈。而这时中国家电企业认识到只有大力拓展海外市场，充分发挥产能和产品成本优势，并通过企业国际化之路抢占国外市场资源、参与国际竞争，提高自身的能力，企业才能不断地发展壮大。

在扩展海外市场的同时，家电企业也开始尝试多元化发展。很多家电企业从专门的家电研发、制造、销售，拓展到通信设备、IT设备、物流、影音产品，甚至地产、投资公司等，力求通过多产业、多产品的方式保证公司整体的长远发展。

在行业快速发展变化的背景下，企业自身的经营管理体系面临巨大挑战：在

管控、信息、风险、资源等方面公司战略怎样才能执行到位？面对众多业务单元如何管控？各业务单元如何步调一致实现目标？如何确保信息能够及时、准确、有效、完整地收集和传递？如何有效控制和防范集团公司不断增长的经营风险和财务风险？如何有效配置资源，并不断优化和提升资源使用效率、效益？

在前有业务快速发展、后有企业盈利的双向需求下，企业财务人员也开始思考转变财务管理模式，能够更快、更好、更高效地为企业提供财务服务，在满足业务快速发展的前提下，能够降低经营成本、管控财务风险。

（二）企业集团自身内在需求

在集团经营管理快速发展变化的背景下，四川长虹公司呈现出以下特点。

1. 产业门类多

公司产业从 20 世纪的军工和彩电，逐步拓展到黑色家电、白色家电、IT 通信、部品部件、房地产业等八大产业，产业门类和产品线大幅增多。

2. 发展变化快

公司实施多元化经营以后，销售收入等指标从 2004 年开始大幅增长。为了适应新的经营环境，公司管理体制也发生了重大变革，从传统的经营管控，调整为战略管控，将经营职能及权限下放到各产业公司，以产品为主线明晰责权利，实施授权经营。

3. 机构分布广

通过并购、新设等方式，集团下辖 100 多家子公司和孙子公司、200 多家销售分公司和驻外办事处。除南极洲外，集团的子公司和办事处遍布全球其他六大洲，分布广泛。

4. 财务面临极大挑战

面对业务规模的扩大、市场的国际化及企业业务的多元化，集团财务工作也面临了前所未有的挑战：第一，会计核算工作量越来越大，需要大量的人力物力来支持；第二，传统的企业信息系统已经不能支持业务的快速发展，上线新的 ERP 和更先进的财务系统迫在眉睫；第三，国际化业务的拓展，跨区域、跨国家的业务差异给传统的财务核算带来更高的要求；第四，多业务并举，要求企业财务人员熟悉多业务的会计政策、财务管理模式。

三、四川长虹财务共享服务中心的建设与运营

（一）财务共享服务中心的组织定位

四川长虹财务共享服务中心建立之初主要定位于整个集团标准、大量、重复的会计核算业务处理，令财务交易处理形成规模经济效益，服务于集团各个层面，强调风险管控与效率提升。在建设期结束后，公司又在原定位基础上增加核算管理、风险管理与咨询服务三个方向：核算管理是将原来的标准、集中会计核算提升到流程制度的梳理、科目常态化管理；风险管理是从原来的标准服务到主动风险揭示，强化风险管控；咨询服务是从原来的低端核算服务拓展到高端咨询服务。

最初，四川长虹设定启动财务共享时，就将整个财务组织体系规划设计为共享财务、业务财务、专业财务三个层级。其中，专业财务侧重于整个集团的税务政策与筹划、投融资、内部审计与风险控制、财务管理等工作，对公司整体的资金、资本资源集中管控，实现专业财务更专业。子公司业务财务主要侧重于与具体产业的业务发展息息相关的经营计划和预算、业务模式和分析、成本管理等工作，实现业务财务更贴近。而共享财务负责整个集团标准的、大量重复的会计核算业务，使财务交易处理形成规模经济效益，服务于集团的各个层面，实现共享财务更专注。

（二）财务共享服务中心的业务范围

四川长虹从自身业务特点出发来确定财务共享服务中心的业务范围。初期财务共享服务的业务范围主要包括应收业务、应付业务、费用报销、资金结算、操作税务、法定报表、对账业务、档案管理、其他核算业务等基础业务，以及决策信息支撑与风险预警等管理支持业务。未来还将对内进一步开展管理咨询、流程再造、数据挖掘等业务，对外则基于四川长虹财务服务及财务管理的先进实践孵化产品并进行市场推广。

（三）财务共享服务中心的建设过程

2000 年，四川长虹取消各产品单元财务核算部门，改由总公司统一核算，并设立了财务管理平台，实现集团控管信息化。

2005 年，实现财务管理与服务职能分离，分别设立财务管理中心与财务服务中心，财务服务中心为部分子公司提供核算服务。

2008 年，成立财务共享服务中心，开展市场化操作，同时为外部企业提供财务共享服务咨询。

2009 年，财务共享服务中心进行深化改革，从流程梳理、操作手册拟制和交接管理等方面进行内部标准化设计，并协同信息管理部门完成两大平台（ERP 平台和 WEB 平台）、三大系统（ERP 核心系统、财务协作系统和业务协作系统）的信息化体系建设。

2011 年年底，以市场化的模式与客户建立关系，向客户收取共享服务费和咨询费用，实现了模拟独立运营。

（四）财务共享服务中心的建设要点

1. 循序渐进推进

在整体实施过程中，四川长虹根据共享单位业务的难易程度，先易后难，获取示范效应；选取典型，积累实施经验。具体步骤包括：① 先选取费用报销、应收业务、应付业务、档案管理，再共享推广到资金结算、操作税务、法定报表、对账业务、其他核算业务；② 先选取传统制造业务，再共享推广到现代服务业、房地产业；③ 先选取本地子公司业务，再共享推广到异地子公司业务；④ 先选取国内子公司业务，再共享推广到国外子公司业务。

2. 注重流程和制度标准化工作

四川长虹在创建财务共享服务中心之初就非常关注流程、制度的标准化建设工作，设立专门的机构、专门的人员负责对制度与流程的标准化梳理与建设。具体包括：① 界定共享服务界面问题，明确业务和财务部门处理界面，制定流程清单，细化业务流程；② 梳理业务流程，展开业务调研，分析业务类型，制定业务流程，细化流程节点，明确输入输出标准，制定操作手册，落实风险控制点；③ 确定核心财务处理平台与协作平台，将业务制度与财务制度内嵌到业务标准与流程中去，同时推动参与不同层面信息系统建设，构建集成的业务、财务处理平台，并对系统不断完善与迭代；④ 强化人员培训机制，通过流程标准化设置核算岗位，输出岗位职责与岗位说明书，配备业务操作手册帮助精准业务处理。

3. 加强沟通协调

在建设过程中，财务共享服务中心不断通过沟通使得共享服务理念在集团内部深入人心，推动集团各级管理层以开放和宽容的态度面对实施过程中的诸多问题。一方面是继续努力寻求领导一如既往的支持，同时不断弥合与业务部门之间存在的分歧，细化承诺事项，不增加成本、不增加业务难度；另一方面是继续深化财务共享服务中心的职能，明确服务标准，强化服务意识；最后推动财务架构调整的进程，强化专业财务与业务财务的职责分离。

（五）财务共享服务中心的运营要点

1. 加强业务培训

通过经验沉淀、业务处理积累、信息化建设手段，针对新人、轮换、晋升等情况创新建设了用户体验式培训平台，每类员工在平台上可以通过模块进行学习提升、技能提升、素质提升。

2. 提升工作效率

通过搭建会计工厂管理模式，调动员工工作激情，鼓励员工主动抢单，实现多劳多得，达到提升工作效率的目的。

3. 信息系统持续优化

通过搭建会计服务管理系统管理平台，将待处理任务可量化、业务处理过程显性化、处理结果可评价。

4. 员工激励与晋升

通过业务分类、岗位分层、薪酬分级的分层管理方式实现“去人化”。以加快信息化建设为抓手，将手工业务逐步转为业务驱动的自动化；以创建员工晋升通道为抓手，激励员工自我提升、自我创新。

5. 提供工作计划性

通过对员工实施计划管理，明确年度工作目标、阶段性目标，并对目标按季度、月度详细分解，输出相应举措、量化指标；相应上级领导按期组织检查、指导、协调，帮助员工实现计划，提高工作质量与效率。

6. **加强服务质量监控**

通过建立常态服务质量管理机制，以月度质量报告为基础，以服务零投诉为目标，在事前、事中、事后都进行有效管理，提升服务质量。

（六）财务共享服务中心的实施效果

1. **实现有效内部管控**

伴随财务共享平台的建立和财务管理制度体系的梳理、执行和监控的实施，四川长虹在风险控制方面形成了事前、事中、事后的有效监管体系。财务共享服务中心通过制定统一的交易规则和标准化业务流程，将控制点嵌入流程并固化至信息系统中，有效地控制了公司不断增长的战略、财务、经营等其他各种风险，从而实现有效的内部管控。

2. **为集团公司绩效考核提供实时、可比信息**

财务共享服务中心能够为集团各事业部、子公司提供经营业绩指标，并且由于其处于相对独立的第三方的角色定位，所提供的各项经营指标更为客观、真实、可比，从而为集团公司绩效考核提供了实时、可比的信息。

3. **提升财务处理效率**

通过实施财务共享服务中心建设，四川长虹各个子公司的会计核算全部集中于财务共享服务中心，规模化效应与流水线式作业模式，使人力资源成本得到高度节约，核算难度大大降低，员工入职标准也随之降低。

截至2013年，已经实施财务共享的子公司对比2009年而言，业绩增长150%，财务人员数量下降 10.35%，业务自动化程度提升 125%，会计业务处理差错率降低 900%。通过实施财务共享服务中心体系建设，确保了财务与业务之间实时、准确、有效、完整的信息收集和传递。如今，长虹 80%以上的会计凭证是由业务驱动系统自动生成，日付款结算量超过 2 000 笔以上，财务核算的时效性与准确性也得到极大提升。同时，四川长虹管理报表数据从次月的 25 号左右、提前到次月的 10 号左右，确保召开经营分析会议、做出经营分析决策更为及时。

4. **助推财务管理价值最大化**

四川长虹财务共享服务中心成立后，子公司财务部门可以将更多精力投入到战略寻源、业务模式评估、供应商（或客户）评价体系建设、成本管理等高附加值的工作上。集团总部财务人员则扮演着经营建议与财务资源保障者的角色，负责业务决策支持、定期报告、资产存货有效性管理、保险管理、资金计划管理、筹融资、外汇风险管理、往来与应收信用管理、税企关系维护、税收政策解读、税务风险管理、重大事项涉税分析与筹划等工作。

以采购模块业务创新为例，四川长虹在 2009 年提出供应商在其库房保有一定水平的寄售实物存量，四川长虹领用后以定日付款进行付款结算的管理模式。新型的供应商关系管理模式保证了供应商的生产连续和收款及时，四川长虹则借助该模式将库存压力分解，实现从价值 20 多亿元库存存量减少至 2 亿元左右，仅节约资金占用成本就超过了 1 亿元。

5. 提高资金管理效率

在资金管理方面，通过开发银企互联系统、实施银行自动归集项目，推动子公司完成对下属分、子公司资金的二级实时归集，提高了资金利用效率，同时对子公司资金限额进行管理，降低了子公司的无效资金存量。实现资金归集后，四川长虹财务部门通过有效的资金运营，仅 2011 年度，就锁定汇兑收益 3.2 亿元，实现了财务费用最小化。在税收筹划方面，积极创新业务模式或交易构架，以适用政策争取税收优惠最大化；通过与税务机关间进行深度专业沟通，使公司获得特殊税收事项认定，合理利用税收政策优惠，节约大量税收成本。

四、四川长虹财务共享服务中心的经验分享与启示

（一）自建财务共享服务中心并输出管理成果

四川长虹财务共享服务中心的特色体现在：其不仅发挥了财务共享服务中心在加强集团公司管控、降低成本等方面的传统优势，更为重要的是，财务共享服务中心本身通过推动管理成果输出、财税架构设计、财务管理咨询实现财务共享服务本身的增值服务。例如，在对外管理咨询方面，长虹共享服务中心先后向泸州老窖提供财务管理转型与财务共享咨询服务、向宜宾五粮液提供企业信息化规划与实施咨询服务、向峨眉旅游提供企业内部控制管理咨询服务。在财务经营实施方面，已经在迪拜及我国香港、深圳前海、上海自贸区成立贸易公司和融资租

赁公司，通过实施转口贸易和融资租赁业务，充分利用当地优惠政策，获取财务收益，实现价值增值。

（二）突出类型广泛的增值服务

在传统服务的基础上，四川长虹财务共享服务中心还提供类型广泛的增值服务，举例如下：

（1）后勤保障服务，即对泛虹系子公司各驻外营销系统的公共关系维护、办公场所协同、后勤服务及资产的管理和优化处置等。

（2）企业管理咨询，即设计和实施管理咨询解决方案，包括集团整体财务管理模式与架构设计咨询服务、业务模块的财务管理方案、核算体系咨询服务等。

（3）业务流程咨询，即设计和实施业务流程解决方案，包括业务运营与管理流程设计咨询服务、财务管理控制流程设计咨询服务、财务核算流程设计咨询服务等。

（4）财务信息化建设，借助IT落地和固化再造后的业务流程和各项处理标准，从而提高财务工作质量和效率，提升客户满意度。包括对新建项目的需求调研、充分讨论、反复论证，做到系统架构合理；对优化项目的不断优化，争取功能日臻完善；对成熟项目持续推广，经验共享，提高集团协同效应。

（5）企业数据中心服务，即对集团提供统一的会计科目、开户银行等主数据的创建、维护、归档，进行全生命周期管理，对应收应付等各类业务活动的交易数据进行全程管理，并对业已存在的数据资产进行深度挖掘，提供预警，创造价值。

综上所述，四川长虹财务共享服务中心的典型特色在于其价值增值管理的驱动定位。四川长虹通过实施财务共享服务中心建设，有效地释放了分子公司的业务财务和集团财务，使得这些专业财务人员可以将更多的精力放在战略寻源、业务模式评估、供应商（或客户）评价体系建设、成本管理等高附加值的工作上。集团公司财务则通过业务决策支持、定期报告、资产存货有效性管理、保险管理、资金计划管理、筹融资、外汇风险管理、往来与应收信用管理、税企关系维护、税收政策解读、税务风险管理、重大事项涉税分析与筹划等工作，帮助组织实现增值。而财务共享服务中心本身则从风险管控、客观提供业绩评价指标、对外提供管理咨询服务方面获取财务收益，实现价值增值。这些体现了财务共享服务中心本身从成本中心向价值增值中心的转变。应该说，四川长虹财务共享服务中心在价值增值的管理方面，为其他企业建设财务共享服务中心提供了值得借鉴的经验。

第十六章

新奥集团深入业务前端参与过程支持服务的财务共享

一、新奥集团简介

新奥集团股份有限公司（简称新奥集团）创建于 1989 年，拥有员工 3.5 万余人，总资产超过 945 亿元人民币，300 余家全资、控股公司分布于国内 20 余个省份及亚洲、欧洲、美洲等地区。新奥集团经过持续的战略升级与产业拓展，初步构建了生态与生活两大业务群，以“创新清洁能源，改善生存环境，提高生活品质”为企业使命。

在生态领域，新奥集团从燃气业务起步，经过持续的战略升级与产业拓展，构建了能源分销、能源化工、智能能源、能源工程、环保技术、太阳能源、能源研究院等相关多元产业，为客户提供清洁能源整体解决方案；在生活领域，集团以“新绎”为品牌涉足文化、健康、地产、海洋旅游综合运营等业务，传递全新生活方式和体验。

在新奥集团的产业布局中，新奥能源（股票代码 02688.HK，原新奥燃气）是最先起步、最早成熟起来的板块。新奥能源于 1992 年开始从事城市管道燃气业务，公司在全国 16 个省、直辖市、自治区成功运营 140 余个城市燃气项目，为 1 060 多万居民用户和 47 600 多家工商业用户提供城市燃气及各类清洁能源产品与服务，是国内规模最大的清洁能源分销商之一。

二、新奥集团财务共享服务中心建设的背景

（一）外部环境驱动

随着经济全球化的推进，越来越多的企业集团实施全球化扩张战略，在世界各地建立了分子公司，同时建立了相应的财务组织，使得企业集团财务管理形成了一种分散式的财务核算及管理模式。这种模式不仅效率低下，且成本大幅增加，制约了企业集团发展战略的实施，必将引发一场财务变革。

从国内外诸多大型企业集团的发展实例看，财务共享符合当今的信息化发展潮流。信息技术的广泛应用是现代财务共享服务的基础。ERP 系统在大中型企业得到普遍推广应用。依托信息技术，财务共享服务模式将分散在不同分子公司的共同业务提取出来，放在财务共享服务中心完成，使得几百人在不同的分子公司完成的工作（登记总账等），只需由一个共享服务完成，提高了财务核算的效率。

据国外一项针对首席财务官的调查显示，共享服务是公认的提高财务运转效率的方法。在全球范围内，财务共享服务无论是在深度还是在广度上都得到了充分的应用，且逐步由发达国家走向发展中国家。目前，世界 500 强企业中的大多数已建立了财务共享服务的组织机构，90%的跨国公司在实施共享服务。

（二）企业集团自身发展因素

财务共享服务在新奥集团内部的应用，始于新奥能源。新奥能源于 1992 年开始从事城市管道燃气业务，通过 20 多年的经营实践，其业务不断扩张，分支机构遍地开花，是国内规模最大的清洁能源分销商之一。在集团全面信息化及建立财务共享服务中心以前，各分公司使用的是单机版的财务软件，全部是手工操作录入。会计核算基本上是将传统的纸面记账进行电子化的还原，各自单独进行核算处理后，只把最终数据结果上报总部。于是，各分公司的财务信息如同信息孤岛，无法在集团内实现信息共享，不利于总部进行全局监管。此外，各分公司配置的财务人员素质参差不齐，尤其是在企业快速拓展期，有时一个月就成立几个管理实体、法人公司，对财务人员的需求迅速增加，新上岗财务人员经验较少，难免在核算数据时出现种种偏差，也难以实现财务业务的标准化、规范化操作。

总之，随着新奥集团多元化业务的开展，事业版图在全球市场的迅速扩张，

财务改革势在必行。过去存在的人员增加与处理效率不高并存、客户需求得不到有效满足、经营与管理得不到财务数据支持等诸多问题的解决，都倾向于把各业务单位“分散式”进行的某些重复性业务整合到财务共享服务中心进行集中处理，促使企业将有限的资源和精力专注于自身的核心业务，从而达到整合资源、降低成本、提高效率、保证质量、提高客户满意度的目的。

2005年，新奥集团全面启动信息化建设，引进全球最大的企业ERP系统和商务智能解决方案——德国SAP企业管理系统。全面信息化的启动为集团实现财务共享提供了基础平台，新奥集团财务共享服务中心同时建立，并首先以新奥能源为试点推行财务共享服务，其他机构逐步推开。

三、新奥集团财务共享服务中心的建设与运营

（一）财务共享服务中心的组织定位

在新奥集团统一、立体式的财务系统中，财务共享服务中心是设在集团财务与审计委员会之下，与财务管理部、财务公司同属集团总部的三大财务机构之一。

从现代财务管理的发展趋势上看，企业集团的财务职能划分为业务财务、集团财务、共享财务三部分。业务财务关注流程建设，支持流程中的价值创造，对财务和运营指标及核心业务的重大决策负责；集团财务全面负责企业政策制定和各业务单元的协作整合，处理监管者、股东、金融机构、法律机构、董事会及公众之间的关系，建立公司整体的财务及运营目标并进行监控；共享财务则是通过批量的交易处理实现规模效益，通过透明化的数据管理，监控业务合规，挖掘系统数据信息，为客户提供决策支持、推送账务预警信息，帮助企业构建互联网环境下的内控体系，搭建资源共享平台。

新奥集团财务共享服务中心是集团总部共享平台的重要组成部分，角色定位是会计交易处理平台、会计核算设计和研究平台、财务业务一体化及信息化推广平台、财务系统人才培育平台。

（二）财务共享服务中心的业务范围

目前，新奥集团财务共享服务覆盖新奥能源、智能能源、太阳能源、新绎地产四大产业与集团总部共333个法人公司。

财务共享服务中心服务职能主要体现为对企业业务支持和对财务系统支持两部分。在业务支持方面，为核算共享企业提供专业化、标准化的会计交易处理；提供系统标准要求的财务报表，个性化管理数据查询和专项业务分析等信息；对企业业务咨询问题进行解答，制定新业务系统实现方案，梳理系统风险点，优化系统配置，进行系统集成业务合规性检查。在财务系统支持方面，建立人才储备基地，培养、输送优秀人才，对财务应用系统进行维护和优化，实施财务信息化。

在当前的实践中，财务共享服务中心的核心职能已经开始由业务末端的交易处理逐步向核算规则建立、数据服务及系统应用支持转移，更多地融入业务、服务业务，快速响应业务，提升共享价值。

（三）财务共享服务中心的建设过程

2005 年开始，新奥集团邀请 IBM 公司作为咨询机构和伙伴，帮助企业全面规划和实施信息化建设战略。新奥集团引进 SAP 企业管理系统，以精确的科学化、标准化管理替代传统的管理方式，同时高起点启动共享服务中心建设。当时分支机构遍布全国的新奥能源，其财务业务是较为典型的重复型、标准化业务，最符合共享服务的应用条件。于是，以新奥能源为试点的财务共享服务在集团逐步推开。

1. 集中办公阶段

2005 年 12 月 8 日，新奥集团财务共享服务中心揭牌。变革首先在廊坊本埠的燃气公司中展开。加入共享的除了本埠的燃气公司，还有燃气框架下的各专业公司。初期，当这些企业发生财务业务时，其财务人员便到财务共享服务中心集中办公。由于大家对新系统的操作不熟悉，最初是由集团共享服务中心的专门人员对各分公司上报的业务流程进行统一录入，此时只是集中办公阶段，还不能称为完全意义上的财务共享。

2. 体制整合阶段

财务共享服务中心在最初的建立阶段，并没有统一的核算标准。廊坊地区的燃气公司在整个集团中业务较为全面、有代表性。在以其为试点的初期实践中，部门人员逐渐摸索出一系列可在全集团适用的规律经验，梳理出集团全面信息化及财务共享服务的流程，实现了工作流程的标准化。

3. **正式运行阶段**

2007 年 1 月 6 日，仍是试点先行。SAP 系统在 11 个法人公司中正式上线，集团全面信息化正式上线。财务共享服务的主要内容为会计核算集中式管理，包括总账管理、应收管理、应付管理、费用报销等在内的财务工作中最基础和核心的业务都纳入共享流程。

4. **规范运营阶段**

试点运行成功后，包括财务共享功能模块的 SAP 系统分批分期迅速在集团内推广，财务共享的规模也随之扩大。优化内部流程、完善业务标准、提升处理效率、提高服务质量等一系列内部运营问题成为此阶段共享服务中心关注的焦点。

5. **服务转型阶段**

未来 5 年，传统交易中心的共享服务将逐渐向知识与技能中心进行拓展，从规模效应向知识集中的优势转变。更多地探索客户需求，开展增值服务，集中优势资源与能力，开展财务咨询与运维工作，全面融入业务前端，参与过程支持服务。

（四）财务共享服务中心的前中后台职能划分

新奥集团财务共享服务中心采用“前中后台”的服务模式，明晰专业分工，实现规范管理。

1. **前台客户服务部**

前台客户服务部负责与客户签订服务水平协议，制定客户服务标准及服务流程并监督落实，收集客户需求，跟踪客户问题解决，审定部门内部各项运营及服务方案并监督执行。

2. **中台核算和数据服务部**

中台包括核算服务部及数据服务部。核算服务部主要负责建立并完善核算管理体系，实施标准化财务核算与资金支付，收集分析客户核算需求，解答客户核算咨询问题。数据服务部主要负责提供系统标准化的财务信息，对业务合规性进行监控，对财务账面信息进行分析与监控，为用户提供账务风险预警和管理决策支持。

3. **后台咨询服务部**

后台咨询服务部负责财务信息系统的规划、咨询、推广、优化和运维管理，以及财务信息系统应用能力提升培训的实施。

（五）财务共享服务中心的实施效果

1. **初步实现规模效益，降低成本**

财务共享服务重新定位集团和基层业务单位之间的业务界面和业务关系。通过信息化手段，建立标准的业务流程和专业化的队伍，有效共享资源，消除重复劳动，发挥规模效应。集中核算，减少了会计准则更改的实施成本和SAP的推广成本。

2. **实现财务管理的标准化**

建立财务共享服务中心后，在集团层面制定了标准业务规范，统一核算标准，消除了核算壁垒；统一核算流程和政策，使核算标准化，降低风险；统一核算口径、核算时间，提高核算的及时性和准确性；及时客观地披露会计信息，提升会计信息的可靠性。

3. **强化合规监控，规避风险**

财务共享服务中心通过制定统一的财务核算标准和核算流程，融合规监控于业务处理环节，实现全程可视监控，规避潜在核算风险。

4. **促进财务转型，凸显服务支持职能**

建立财务共享服务中心后，事务性的基础业务由共享服务中心所承接，分子公司财务人员的劳动力得以释放，财务人员开始从烦琐的事务性工作中解脱出来，向业务财务及财务管理决策转型，专注于增强财务的专业管理及对业务的决策支持。

四、新奥集团财务共享服务中心的经验分享

（一）遵从战略，服务业务

新奥集团财务共享服务中心的建立，是集团战略发展布局中的重要一环。通

过财务共享提高财务运作效率和客户满意度，优化、细化财务流程，实时监控分子公司的财务状况和经营成果，从而最终推进企业集团发展战略的实施。如今，新奥集团财务共享服务中心处在由交易处理平台向服务支持平台转变的过程中，正在通过转型拓展增值服务，培育核心能力，共享信息资源，快速响应业务，让财务管理全面融入到企业价值链上的各个环节。

新奥集团财务共享服务中心的建立，随着集团的发展水到渠成。随着企业规模日益扩大、业务类型不断增加，企业分子公司的多个财务机构导致财务效率降低、设备投资重复、内控风险激增等问题，这就需要企业打破旧有管理模式，自上而下实施变革。新奥集团的财务变革从新奥能源开始破题，一经启动便高起点、大规模推开，并顺利运转。这与公司高层对于时代背景的准确把握、对企业发展阶段的清晰认知不无关系。

（二）尊重客户，秉持服务

新奥集团财务共享服务中心始终关注客户需求，每项业务都要和客户签订协议、约定服务标准，保证服务质量。另外，实施共享服务后，财务人员和业务人员原有的沟通被隔离，容易衔接不畅。为加强与客户的沟通，新奥集团财务共享服务中心定期召集各业务单位的精英骨干召开联席会议，收集大家关心的问题，梳理讨论后制订解决方案，使共享服务更加贴近客户需求。

（三）统一基础，多重体验

统一的 ERP 系统是保证共享服务平台顺利搭建的基础，在信息系统支持下，财务共享服务模式可以跨越地理距离的障碍，向其服务对象提供内容广泛的、持续的、反应迅速的服务。新奥集团不仅搭建起了统一的 SAP 系统平台，还可根据客户的需求自由搭配组合不同的功能模块，就如同客人到饭店点菜一样，由客户决定哪些字段数据、财务业务列入“菜单”，按自己的需求“攒”出财务报表。

（四）稳点拓面，全程发力

在新奥集团财务共享服务中心，财务人员不仅要执行传统的会计核算职能，其中一部分熟悉公司业务、职业素养高的人员还要从日常的交易处理延伸到业务链，关注业务链中的每个节点，关注每项影响财务结果的业务操作，随时把异常信息反馈给企业财务，为企业经营决策提供预警信息。财务共享不仅制定统一标准的核算规则，及时响应客户需求，保证服务交付，同时还要挖掘系统数据信息。

通过对数据进行加工与分析，利用 App、邮件信息等网络工具，为区域、产业集团或集团层面提供决策数据信息，充分发挥财务共享服务中心信息资源共享、信息交流平台的职能。

（五）专业传承，良性循环

每年进入新奥集团财务共享服务中心的新聘人员，都要接受集中培训，熟悉企业财务体系，掌握会计核算要领等基本知识。中心还为每位新人配备了专门的指导人，在最初一段时间内关注他的成长情况。对于团队的老成员，中心定期或不定期根据业务发展的情况，组织形式多样的培训，其中包括面授、在线远程教育等。为了有效激励员工，新奥集团实施内部任职资格认证制度，通过考核把员工分级分类管理，实施业务激励，让职工的能力水平直接与薪酬挂钩，从而建立起一支年轻有活力、富有竞争力的和谐团队，为集团培养输送了大批财务人才。

（六）信息基础，理论指导

新奥集团财务共享服务中心的建立，与集团 SAP 系统的全面上线是同步进行的。SAP 系统为财务共享的实现提供了现实基础。在财务共享服务模式下，各分子公司把数据导入系统，做到事前提示、事中控制、事后评价。平台上建立了财务模板，业务数据自动生成有用的财务信息，通过设置让系统自动预警，并利用系统的开放性建立各种功能模块，满足各方不同需求。

五、新奥集团财务共享服务中心实践的启示

（一）财务共享服务的建立切合集团整体发展需要

财务共享服务中心的建立使得财务人员从原来的记账、算账角色逐渐演变成了业务部门的合作伙伴，传统财务人员不断被分化。其中一部分向业务财务及财务管理决策转型。财务共享服务中心的人员构成特点，与目前集团所推行的矩阵式管理结构相适应。所谓“矩阵管理”区别于传统的“直线职能制”组织模式，人员分别来自不同的部门，有着不同技能、不同知识和不同背景，大家为了某个特定的任务（项目）而共同工作。这种管理结构适合结构庞大的跨国企业集团，避免部门间职能相互重叠，又相互隔离，最大限度地发挥人、财、物的效率。

(二)信息技术平台是基础，现代管理理论是指导，互联网工具是手段

大数据、云技术、移动互联技术正在越来越深远地影响着企业的管理变革，这些新技术的发展也将与企业财务管理融合在一起。在新奥集团，一些互联网工具如 ERP,以及网络报销、影像扫描等技术业已成为财务共享服务中心的“标配”，并在此基础上进一步引入了共享作业平台、绩效管理、质量管理等衍生应用。近几年，新技术层出不穷，智能手机、iPad 等移动设备和 3G、4G 网络的广泛使用为移动互联网的深入应用提供了技术可能。今后，基于 App 方式的在线审批、通过移动终端生成数据报表、依托微信企业号进行交互和报账服务等移动互联技术在财务共享上的应用将成为现实。

综上所述，随着新奥集团全球业务的迅速扩张，分散式财务管理模式已渐渐不适应企业集团发展战略的实施，财务共享服务中心应运而生。它降低了集团的核算成本，并建起了一套统一的核算标准流程，提高了核算的及时性、准确性和可靠性，同时规避了核算风险。在提供更加高效、专业、标准的财务核算服务之外，新奥集团财务共享服务的内涵和外延不断拓展。通过在实践中扩大业务核算服务范围、强化财务水平协议管理、建立完善知识共享平台、培育数据管理与应用能力等举措，使财务共享服务中心由交易处理平台转向服务支持平台，由业务末端的交易处理转向融入前端业务流程，在过程中提供专业的服务支持，增强财务的决策支持和管理咨询职能，提升共享价值，成为企业集团的支持中心、咨询中心和能力中心。

第十七章

中国国旅集团财务共享服务中心建设与运营①

一、国旅集团简介

（一）组织架构

中国国旅集团有限公司（简称中国国旅集团）是集旅游服务、有税及免税商品零售及相关项目的投资与管理，旅游综合体及配套设施的开发、改造与经营，旅游产业研究与咨询服务为一体的国务院国资委直接管理的中央大型企业集团公司。中国国旅集团的组织架构如图 17-1 所示。

中国国旅集团的子公司国旅总社和中免集团分别为中国最大的旅行社和免税品公司，中国国旅集团连续十二年稳居全球旅游服务类品牌价值第一名、连续 5 年央企综合财务绩效优秀企业（2014 年排名第一），国旅股份位列央企控股上市公司市值管理第一名。年接待游客超过 1 400 万人次、免税购物人数超过 200 万人次。

---

① 本案例由中国国旅项目团队陈文龙、焦启华、孙川提供，本书作者对案例进行适当修改和调整。

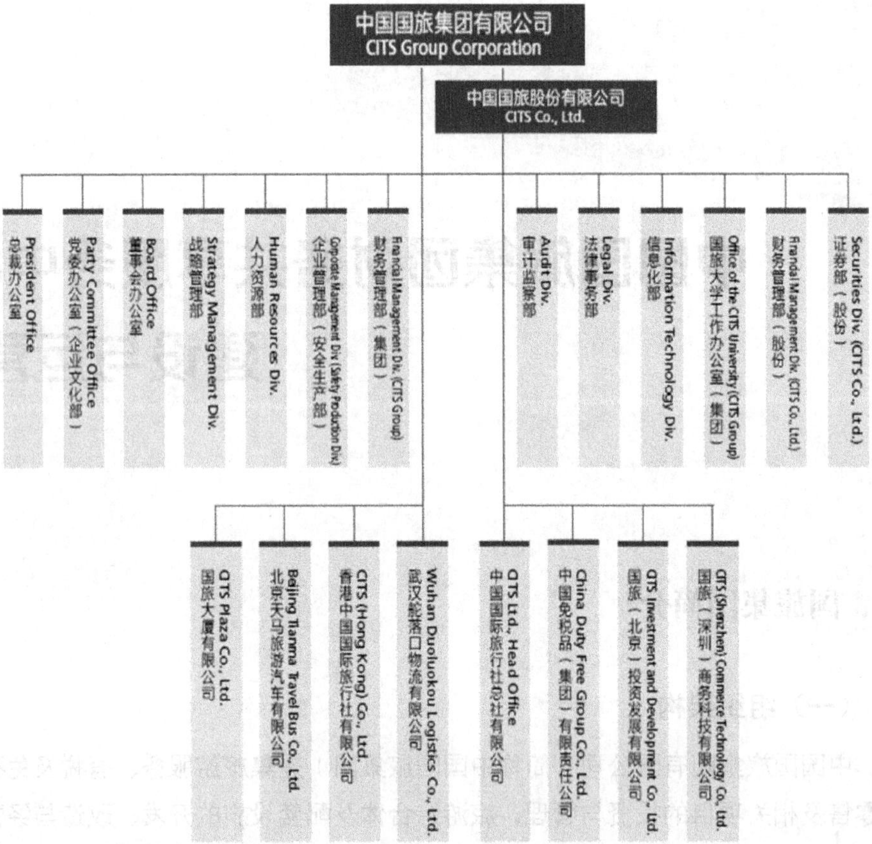

图 17-1　中国国旅集团组织架构

（二）发展历程

1954 年，中国国际旅行社总社正式成立，标志着新中国国际旅游业的诞生。

2003 年，中国国际旅行社总社有限公司（简称国旅总社）和中国免税品集团有限公司（简称中免集团）两家央企实施重组，组建中国国旅集团有限公司。

2008 年，由国旅和华侨城集团发起设立中国国旅股份有限公司（简称股份公司），集团核心主业注入股份公司。

2009 年，股份公司成功登陆 A 股市场，完成首次公开发行上市（IPO），实现了国旅主业整体上市。

（三）信息化建设现状

中国国旅集团在财务系统方面，各级子公司主要使用 NC5 产品，但是没有统一部署，分别部署了 4 套硬件、4 套财务核算软件、4 套报表软件、4 套数据库、3 套资金系统，核算、报表、资金为多个供应商软件。为实现有效的互通互联，财务管理较为分散，信息生成与传递路径长、效率低。

在业务系统方面，国旅总社和中免集团分别使用了多个不同供应商的业务软件。国旅总社的系统主要有：B2B 业务系统、外联系统、地接系统、主数据系统。中免集团的系统主要有：NC5 业务系统、久其报表系统、九恒星资金系统、EOP、WMS、MDM、OPR、ECP、ESB 等。中国国旅集团希望借助财务共享服务中心建设统一信息化平台，实现业务信息与财务信息的集成、共享，具体如图 17-2 所示。

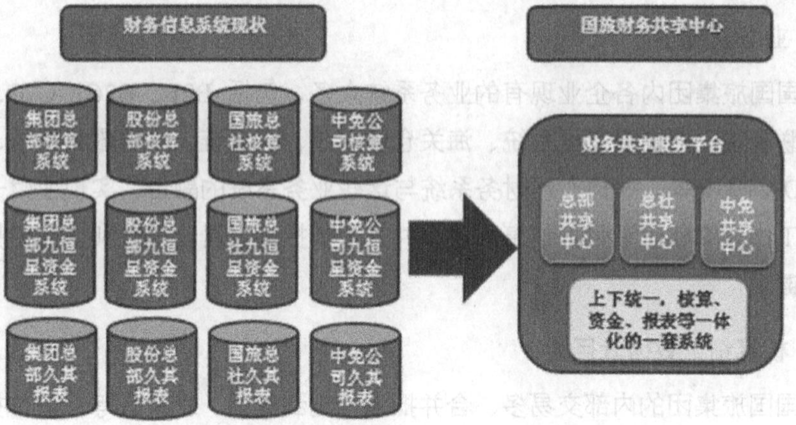

图 17-2　中国国旅集团信息系统向财务共享服务转型

（四）财务管理难点

1. 点多面广

首先是点多，中国国旅集团的下属法人单位特别是子公司和门店众多，各级子公司 250 余户，分公司及门店 1 800 多家。网点的地域分布广，很多单位地处偏僻的边境口岸，为财务管理带来很大困难。其次是业务面广，主营业务有十几种，涵盖线上线下旅行社、签证中心、会展、机车票、有税及免税零售、大卖场、商业地产、旅游客运、景区景点、物业管理、电子商务等。

2. **业务及经营模式灵活多变**

旅游行业面临充分而激烈的市场竞争，业务及经营模式灵活多样，市场变化快。中国国旅集团的管理链条长达五级，各级公司及门店分布在全国各地及全球多个地区。既要保证央企上市公司的各类监管要求及信息的及时性、准确性、完整性，又要适应市场竞争要求为各级子公司充分授权提高市场竞争力，这对财务管理提出了很高的要求。

3. **人员流动大**

近几年，旅游行业高管及业务人员流动频繁，财务人员流动性更大，财务管控风险和难度显著增加，财务对业务的支持与保障、服务企业转型升级、自身的价值创造等职能难以发挥出来，财务在企业中的作用在逐渐削弱。

4. **业务系统多**

中国国旅集团内各企业现有的业务系统众多，包括 B2B、B2C、C2C、小地球、外联系统、外交部签证系统、海关仓储系统、供应链、终端零售系统、物流系统、OA 系统等。如何实现财务系统与这些业务系统的融合，实现业财一体化是提高工作效率和保证财务信息质量，并进一步提高经营合规性和企业内控有效性的关键。

5. **核算细、数据量巨大**

中国国旅集团的内部交易多、合并抵消细化到单团、发票号等；月单据量及凭证量巨大。例如，国旅总社本部一家单位月单据量平均在 1.5 万张、凭证量 7 000 张左右（含大量的合并制单）；2015 年数据量超过 500G。旅行社按单团进行核算，一年团档超过 50 万个；购物按商品类别进行核算，商品品类超过 1 万个；等等。

二、中国国旅集团财务共享服务中心的建设目标

针对中国国旅集团现状及上述财务管理难点，新的领导班子在 2014 年上任之初就提出了建立中国国旅集团“强总部”的要求，并将“强总部”要求及具体目标列入了未来一段时期及当年的重点工作。通过详细的调研分析，结合财政部、

国资委的政策推动，中国国旅集团确定建设自己的财务共享服务中心，并设定了如下最初目标。

（一）提高会计核算规范性及会计信息质量

解决集团财务人员流动量大，分公司、加盟店、同业中心等数量众多，部分门店规模小、地理位置偏僻、人员配备难以满足内控要求等造成的会计核算规范和会计信息质量不高的问题。同时，中国国旅集团作为央企、上市公司，近年来受到的监管越来越多，对其信息披露也提出了越来越高的要求（XBRL、电子档案、电子发票、云审计、大数据税务、国资监管等）。要求能够借助财务共享服务中心这样的平台保证各级单位守住合规经营的底线、大幅提高会计核算规范及会计信息质量。

（二）提高财务信息生成与传递的时效性

做好业务系统与财务系统的融合，打通目前资金、核算、报表等各自独立的财务系统及集团各级单位间割裂的流转环节，实现业务财务一体化，达到财务信息高度集成，解决业务信息向财务传递、财务信息内部传递过程中的失真、效率低、时间过长等问题，快速适应和满足监管机构及集团各级经营管理与领导决策对信息及时性、准确性的要求。

（三）推动财务管理转型，支持国旅转型发展

中国国旅集团近年来在业务上快速发展，经营模式和业态快速变化。随着集团“十三五”战略的推进，公司经营规模还将进一步快速扩张，业态也将更加丰富且变化迅速，产品将更加趋于个性化、定制化、碎片化。要求财务共享服务中心低成本、高质量地满足这一市场化需求，提升各级终端企业或业务人员的市场竞争力，解决影响集团及各级企业发展的瓶颈；同时，通过财务共享推动财务转型，一方面可以大幅降低作业成本，持续优化业务流程；另一方面让管理会计快速发展，使得财务人员真正成为业务的好伙伴，成为企业价值的创造者。

三、中国国旅集团财务共享服务中心的建设历程

中国国旅集团财务共享服务中心的建设经历了可行性论证、供应商考查选型、

总体规划设计、业务咨询和实施、平稳运行、优化提升、财务转型等阶段，具体如图 17-3 所示，下文将进行详细介绍。

图 17-3 中国国旅集团财务共享服务中心的建设历程

（一）项目可行性分析及甄选服务商

2014 年 5～8 月，集团开展建立中国国旅集团财务共享服务中心可行性调研；8 月，集团党政联席会及董事会批准中国国旅集团财务共享中心建设方案；10 月，批准软件供应商及实施商招标结果，选择用友公司作为软件供应商及项目实施商。

（二）项目蓝图设计

2014 年 11 月，用友实施团队进场工作；12 月，用友集团及中国国旅集团组成联合项目组深入子公司开展深度业务调研与流程梳理；2015 年 1 月底，完成项目蓝图设计，并在过程中与各级主要子公司反复沟通修改。

（三）完成实施方案及产品开发

2015 年 1 月，用友公司产品团队、研发团队、实施团队等技术人员进行产品开发、完成最终实施方案设计；2 月底，完成实施方案所需产品的开发和业务系统接口开发。

（四）单元测试及全流程测试

2015年3月，项目组对产品进行测试，就产品与各子公司沟通；对核算体系、流程及控制体系、业务数据接口、上线安排等进行确定、开发；5~6月，企业选择相关业务人员对产品进行多次业务单元测试、全流程测试，对主要二级子公司的系统管理员、业务管理员进行集中培训。

（五）系统正式上线

2015年7月1日，按照子公司区域、性质、业务特点、管理基础等采取分批、分地区集中上线和单个单位上线相结合的形式组织各企业上线。到2016年年初，已实现集团全部各级子公司及其分公司或门店正式上线并成功运行。至此，中国国旅集团财务共享服务中心建设阶段结束，转入运维、优化、转型阶段。

（六）平稳运行及财务转型

2016年5月开始，启动了系统、数据库与流程优化准备工作，年内完成上线后的第一次优化提升，进一步简化业务流程、提高数据库安全及运行效率；启用“实时报表、一键合并”功能，逐步快速减少和取消各级单位报表编制岗位；通过信息化平台加强财会人员队伍管理，6月1日开始，各级财务人员日常工作交流、学习、培训、测评、远程会议、财务数据及报告等都统一到IM（即时通讯）平台上。

从2016年6月开始，年内完成集团财务组织机构转型工作，基本完成“战略财务—共享财务—业务财务”的机构调整及人员调整，形成一套完整的新的组织机构制度体系。2016年7月底，完成财务分析与诊断系统上线运行，并在移动端等多端展示。

四、中国国旅集团财务共享服务中心的业务架构

（一）财务业务架构

针对中国国旅集团业务特点及人员现状，中国国旅集团财务共享服务中心采取了大集中部署，为保证快速上线及合理利用现有财务人员能力，在共享建设阶段设了三个共享分中心（实际是三个作业池），即总部共享中心、总社分中心、中

免分中心，进入稳定运行阶段后将撤销两个分中心统一到总部共享中心。每个分中心按照业务分别设立了各个业务组，如费用组、收入组、成本组、资金组、综合组、报表组等，每个组配备相应的核单人员。

国旅总社本部及所属各级单位的业务单据，进入到总社分中心；中免集团本部及所属各级单位的业务单据，进入到中免分中心；其余所有各级单位的业务单据，进入到总部共享中心。这样，各个分中心的人员对本部分业务及流程相对比较熟悉，也在运行初期能够更好地总结经验、优化业务流程，有利于快速培养出更多的业务型或战略型财务人员，以便将来更好地充实到业务中。总部共享中心还具体负责整个共享中心的日常运维、全局级项目的管理、流程优化与设计、对分中心的业务监管及临时指派、共享中心制度建设、权限维护等。

（二）财务组织架构

财务共享服务中心建立后，中国国旅集团财务组织架构从以各个单位为主体的独立、分散、分级的财务管理体系，转变为“战略财务—共享财务—业务财务”三位一体、扁平化的财务管理体系（见图 17-4）。集团总部、国旅总社本部、中免集团本部为战略财务，设置独立的财务机构；其余各级单位将逐步取消独立的财务机构，改为由集团统一委派业务财务，业务财务人员数量根据公司规模确定。财务共享服务中心设在集团财务部内，由财务部统一领导和管理。

（三）信息系统架构

1. 财务信息系统

中国国旅集团实行集团一套统一的财务系统并实现高效的账表一体化、核算与资金一体化，总账核算、资金管理、网络报表、资产管理、预算管理等均为用友 NC6。通过财务系统自身的高度统一、集成，极大地提高财务业务处理的自动化、标准化，实现财务业务的共享，解决好财务转型问题。

2. 业务信息系统

现有的业务系统保持不变，采取建立主数据方式通过专门的开发接口与 NC6 共享平台进行数据双向传递，实现及时高效的业财一体化。通过主数据方式实现财务系统与业务系统的衔接，既保证了财务共享的快速上线，又不影响未来业务系统或财务系统的灵活调整；通过财务共享平台中的单据将业务系统与财务系统衔接，特别是进入共享系统时各类单据配置的业务流、审批流、入账规则、预算控制等，很好地将企业的内部控制融入到了业务流程之中，融入到了每个业务人员的日常工作之中。

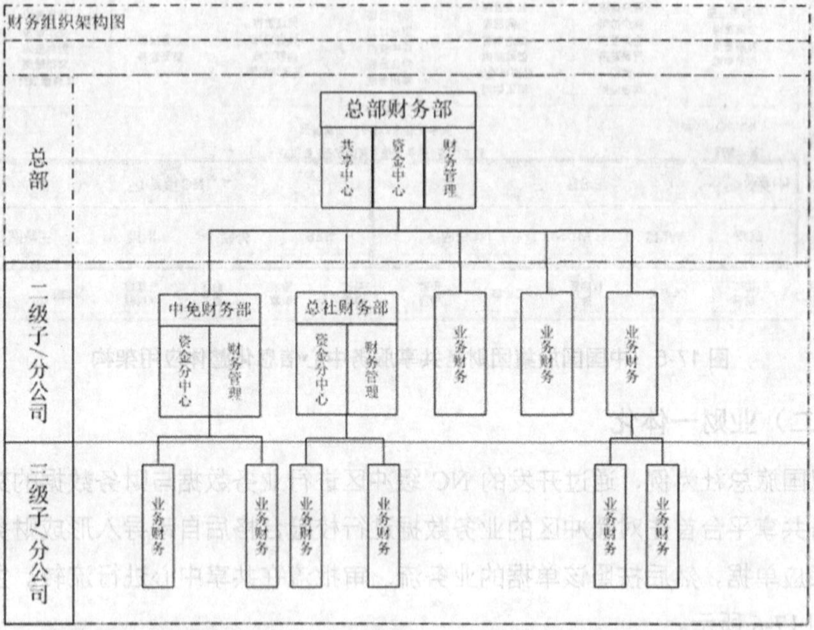

图 17-4　中国国旅集团财务共享服务中心建设完成后的财务组织架构

五、中国国旅集团财务共享服务中心的关键应用示例

（一）中国国旅集团财务共享中心信息化整体应用架构

中国国旅集团财务共享服务中心采用用友 NC6 平台，包括 UAP 平台、财务共享平台、总账、固定资产、企业报表、合并报表、费用报销、收入成本、应收应付、资金管理（多结算中心、资金调度、账户管理、资金结算、内部存款、内部贷款、现金管理、银企直联等）、全面预算、财务分析、移动应用等系统。并开发了与 B2B 系统、供应链系统、旅游业务管理系统、免税店门店系统等系统的接口。实现了从业务处理到共享财务核算到资金集中支付的全业务流程管理。中国国旅集团财务共享服务中心信息化整体应用架构如图 17-5 所示。

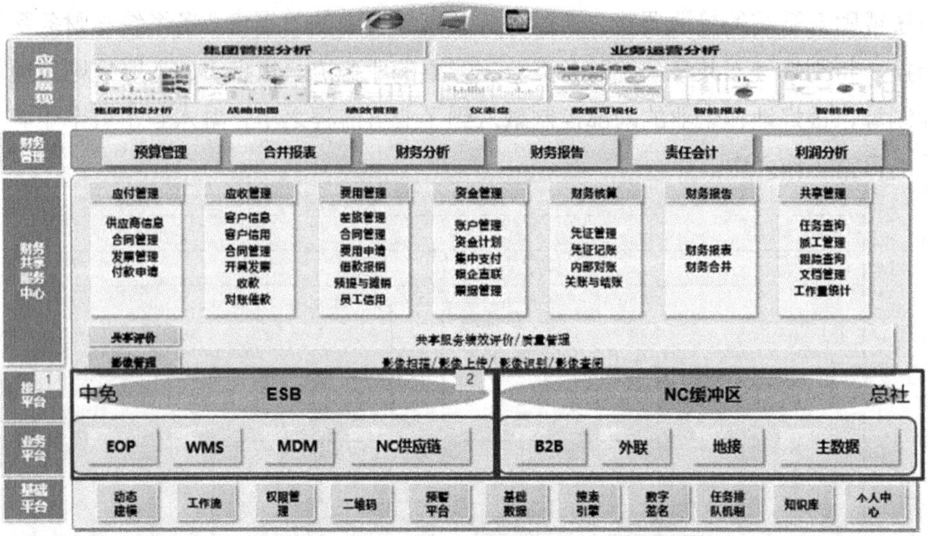

图 17-5　中国国旅集团财务共享服务中心信息化整体应用架构

（二）业财一体化

以国旅总社为例，通过开发的 NC 缓冲区进行业务数据与财务数据的交换，在财务共享平台首先对缓冲区的业务数据进行校验合格后自动导入形成财务共享中的相应单据，然后按照该单据的业务流、审批流在共享中心进行流转。主要流程如图 17-6 所示。

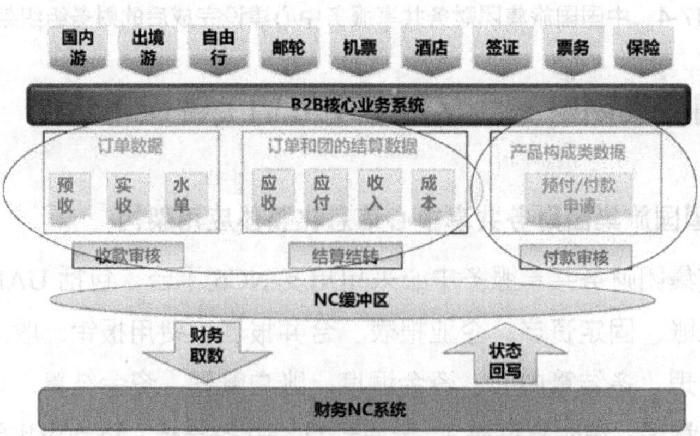

图 17-6　国旅总社业务财务一体化协作

再以图 17-6 中的结算业务为例，结算业务是总社最主要也是工作量最大的业务，涉及收入、成本、应收、应付等业务处理，同时需要按照每个旅行团进行辅助核算。该项业务首先由业务人员在 B2B 业务系统中完成订单、合同、日常结算等操作，业务完成后进入缓冲区，由共享平台通过“导入”按钮操作形成共享中心的相应单据。图 17-7 至图 17-10 是该项业务在共享中心的主要操作界面截图。

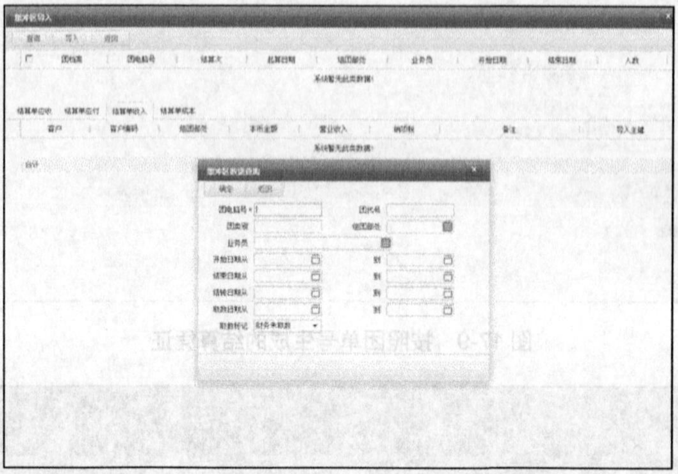

图 17-7　从 NC 缓冲区导入结算数据后形成结算报账单

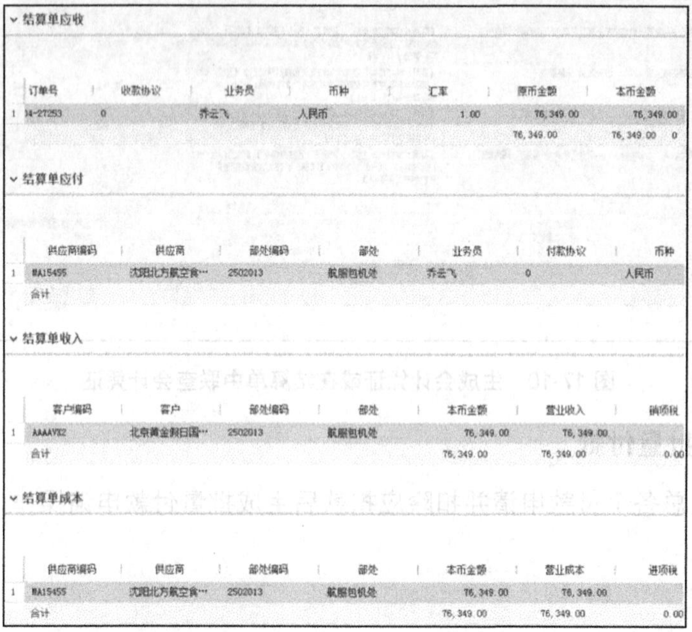

图 17-8　结算报账单列出该团（项目）应收、应付、收入、成本数据及明细

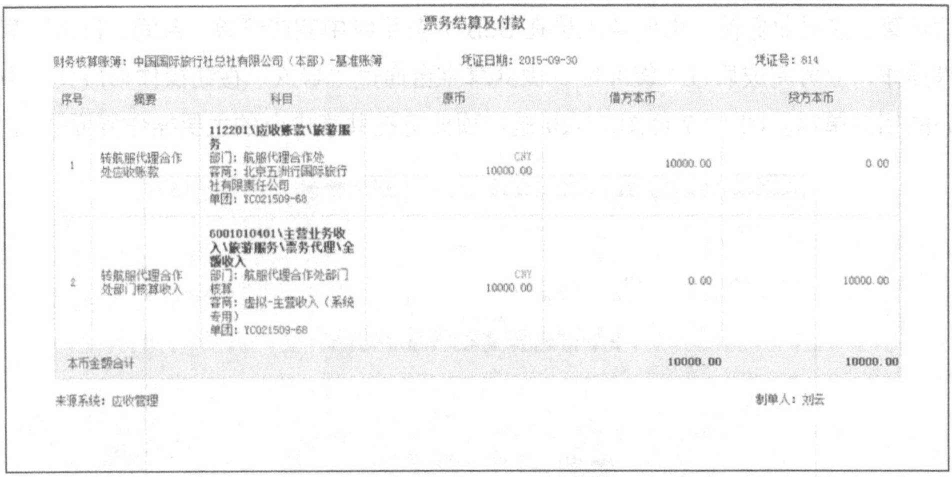

票务结算及付款

财务核算账簿：中国国际旅行社总社有限公司（本部）-基准账簿　　凭证日期：2015-09-30　　凭证号：814

序号	摘要	科目	原币	借方本币	贷方本币
1	转航服代理合作处应收账款	**112201\应收账款\旅游服务** 部门：航服代理合作处 客商：北京五洲行国际旅行社有限责任公司 单团：YC021509-68	CNY 10000.00	10000.00	0.00
2	转航服代理合作处部门核算收入	**6001010401\主营业务收入\旅游服务\票务代理\全额收入** 部门：航服代理合作处部门核算 客商：虚拟-主营收入（系统专用） 单团：YC021509-68	CNY 10000.00	0.00	10000.00
本币金额合计				**10000.00**	**10000.00**

来源系统：应收管理　　制单人：刘云

图 17-9　按照团单号生成的结算凭证

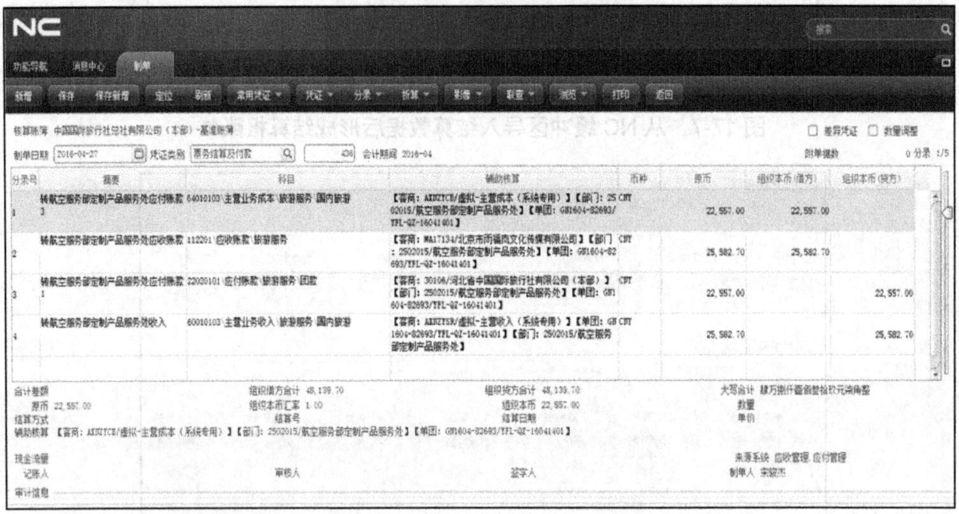

图 17-10　生成会计凭证或在结算单中联查会计凭证

（三）批量付款

通过汇总各个付款申请并扣除应扣款后生成批量付款申请操作，截图如图 17-11 所示。

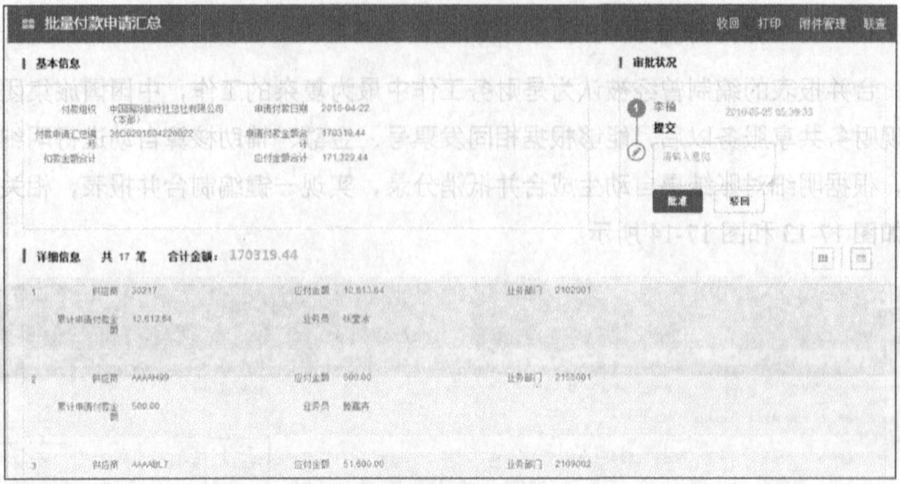

图 17-11　中国国旅集团财务共享的批量付款截图

（四）共享中心作业人员业绩看板

为了激励财务共享服务中心工作人员提高工作效率和效果，中国国旅集团通过绩效看板实时对共享中心作业情况进行统计和考核，截图如图 17-12 所示。

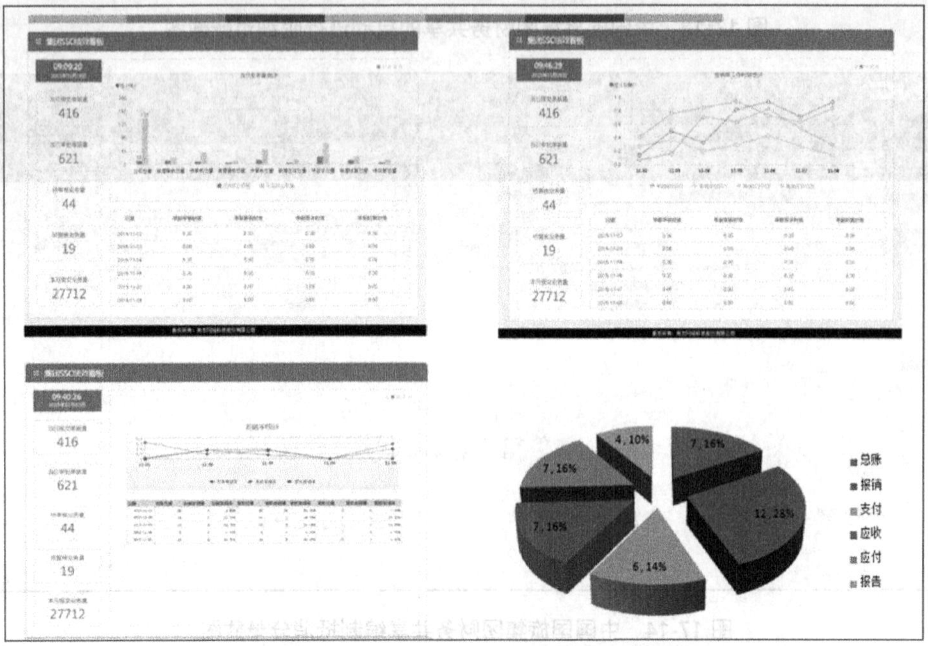

图 17-12　中国国旅集团绩效看板截图

（五）一键合并报表

合并报表的编制曾经被认为是财务工作中最为复杂的工作，中国国旅集团在实现财务共享服务以后，能够根据相同发票号、金额、辅助核算自动进行明细对账，根据明细对账结果自动生成合并抵消分录，实现一键编制合并报表，相关截图如图 17-13 和图 17-14 所示。

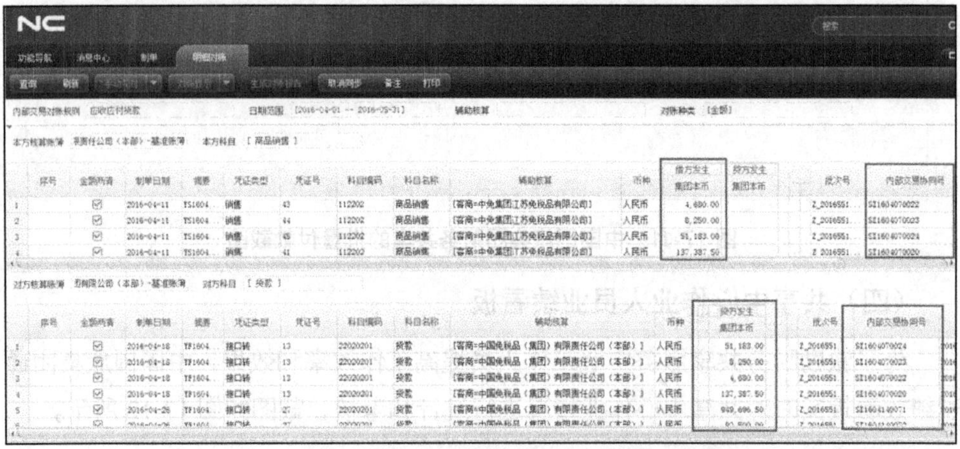

图 17-13　中国国旅集团财务共享的自动进行明细对账截图

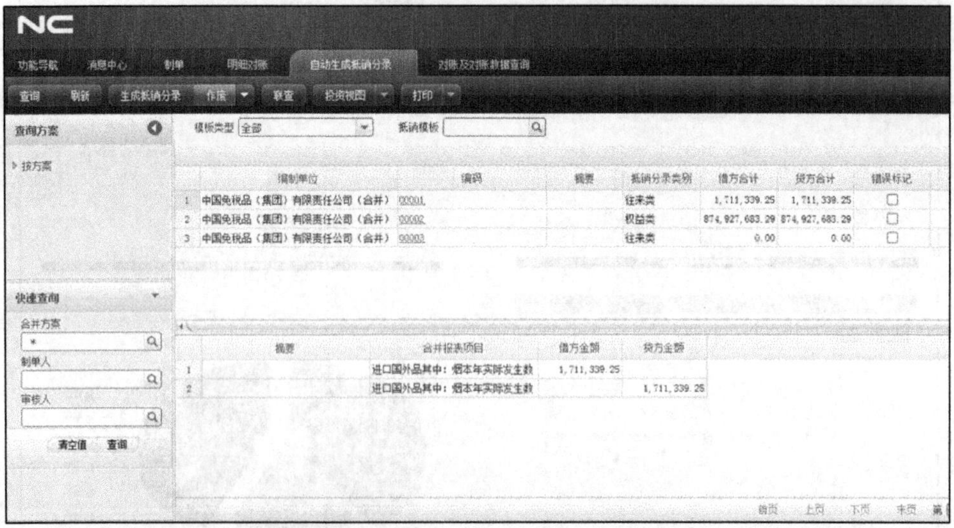

图 17-14　中国国旅集团财务共享编制抵消分录截图

（六）不同人员个性化界面

中国国旅集团财务共享服务中心的操作界面充分体现个性化，设置了个人快捷方式设置页面（见图 17-15），为人力资源部门人员、成本付款人员、审批人员、会计人员和出纳人员分别设置了个性化页面，具体如图 17-16 至图 17-20 所示。

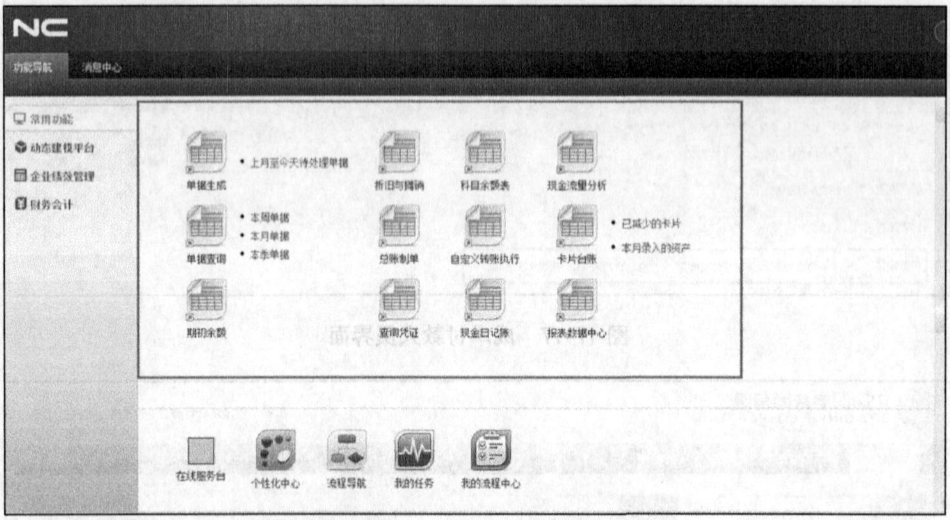

图 17-15　个人快捷方式设置界面

图 17-16　人力资源部门人员界面

图 17-17　成本付款人员界面

图 17-18　审批人员界面

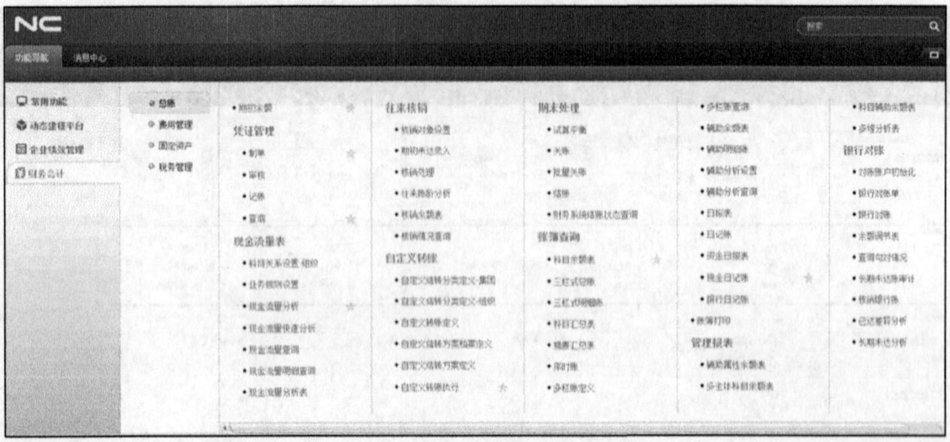

图 17-19　会计人员界面

图 17-20　出纳人员界面

（六）快速复制企业全部单据及流程

中国国旅集团财务共享服务中心能够实现快速复制一个下属企业的全部单据和流程，具体操作界面如图 17-21 和图 17-22 所示。

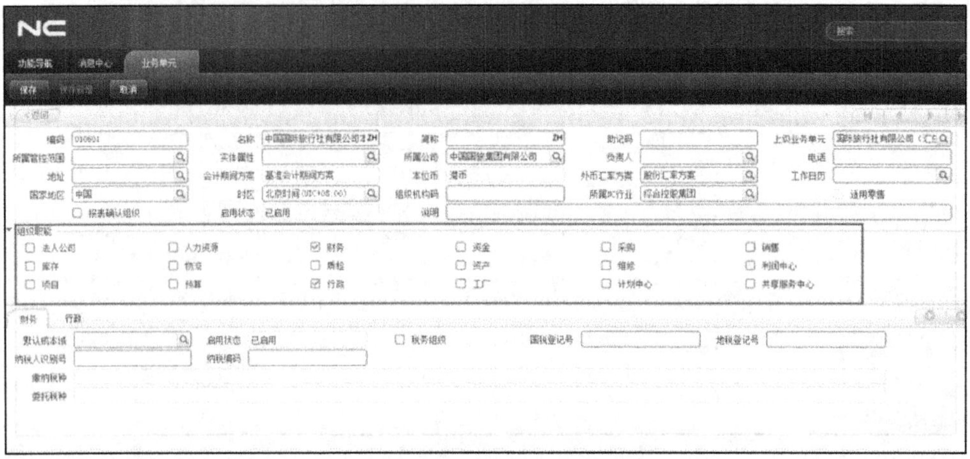

图 17-21　组织机构及流程复制界面

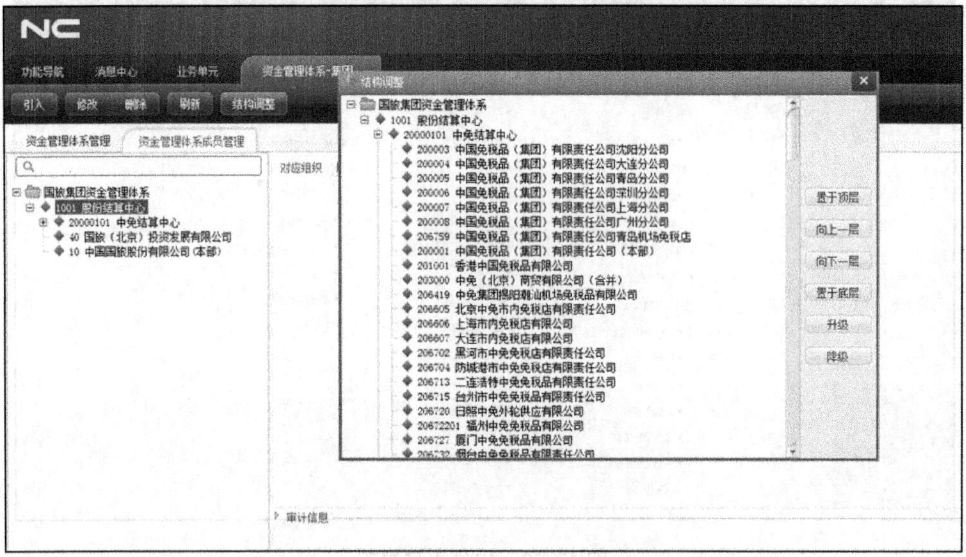

图 17-22　管理体系的引入及调整界面

六、中国国旅集团财务共享服务中心的建设和实施效果

中国国旅集团财务共享服务中心具有起点高、内容全、建设快、投资少，以及业财高度融合、数据高度集成、业务高度共享等特点，在不到一年的时间实现了全部各级企业的上线和平稳运行，为企业转型及财务转型赢得了时间，同时在

实施过程中发挥了“宣传队”、“播种机”作用，得到了各级单位业务人员的大力支持，带动和培养了一大批优秀的员工队伍，大大增强了各级财务人员的凝聚力和进一步推动财务转型的决心和信心。

（一）业务与财务工作效率大幅提升

通过财务共享实现了业务流程和审批的自动化，以及业务的在线审批、查询、短信提醒、进程跟踪等，大幅提高了业务人员的工作效率和工作互动性；通过将会计业务按公司属性、业务类别等进行精细分工、专业化作业，实现了会计业务的工厂化处理，财务工作效率提升极为明显；通过对会计人员采取共享业务的计件式考核，以及实时更新的作业绩效看板，提高了会计人员的工作主动性和积极性；通过对各种业务单据的入账规则定义，实现了业务从凭证到报表的全自动化会计处理；通过移动审批等移动端功能的应用，实现了非常便利的移动、实时办公；财务共享的实时报表、一键合并报表，不仅大幅提高财务工作效率，也突破了传统的会计分期，实现了持续报表。

（二）财务信息质量大幅提升

通过财务共享跨组织工作模式，整合了集团全部会计资源进行“战略财务—共享财务—业务财务”有效的分工，共享财务负责对各级企业的会计业务处理，解决了不同企业会计水平参差不齐的问题，集团整体会计信息质量大幅提升，也彻底解决了人员流失可能造成某个单位会计信息突变的情况；通过财务共享实现了各级企业包括原始附件在内的全部会计资料的在线，以及业务审核的随机性、隐蔽性、互斥性，实现了账簿公开、作业透明；通过共享中心内作业人员的专业化细分，使得各类业务处理更加专业、细致，加上定期的视频会议、业务分析与研讨，可以快速促进各级单位业务处理的规范、精准；实现了从传统会计的事后监督、间断式管理向全过程监控、持续管理转变。

（三）系统运维成本及人工成本大幅降低

通过财务共享将之前集团 20 套财务软硬件系统统一成了集团一套系统，不仅提高了运维效率，而且每年系统运维成本大幅减少；通过财务共享减少了独立会计机构办公成本，共享中心会计人员的学历及技术要求不高，也会降低单位人工成本，并且随着财务共享的逐步成熟运行将带来会计人员数量的大幅减少。财务共享服务中心也成为外派会计人员的流转站，以及业务财务、战略财务人才培训输出的基地。

（四）成为财务转型得以真正落地的最佳途径

通过财务共享服务中心替代各级企业的财务会计工作后，可以快速形成“战略财务—共享财务—业务财务”的新财务管理体系，把财务人员从繁杂的日常会计事务中解脱出来，投入到管理会计上来，真正成为业务的好伙伴，构建起“面向业务，创造价值的财务管理体系”；财务共享服务中心既突破了传统企业财务组织边界与管理级次，又在集团一体化层面实现各级企业的会计专业化处理与上下左右全方位协同，带来财务组织与财务工作方式的重大变革。中国国旅集团财务转型的起点，就是通过“实时报表、一键合并”功能的实现，首先将分布在各级企业的近 200 名报表人员解放出来，统一由财务共享服务中心的报表组（不到 10 人）来完成，实时生成每个企业 200 多张报表，并且自动生成图文表并茂的分析报告，不仅在效率上实现了实时报表，而且报表质量也大幅提升。解放出来的报表人员充实到业务财务上，他们作为企业中业务素质较高的会计人员，进入业务领域很快就能发挥作用、做出成绩，平稳顺利地开启财务转型之旅。通过财务共享平台，也把业务人员、会计人员、各级领导紧密连接在了一起，真正使得财务管理成为企业管理的核心。

（五）提升集团管控与支持业务拓展的有机结合

财务共享的本质是共享、服务，其首要目标是支持企业的业务拓展和灵活适应企业经营模式的自由、快速变革，适应企业分支机构、经营规模的快速扩张，快速复制集团的管理模式和内控要求，从而让各级企业和业务单元更加专注于业务、持续提高企业核心竞争力；同时，由于财务共享的业财融合、系统集成、自动控制、实时预警、快速诊断、阳光账本等特点，很好地解决了之前信息不对称的问题，可以使得集团与所属企业间更好、更有效地进行授权管理，既在更加严格的基础上保证了各级单位内控执行的刚性，又实现了对所属企业的更加充分的授权和经营灵活性。

七、中国国旅集团财务共享服务中心的经验借鉴

中国国旅集团财务共享服务中心在规划时就明确定位为各级领导、会计人员及业务人员共同的业务与管理平台，目标是通过财务共享这个平台适应市场化对业务拓展及经营模式快速变化的及时响应，要求“不能把财务共享做成了财务集中，不能把财务共享当成了财务信息化”。突出强调财务共享平台必须具备的三项基本功能：一是突出共享中心的服务职能，以对待客户的标准为成员企业提供高水平服务，一切以业务和客户为中心；二是通过平台自身的规范化、自动化把企业的管控要求融于业务流程之中，把内控变成每个员工的日常工作并形成习惯；三是要能快速灵活响应成员企业经营模式的变革，实现对所属企业充分的授权，使其更加灵活的参与市场竞争。中国国旅集团财务共享服务中心从项目规划到产品设计、流程设置，乃至每个用户的不同操作界面甚至移动审批影响展示等细节，都体现了上述目标定位及要求。中国国旅集团财务共享具有以下五个方面的应用特点，如图 17-23 所示。

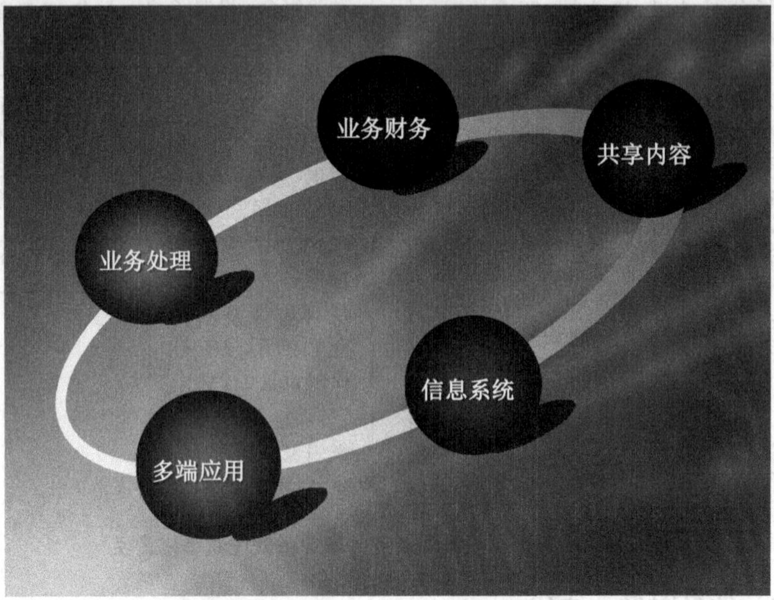

图 17-23　中国国旅集团财务共享服务中心建设与运营的特点

（一）业务处理表单化

按照“制度流程化、流程表单化、表单信息化”的思路，项目组深入各级子公司历时八个月时间，对公司各类业务进行了认真梳理，对业务流程进行梳理、分类、调整、优化，对部分重要业务流程和审批流进行了规范统一；将中国国旅集团的各类业务设计成了 120 张单据，包括通用单据和个别单位的特殊业务单据，这些单据涵盖了各级单位的全部业务；在单据上通过 853 个收支项目简捷直观地衔接业务与财务，1 806 个会计科目按照 21 984 个入账规则实时生成对应的会计凭证及各类报表；每张单据都根据不同的部门、单位、收支项目、金额、预算等组合，共设置了 268 个工作流和 273 个审批流；实现了业务数据化、流程规范化和系统自动控制，如图 17-24 所示。

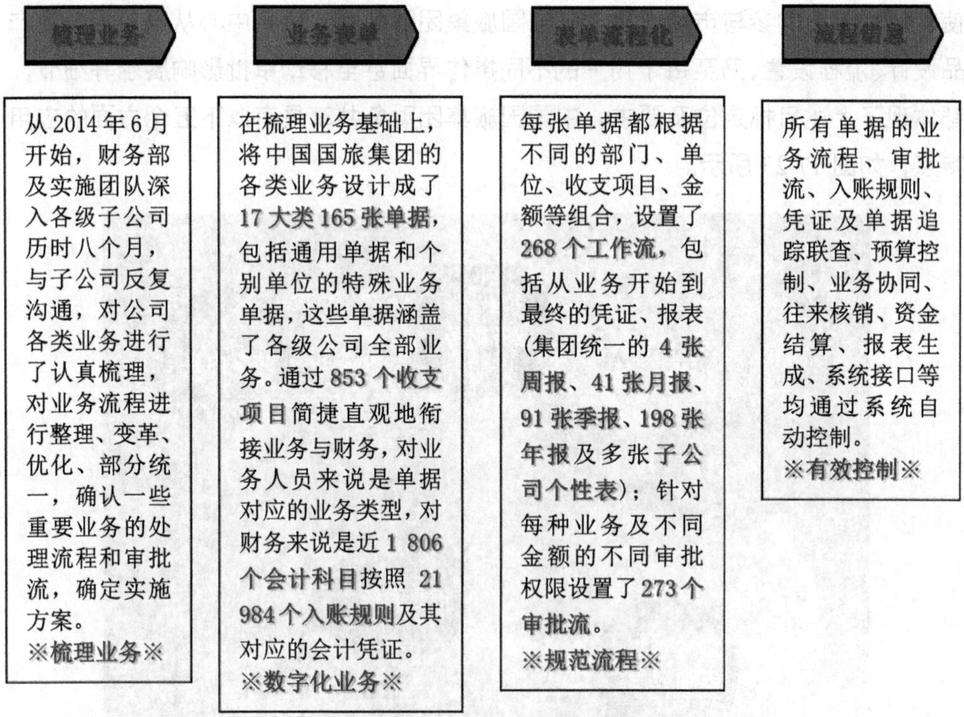

图 17-24　中国国旅集团财务共享业务处理表单化路径

（二）业务财务一体化

中国国旅集团多个主营业务系统，通过数据接口实现业务系统与共享系统的自动连接生成相应单据，并按照该单据在共享系统中设置的业务流及审批流自动流转，同时业务系统中的相关附件也会自动形成相关文件同步成为单据附件；对于物业、投资、运输等业务系统不完整或没有业务系统的单位，由相关业务人员通过共享平台录入业务单据和上传附件。通过上述两种途径实现了所有会计事项均来自业务系统或业务人员的处理，会计人员不再手工编制会计凭证，同时将会计人员的工作流程前移到业务流程和审批流程的前端，从源头上保证业务规范性。业务人员可以从轻量简捷的共享平台或移动端进行数据查询，随时了解业务处理进度，提高了业务人员对共享平台的依赖和支持，如图 17-25 所示。

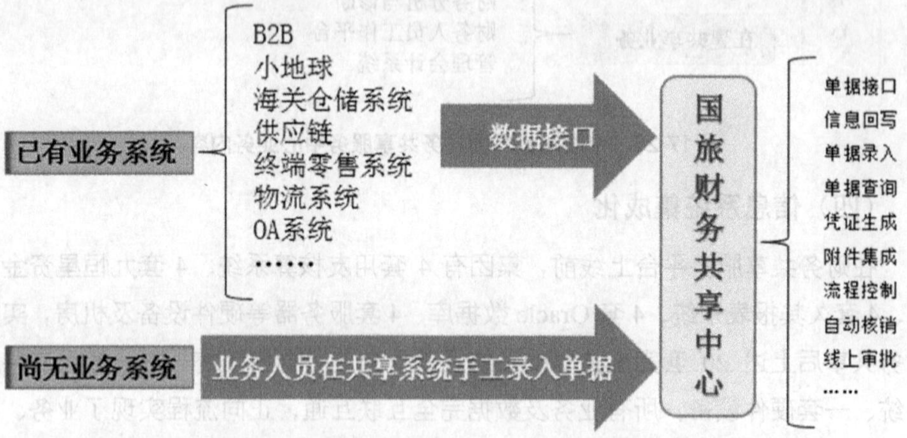

图 17-25　中国国旅集团财务共享业务财务一体化示意图

（三）共享内容全面化

中国国旅集团财务共享服务中心已经共享的内容要求涵盖全部财务会计业务并融入了部分管理会计和移动互联网内容，目前已正式运行的业务包括费用报销、资产管理、收入及成本结算、往来款管理、会计核算、总账报表、合并报表、预算管理、银企直联、多结算中心、共享作业管理与业绩看板、移动审批与查询等。财务共享内容的全覆盖，为财务转型奠定了基础。

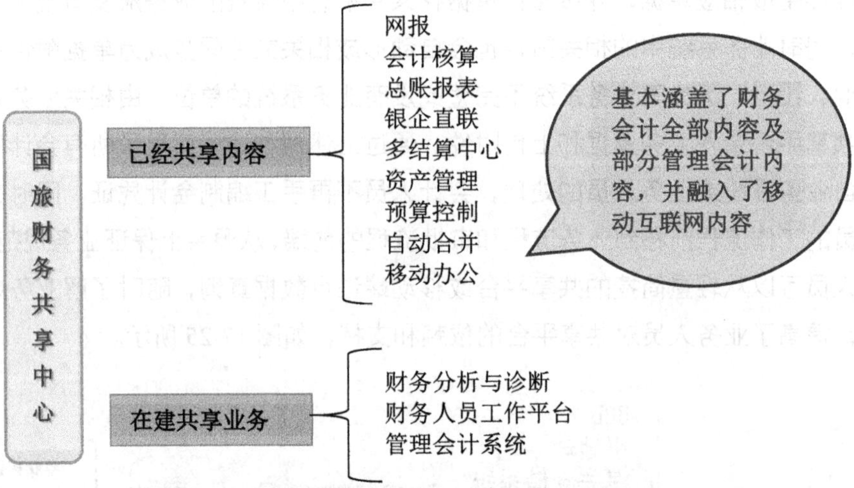

图 17-26　中国国旅集团财务共享服务中心业务内容

（四）信息系统集成化

在财务共享服务平台上线前，集团有 4 套用友核算系统、4 套九恒星资金系统、4 套久其报表系统、4 套 Oracle 数据库、4 套服务器等硬件设备及机房，实施财务共享后上述 20 套完全独立的系统及硬件变成了全集团统一的一套用友共享系统、一套硬件设备，所有业务及数据完全互联互通，正向流程实现了业务、资金、核算的完全协同，以及集团各级单位实时报表、一键合并功能，逆向流程实现了从报表到业务、到单据的全流程联查，在合并报表方面可以查询到每张合并抵消所对应的会计凭证。信息系统的集成，也使得财务共享成为目前集团一个主要的信息库，不仅包括财务信息，而且包括大量的业务信息，为深度开展业务分析与诊断奠定了基础。其前后对比如图 17-27 所示。

（五）多端应用同步化

由于财务共享服务区别于以往的财务信息化，主要用户是业务人员并且是线上操作和审批，要求系统能满足不同人群的适应性以及移动端的应用，以三端不同形式进行人机对话：前端，主要面向业务人员、业务接口、业务报单、业务会计、共享会计、管理人员等，系统满足业务个性化、操作简单快捷、系统自控性强、对终端要求低，能提供常用信息快速查询和提醒功能等；后端，主要面向系统管理员、数据维护员、会计核算员、报表管理员、内外部审计员等，系统满足强大快速的数据处理、与前端无障碍互联互通、简便安全的系统维护、与其他系统的良好兼容性等；移动端，主要面向各级领导审批和业务人员移动查询，系统具备界面简单友好、对移动设备兼容性强、多种提醒方式等。其协作如图 17-28 所示。

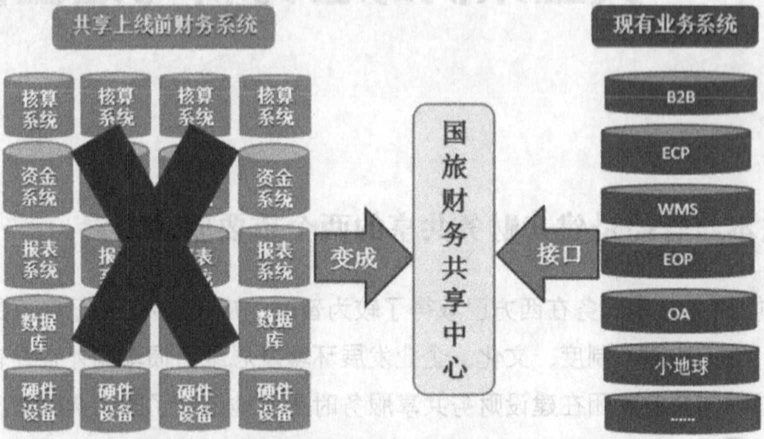

图 17-27　中国国旅集团财务共享信息集成前后对比

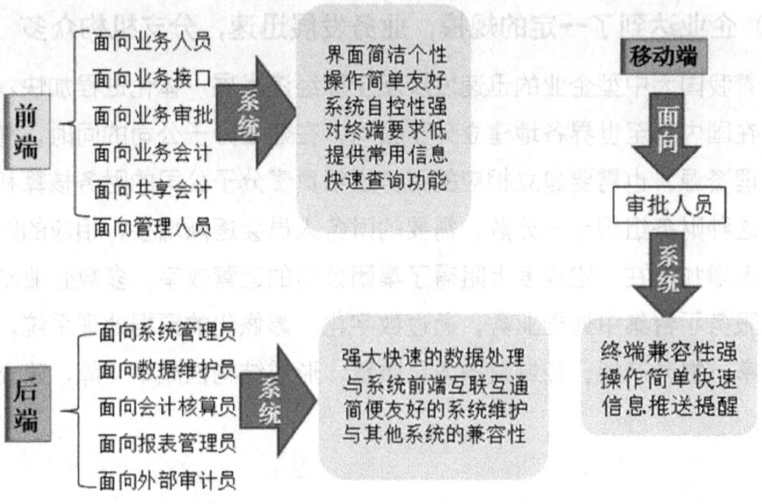

图 17-28　中国国旅集团财务共享多端同步协作

第十八章

典型案例综合分析与经验借鉴

一、成本与管控是建立财务共享的两个重要驱动因素

当前，财务共享服务在西方已取得了较为普遍的应用，并取得了良好的效果。在国内，由于法律、制度、文化、企业发展环境及思维习惯与国外存在较大的差别，使得国内企业集团在建设财务共享服务时更多地结合了国内实际情况、行业特点和企业自身的特点。从国内共享服务的实际调研及现状资料的查阅情况来看，国内企业建立财务共享的背景一般如下所述。

（一）企业达到了一定的规模，业务发展迅速，分支机构众多

伴随着我国大中型企业的迅速发展及全球经济发展一体化进程加快，越来越多的企业在国内乃至世界各地建立分子公司，在建立分子公司的同时，需要投入更多的管理资源，也需要建立相应的财务组织负责分子公司的财务核算和报销制度。但是这种财务组织十分分散，需要的财务人员会逐渐增多，相应的财务管理成本会大大增加，在一定程度上阻碍了集团公司的运营效率。多数企业希望借助财务共享服务平台集中处理业务，通过数字化、影像化的票据处理系统，提高后台处理效率、提升产能，控制财务人员数量，形成结构性成本下降，建立成本竞争优势。

（二）企业对于风险管理要求高，追求流程科学化、标准化及制度强力执行

集团公司规模扩大的同时，分散的财务组织使得集团下属各子公司单独进行财务核算、管理控制，容易造成的后果是财务工作质量和管理水平参差不齐，缺乏有效的风险控制手段，集团总部财务信息的及时性和准确性难以得到有效的保障。一方面，集团企业希望借助建立核算流程和规则标准统一的财务共享服务平台，集中进行财务审核、监督，利用信息系统固化规则，进一步规范会计处理行为，以强化事中、事后控制，提高执行力。另一方面，考虑到基层单位财务人员职责调整后，更多地参与业务活动支撑，将有利于提升业务对财务规则的遵从度，也强化了事前控制。

由此，成本竞争优势的考虑和风险管控的诉求，是当前国内企业建立财务共享服务的主要驱动因素。更为重要的是，财务共享服务不仅在成本管理和风险管控中起到日益重要的推动作用，也对业务战略的实现做出了一定的支持，使得更多高层管理者的精力可以集中在核心业务及企业的价值管理之中。

二、管理层重视和支持是财务共享得以建立与发展的保障

建立财务共享服务中心对企业而言是一次巨大的组织和管理模式变革。建立财务共享服务中心不仅需要一定的人力、财力，还需要对企业内部的重大变化有较强的把握和控制。共享服务实施成功的关键因素之一是高层管理部门明察秋毫的洞察力、正确的战略决策及强有力的支持。

应该看到，财务共享服务作为一项新的变革，需要重新分配组织的权利，把相关职责从一个地方转移到另一个地方，需对现有财务管理组织架构、操作流程、财务制度等方面进行较大的调整，工作量大、难度高，且不可避免地会触及现有的内部利益格局，遇到工作阻力。决策者可能意识到变革的艰难而犹豫不决，各子公司及事业部管理层可能缺乏热情，相关部门与人员因面临调整而产生抵触情绪。当种种阻力出现时，就需要集团总部有坚定的推行财务共享服务模式的决心，以及较强的执行力，才能为项目的成功提供组织保障。

管理层必须对财务共享服务模式所能带来的优、劣势达成共识。应认识到，财务共享服务建设所带来的组织结构和业务流程的变革风险，并对共享服务系统

的推行做出长远规划，制定相应的总体战略及政策。同时，需要更加关注业务和系统冲突，妥善处理好实施财务共享服务所带来的组织、文化冲突及利益再分配问题，并设计一定的考核机制来规范满足客户与市场需要。这些措施的建立和实施与管理层的重视、支持息息相关。

财务共享服务中心建设必须处理好 3 个关系。一是作为财务共享服务中心，既要提供高水平的服务，又要发挥集团管控职能，寓管控于服务之中。这就要求财务共享服务中心的建设首先要处理好服务与管控、成本与效率的关系。二是财务共享服务中心与被共享企业的责权利关系。双方可以通过签订服务水平协议或进行业务切分，确保双方分工合作的顺畅。三是共享财务与战略财务和业务财务之间的关系。要确保三者之间的接口与分工顺畅。

三、流程化和标准化是财务共享服务的主要特征

财务共享服务业务主要集中在会计核算业务，并且是会计核算业务中重复性高、业务量大、标准化程度高的业务。会计核算业务是财务工作中最基础和核心的业务，也是财务共享服务中实施最多的业务，一般包括应付管理、应收管理、总账管理、成本管理、资产管理和现金管理。而核算的各项内容之间及与操作和管理之间紧密相连，它们之间相互的数据和信息传递交织成共享服务的各个流程，同时流程中的标准设定和标准化操作确保了共享服务的效率与品质。

（一）财务共享服务本身也是流程的共享

财务共享服务所需的流程类型大致包括业务核算流程、财务操作流程、内部运营管理流程及配套的业务流程。其中，“业务核算流程”是指财务共享服务中心所处理的各项业务从发生至财务处理完毕，直至完成档案归档的整个过程，是对现有流程的梳理、优化和再造；“财务操作流程”是指各岗位财务人员的操作指南，具体指导财务人员进行业务处理；“内部运营管理流程”是财务共享服务中心的内部管理维度所涉及的流程，如绩效管理维度下的绩效报表编制发布流程、标准化管理维度下的制度修订发布流程等；“配套部门业务流程”主要是为适应财务共享服务实施过程中影响并改变现有业务单位流程所进行的流程调整。

（二）财务共享服务的品质与效率取决于标准化的程度

标准化是指以提高经济效益为目标，以服务、管理、操作和技术等各项工作为主要内容，制定、贯彻实施和管理维护标准的一种有组织的活动。标准化的内涵恰恰符合了财务共享服务的特征。财务共享服务中心提供的服务需满足客户的要求，而"要求"就是一种标准的设定。共享服务中心内部通过在每个操作步骤的标准设定与质量把控，将风险管理融入到标准化的流程及控制点中，形成最终的客户需求产出。在财务共享服务中心内部，标准化的、固化的操作流程和作业标准使得作业人员在操作时减少了人为主观判断和思考的时间，运用流水线式的作业模式将工作效率大大提高。因此，标准值设定的高低和标准化执行的程度决定了财务共享服务中心服务品质的优劣，标准化操作流程的设计决定了财务共享服务中心整体的作业效率。

四、信息技术是财务共享实现的重要技术平台

经济全球化和高新技术，特别是信息技术的高速发展，使共享服务这一概念成为可能。财务共享服务中心的建立需要信息技术、电子通信设备的支持和完善。无论是简单的业务核算，还是复杂的财务管理甚至财务决策，每个业务流程都依赖于强大信息系统的建立。只有这样，才能达成财务共享服务中心建设的目标。企业的信息化系统涵盖企业管理的各个方面，为企业的生产、管理提供信息化的功能服务。具体包括企业资源计划（ERP）、办公自动化（OA）、数字档案（DFS）、人力资源（HR）、企业信息门户（EIP）、决策支持系统（DSS）、财务管理（FFS）等系统。共享服务的信息化平台就是为财务共享服务中心运营、管理专门建设的信息化系统，以及和财务共享服务中心运营密切相关的部分财务管理系统。

对企业的财务信息通过信息化平台进行管理可以有效促进企业管理模式的变革。通过信息化平台，企业的财务信息实现数字化的集中、管理和全面共享，能够帮助企业由分散管理向集成管理模式转变，减少了审核和监督程序。通过财务数据的对比、分析，为企业后续的决策提供数据支持。传统的财务管理，手段落后，数据收集成本高，分析计算难度大、速度慢，误差率较高，难以指导决策和进行有效的财务预测。与之相比，财务信息化管理平台能够提供财务统计、分析预测所需的各类数据库和计算分析工具，并在运筹学、多元统计学、计量经济学

等数学方法的支持下为企业提供各种具体决策的复杂模型，然后通过控制变量的方式，利用计算机模拟决策方案的执行效果。通过做这种“科学实验”进行财务决策分析与预测，有效降低了决策风险，大大提高了财务预测的准确性和科学性。

在此基础上，通过信息化手段实现的财务共享服务还有利于强化企业的内部控制，降低风险、提高效率。建立财务共享服务中心的信息化平台，可以成功将分子公司的数据导入系统，做到事前提示、事中控制、事后评价；信息化平台建设可以实现在平台上建立财务模板，尽可能取消人工作业，让业务数据自动生成有用的财务信息；可以运用系统标准执行减少偏差及各业务单元可能的暗箱操作，降低各种隐含风险；可以通过设置让系统自动提示例外和预警；可以利用系统的开放性建立各数据共享接口和平台，满足各方不同需求；可以通过系统定期生成不同会计准则要求的报表及特殊报表等。通过运用信息系统，建设财务共享服务中心的系统平台，实现公司级数据信息共享。

建设一个良好的财务共享服务信息化平台是财务共享服务体系架构得以实现的基础技术支撑和先决条件，系统平台的统一搭建和整合是实现共享服务的关键环节。只有在信息系统支持下，财务共享服务模式才可以跨越地理距离的障碍，向其服务对象提供内容广泛的、持续的、反应迅速的服务。财务共享服务的模式是在信息技术支持下的管理变革。只有利用现代的 IT 服务，才能使企业集团的财务共享服务真正落到实处。

五、复合型人才是财务共享未来发展的核心动力

知识经济与信息技术高速发展的时代，人力资本仍然是组织的核心竞争力。如何吸引优秀人才、激发员工的才智、培育员工的忠诚度，成为组织必须关注的重点。出于提升人力资源价值的考虑，组织必须实施和加强员工的价值管理。财务共享服务中心在实现组织财务人员的集中管理、集团层面财务制度的标准化和降低成本、提高服务水平等方面起到积极作用，但同时财务共享服务中心的内部多以“少量管理人员，大量基础作业人员”的金字塔式的人员结构为主，因此储备优秀人才及释放人才活力的任务十分艰巨。

财务共享服务中心建成后，随着自身的发展和业务范围的扩大，需要进一步提升成本优势，不断提高自身的应变能力和可持续发展能力。这些需要中心内部

的人员不断进行流程的优化和管理创新。这些推动共享运营优化的人，应当熟悉企业和共享服务中心业务的操作与需求，系统掌握财务管理知识、会计核算知识、会计信息系统知识。此外，他们还应具备良好的逻辑分析能力、文字处理能力、协调沟通能力、心理承受能力和丰富的项目管理经验，能够有效地整合、调动中心内部资源，推动运营优化项目的规划与立项。

此外，在云计划、大数据与互联网时代的背景下，财务共享服务中心向着数据中心、成立财务公司独立运营、提供咨询服务和增值服务及企业司库管理等更高级的方向发展。这需要财务共享服务中心内部的管理人才具有快速反应的能力、大胆创新的魄力、敏锐的商业嗅觉、出色的前沿理论研究能力，以及具备一定的战略发展眼光和投资决策能力。因此，财务共享服务中心未来的发展依靠具有知识复合、能力复合、思维复合等能在多方面多领域发挥效能的多功能人才。

六、绩效管理是财务共享服务中心服务质量的保障

财务共享服务中心的定位是服务。服务质量自然是众多首先共享的企业集团子公司所共同关心的话题。财务共享服务中心建设本身就已经带来了企业财务组织的变革，并不为众多的分子公司和企业集团的高管层所理解。一旦质量下降更会影响到财务共享建设实施本身的目的。为此，从国内外运作成熟的财务共享服务中心来看，它通常具备完善的绩效管理系统，以使财务共享服务模式的质量得到保障，优势得到充分发挥。例如，花旗银行财务共享服务中心引入的平衡计分卡绩效管理、摩托罗拉引入的六西格玛绩效管理等。

财务共享服务中心建立后，有效的绩效管理可以使财务共享服务中心的管理者和员工明确自身所处的位置及岗位的职责与目标，保证财务共享中心能够为内外部客户提供稳定、持续改进的优质服务。同时，绩效管理还有利于促进财务共享服务中心的流程不断优化，逐步明确其中的每项业务如何运作、要求是什么，如因何而做、由谁来做、如何去做、向谁传递等具体流程方面的问题，这些都对财务共享服务中心的效率提升和流程的不断优化有着重要影响。这仅说明了绩效管理对于提升财务共享服务管理的重要意义，其实从另一个层面来看，绩效管理也证明了实施财务共享服务本身的价值，毕竟顾客对你的评价取决于你最终的业绩表现。

总体来讲，绩效管理是实现财务共享服务中心价值的保障手段，通过客观、公正地评价共享中心的工作绩效，公平合理地处理与此有关的人力资源管理问题，帮助员工不断提高自身工作水平，从而有效提升共享中心的整体绩效。

七、财务共享服务中心并非完美无缺

财务共享服务中心并非我们想象中的那样完美，从已经调研的案例分析来看，其在建设与运营过程中还存在很多缺陷。

（一）成本不降反升

建设财务共享服务中心的优势之一是可能大大节约人力资源成本。但事实上，我国大多数大型企业、企业集团的总部均设在北京、上海、广州、深圳等发达城市，财务共享服务中心又大多依托于总部设置在这些城市，人工成本很高。从已经建设财务共享的企业来看，大多数企业害怕变革带来管理和人员的不稳定，影响业务增长的水平。出于平稳过渡的原因，它们不会进行大幅度的财务裁员或转型，而是采用多种方式组建财务共享服务中心的人员队伍。总体来看，要么从分子公司集中上来，要么重新招聘，结果是人力资源成本不降反升，甚至比原来人数还多出几百人。此外，财务共享服务高度依赖于 ERP 的事实决定了财务共享服务的跟进必须在 ERP 的解决方案实施后才可进行。而 ERP 的客户化解决方案需要企业投入大量的成本和时间，因此现有的财务共享服务无法及时地延伸至新的业务流程，为新业务提供及时有效的支持。如果在现有的 ERP 基础上进行改造，为了满足财务共享服务中心的需要，还必须指派专人负责设计财务共享服务中心的信息管理模式、提升信息系统管理功能，这些信息系统尤其是国外的信息系统成本都非常巨大，给企业造成严重负担。

（二）带来较大的税务风险与机会成本

一方面财务人员不再直接接触子公司及分支机构所在地税务局，极大地降低了对税务风险的敏感性。同时，为了满足税务人员的约谈、询问、审计等工作而疲于奔命。另一方面由于实施共享后，地区财务人员急剧减少，原本靠地区财务人员收集地方税务信息的渠道分离解析，对地方税务信息及时反馈非常不利。税务人员与公司财务人员的沟通不畅，导致各项税收优惠政策申请的困难程度不断加大，税收政策的知悉速度滞后于税法的变更速度，使得企业失去大量税收优惠机会成本。

（三）财务共享服务中心地位不高，脱离业务，沦为辅助岗位

很多企业财务共享服务中心的组织级别设置很低，一般会设置在集团财务部门领导之下，成为下属机构。人们往往认为财务共享服务就是低成本、低素质、低附加值的象征，因此很可能沦为弱势群体。一旦职业发展通道没有打通，流程化的作业会让许多员工感觉没有任何职业发展。对于个人而言，单一、专一的细分会计岗位将个人定格为会计操作工，会计人员视野受到限制，无法获得全盘的财务认识，降低工作积极性，最终造成财务共享服务中心离职率较高。加之，分子公司一旦不再设置财务核算，初期会造成财务人员脱离业务，沦为辅助岗位。财务人员不再与公司的销售人员直接接触，面对的仅仅是一堆数字，这些数字往往无法确切表达公司目前所面临的各项财务状况，财务分析人员也无法将销售业绩的感性情况表达出来。

（四）造成集团总部机关作风严重

设置财务共享服务中心的企业往往仅仅“共享”而不“服务”。例如，将各分支机构原本的财务人员编制抽调为总部机关的编制，而不是相应地增加财务共享服务中心的编制。同时，由于大量人员集中在机关，造成服务意识淡漠，机关作风严重。

第四篇

企业集团财务共享展望与建议

第十九章

财务共享服务中心未来发展展望

一、云服务助推财务共享服务全球化、虚拟化

（一）云计算形成大规模并行处理环境

云计算是基于互联网和虚拟技术的领先的计算模式，其出发点正是将大规模的性能一般、价格并不昂贵的计算节点高效组合，形成一种大规模并行处理环境。IBM 在技术白皮书 *Cloud Computing* 中采用“云计算”同时描述一个系统平台或一种类型的应用程序，即云计算主要包含两方面的含义：一方面作为基础设施为应用程序提供平台，类似于 PC 机上的操作系统；另一方面作为在基础设施上的云计算应用，如数据库应用。其目标在于高可扩展性与可用性。

云存储、云计算的技术与应用率先在 Amazon、Google、IBM 等互联网企业中使用，并且进一步经过高速的发展成为推动全球信息化的重要技术服务与应用。Amazon 的弹性云计算（elastic compute cloud），建立在公司内部的大规模计算平台上，最早为用户提供云计算服务平台。Google 公司针对搜索应用需求提出了一套专属的云计算平台，该基础架构模式的核心包括三个相互独立又紧密结合的系统：Google File System（GFS）分布式文件系统、MapReduce 编程模式、简化了数据模型的分布式数据库系统 BigTable。云计算服务平台实现了计算机软硬件资源的共享，将所有资源集中在云存储中心，通过超强的计算能力为企业用户提供数据处理和数据存储服务。企业用户不再需要花费大量的经费购置昂贵的服务器设备，只需要使用简易的终端设备，购买服务，就可以通过互联网享受云计算服

务平台提供的存储资源与数据处理能力。对于企业客户而言，采用云计算技术，就是使用大量的分布式计算取代本地计算机或远程服务器以获取所需的存储空间与计算能力。这样，企业的数据信息中心将采用互联网方式运行，企业应用不再固定地依赖于某一台设备，而是可以根据不同的业务访问需求对计算资源进行灵活的切换，令企业的信息处理能力实现高效灵活配置，大幅降低信息处理成本，显著提升效率。

对于使用者而言，云服务的资源是池化和透明化的。服务提供者通过标准的接口将底层的存储与数据处理模块进行封装，统一管理和调配底层所有资源，成为“透明的资源池”。用户根据自身需求购买、使用、释放资源，无须了解内部结构。因为这种优势，云计算的商业化发展迅速，已成为从满足企业用户到个人用户的信息服务产业链。云服务的类型可分为四类：基础设施即服务（Infrastructure as a Service，IaaS）、平台即服务（Platform as a Service，PaaS）、软件即服务（Software as a Service，SaaS）、知识与智能分析即服务（Information & Intelligence as a Service，IIaaS）。IaaS 是指通过互联网向用户提供基本的计算资源，用户在购买的资源平台上部署自己的软件系统。PaaS 是指将开发平台作为一种服务供用户租用，除硬件资源外，还包括操作系统、编程环境、数据库和 Web 服务器等。SaaS 是一种更为普遍的服务形态，为用户提供的是基于互联网的软件使用权，用户购买后，只需将普通的个人设备接入互联网即可使用软件服务。IIaaS 是 SaaS 的延伸，令用户通过终端在线上传数据或购买数据，即可通过云服务平台上的云数据仓库服务进行数据仓库建模和数据抽取，使用数据挖掘工具进行商业智能分析，完成从数据提供信息、产生知识，再由知识累积智能的过程。

云服务所具有的低成本、高效率、高灵活度、高集中度等特性，对企业集团而言具有巨大的商业价值，因此逐渐成为企业信息化管理的发展方向。基于云计算技术和云服务平台的财务管理方式也将成为越来越多企业集团实践、发展的方向。

（二）依托云技术的虚拟财务共享服务中心的优势非常明显

建立财务共享服务中心的基本出发点在于满足企业集团复杂的财务管理需要，降低财务管理成本、提高效率，云计算模式的特点能够很好地契合这些需求。首先，云计算服务平台可以让资源动态分配，随时拓展，并且按使用流量计费，有效解决了企业集团因业务量分布不均导致的资源浪费，提高资源利用效率，节约成本。其次，用户通过终端设备接入互联网即可获取云服务，大大减少了本地数据的存储与处理，避免因购置软硬件设施以支持财务管理工作而带来的大量资金投入，企业亦无须维持庞大的基础 IT 服务部门以降低人力成本。更为重要的是，云计算服务平台的资源随时随地获取的特性充分满足了用户对资源使用即时性的要求，使处于不同地域不同时区的员工协同办公成为可能。由于企业的财务信息所需安全级别非常高，大型企业也可以考虑建立企业集团私有云，成立专业的安全技术团队以提高云服务的安全性。

企业未来的财务管理模式势必将与云服务模式相配合，财务共享服务中心也将采用云服务的方式提供专业的财务管理服务。从实际管理经验看，从区域中心向全球性中心的转变将是云服务在快速扩张企业中的首先应用。企业集团往往在业务集中的地域建立区域性财务共享服务中心以应对业务分布不均衡的现象。但全球业务的发展、不同区域业务的此消彼长，令区域性财务共享服务中心的建设面临巨大的尴尬与风险。一旦区域业务量下降，该区域的财务需求也随之下降，而财务共享服务中心的管理成本却难以显著降低。加上不同地域间财务协同配合需求的日益增长，令企业集团更愿意构建基于云服务的全球统一财务共享服务平台，以实现根据不同区域业务的不同需求，灵活高效地配置服务资源。财务人员只需将电脑接入网络即可访问统一服务平台进行日常财务操作，节约大量软硬件购置与管理成本，令财务共享服务具备了较高的灵活性，完美匹配业务发展的现实需要。

通过财务共享服务中心的云平台，虚拟财务共享服务中心不再如通常情况进行人员现场招聘、现场培训、集中办公，而是不受地域和时间限制，依托网络、信息技术搭建的云平台，实现虚拟作业。届时，招聘面试、培训、作业、薪酬、离职均可通过云服务平台来实现。虚拟财务共享服务中心的建立，首先，可进一步节约初始投入成本，令企业获得更大的利润空间；其次，能够解决语言和优秀人才招募的地域限制，提升财务共享服务中心的人员素质；再次，虚拟财务共享服务中心需要的现场管理人员数量减少，运作成本进一步降低。当然，在云计算的框架下，在全球范围内建立一支能够在不同时区随时、随地协同工作的专业团队，这意味着建立新的协同工作流程和机制，解决不同地区文化习俗和作息时间的差别等非技术性问题。

二、通过大数据思维和技术提升财务共享的数据价值

"大数据" 并非新的信息技术或产品，而是对人类世界的一切信息网络化、数字化后整个社会组织运转方式革命性变化的归纳——以一种前所未有的方式，通过对海量数据进行分析，获得有巨大价值的产品和服务，或者深刻的洞见。

（一）大数据时代海量信息的特点

1. 信息量超大

数据量大小远远超过典型数据库、数据分析工具能够存储、管理和分析的量级，常规软件失效。

2. 信息增速超快

随着社交媒体、移动互联网、物联网的发展，人类经济社会乃至自然活动的信息正在以前所未有的速度增长，过去几年的增长量已经超过了计算机诞生以来所存在的全部的数据量。如同一个人无法在有生之年看遍世界所有的书籍一样，目前对于数据的处理、分析能力已远落后于数据的增长。

3. 海量的数据愈发呈现多样化、关联性的态势

非结构化数据已占据数据总量的 80%，不同领域数据集之间深度的交叉关联，造成了数据处理、分析的难度不断增强。"微博上的内容和社交关系，Flickr 上的图片共享，手机通信关系，淘宝上的购物记录等数据通过同一个用户关联起来；又如移动手机定位的移动轨迹，车载 GPS 的移动数据，街旁上的签到数据，顺丰物流的递送数据通过同一个地点关联起来。" 跨域关联是数据量增大后从量变到质变的飞跃，是大数据巨大价值的基础。"

4. 价值密度低

由于大量非结构性数据占据数据量的主体，使得数据分析、处理难度增大的同时也进一步降低了数据的价值。例如，监控视频尽管是 24 小时不间断拍摄，但对使用者而言，其中绝大部分的内容是没有价值的，仅有极少部分甚至一两秒的

数据具有使用价值。

（二）大数据对社会经济的影响

麦肯锡最早提出“大数据”时代的到来及其对社会经济的影响。麦肯锡在研究报告中指出，数据已渗透到每个行业和业务职能领域，逐渐成为重要的生产因素。大数据时代的到来不仅意味着生产力水平的提升，还意味着经济结构的转型，这将会给整个人类社会带来从生产生活到意识形态上的革命性的变化。服务将以引入更多个性化和数字化的方式进行呈现；人类知识的积累、科学的研究方式将会大规模引入定量化数据分析；数据本身的商业价值进一步凸显，并将以数据为产品，在数据市场上形成数据的加工、交易产业链。大数据不仅仅代表数量级上的变革，更代表着数据形态、数据处理方式、数据分析理念与方式上的变革，代表着商业决策、商业模式、科学范式，甚至生活方式和观念的颠覆性变化。

传统的商务智能运用数据仓库和数据挖掘技术，对企业内部数据进行存储并分析，能够提供包括客户价值评价、客户满意度评价、服务质量评价、营销效果评价、市场需求评估等各种基于简单统计和关联挖掘的报表——这些统计结果对于企业自身评估和决策起到了重要的作用。但这种数据结果对于整个商业运作而言仅仅起到辅助管理者经营判断的作用，这些数据本身无法成为商业决策的核心。

（三）大数据催生新的商业模式

随着人类社会信息化程度不断加深，社会、经济活动信息全面数字化。小到每个个体的消费习惯、衣食住行信息、兴趣、偏好，大到整个社会的经济发展状况，都以数据的形态被储存下来，形成了海量的数据。基于海量数据分析进行商业判断和资源配置已经逐步发展出多种不同的商业模式。

首先，就企业自身而言，依靠大数据分析做出企业业务发展的关键性判断，指导企业的发展战略、提高业务质量。企业在生产产品和提供服务的过程中不断产生大量数据，包括企业产品数据、客户数据、交易数据等。通过对这些数据的挖掘与分析，可以发现企业存在的问题或用户的行为习惯，对产品进行优化和改进以吸引更多的客户，进而产生更大量的数据。例如，电子商务巨头 Amazon 根据自己所掌握的用户购买行为数据，通过大量复杂算法对数据进行分析，形成了判断用户喜好的商品推荐服务。随后这项服务在运营过程中不断积累新的用户使用数据，Amazon 再根据新的用户数据不断调整自己的算法，令推荐商品的判断变得更加精准。国内的天猫、京东等一线电子商务企业，同样在采用类似的方式，分析用户的购买行为，优化自己的产品和服务。这种“数据分析—优化业务—获取更大数据—继续优化业务”的方法已经成为以互联网企业为代表的新型企业普遍采用的商业模式。

其次，不同企业组织掌握不同类型的数据，这些数据之间有着不同程度的关联性。对单个企业而言，自身掌握的数据不仅对自己的经营有价值，可能也对其他机构、组织具有价值。因此，企业既可以通过科学的方式用自己掌握的数据与其他机构合作从而解决他人的问题，也可以寻找拥有自己所需数据的组织机构来解决自己的问题。这种跨越组织机构间数据的交流和共享将进一步提升数据的价值，形成新的数据服务。

由于信息数据本身经过加工整理后对有需要的组织和个人而言具备价值、稀缺性和可交易性，因此如同“碳排放权”一样，基于数据的买卖交易就可以成立。未来随着整个全球性数据管理使用标准、规范的逐步确立，数据本身也将成为可交易的商品，针对不同类型数据的收集、加工、交易市场等数据产业链将进一步完善。拥有原生数据并能对数据进行整理、关联分析、发现其商业价值的机构将成为数据服务产业链的核心。由于大数据具有以上商业价值和前景，因此它在财务管理领域也将产生深远的影响。

（四）大数据对财务共享服务的影响

一方面，财务共享服务中心这种集中化、规范化的运作模式，业务量巨大，并且随着全球化的发展业务差异将更加明显；另一方面，财务共享服务中心集中了企业集团内部各个商业模块、模块间的特殊业务及财务数据信息在财务共享服务中心得到有效集中和整合。在大数据技术和数据思维的前提下，财务共享服务中心将朝着以下两方面发展。

1. 大数据助力财务共享服务中心的流程优化

受企业业务领域拓展、组织结构变化、战略目标转变等因素影响，财务流程乃至整个业务流程的优化在财务共享服务中心呈现为持续性的过程。其业务流程的优化方式可归纳为“整理业务需求—发现流程问题—制定新的流程—测试、执行新流程—发现流程新问题—制定新流程”的持续优化的过程，其核心与互联网企业基于海量数据的持续优化产品、服务的逻辑类似。不同之处在于财务共享服务中心的流程优化并不一定建立在对海量数据的分析基础之上，在发现需求和问题阶段很可能由专业财务人员、流程专家在经验和数据辅助支撑的基础上制定新的流程。由此可见，传统的财务共享服务中心的流程优化过程受人为因素影响很大。但是随着财务共享服务的推广，越来越多的业务数据得以采集，财务共享服务中心可采用数据挖掘的方式发现问题、优化流程与服务。如果财务共享服务中心除了为企业内部客户服务外，还为某个行业的客户甚至跨行业客户提供财务服务，其拥有的数据不仅局限于某些具体企业，还可能获得行业性整体数据，数据规模更为庞大，更具有代表性。

2. 大数据帮助财务共享服务中心挖掘商业机会

财务共享服务中心四种常见模式中，独立经营模式代表着面向市场的专业财务共享服务供应商。事实证明，财务共享服务中心的经营趋势，正从通过服务补偿成本向通过服务赚取利润转变。针对参与市场竞争的财务共享服务中心而言，大数据分析能力可有效帮助其挖掘商业机会，提升市场竞争力。

基于云服务平台，财务共享服务中心可以为客户提供除具体业务集中服务之外更高价值的深度服务，如财务管理与咨询。管理会计中的部分资源配置及数据分析工作，包括预算的编制、执行、监控及财务数据的整合与分析，同样可以在财务共享服务中心的统一系统平台上集中实现。大型财务共享服务中心可以效仿互联网巨头 Google、Amazon，将自己在提供服务过程中得到的各行业、各类型业务的数据汇聚起来，利用云计算与大数据处理技术，从不同维度对这些数据进行持续的分析、处理和挖掘，寻找并验证可能存在的各种具备商业价值的结论或规律。这种从海量数据中寻找、发现有商业价值的财务信息的能力和服务将成为未来金融、财务信息交易市场的核心产品。

当前，绝大多数财务共享服务中心的数据无论是从内容、结构还是从体量上均不具有大数据的特点，其数据分析、数据挖掘方式仍较为传统，且尚不具备大数据处理的基本条件。但随着移动互联网、物联网的高速发展，大数据应用技术将逐渐成熟，大数据技术商业化将像云计算一样迅速发展起来。目前，以中兴通讯为代表的成熟的财务共享服务中心已经向云计算、云服务方向发展，并取得了不俗的成效。相信在不久的未来，大数据的应用技术也将会在财务共享服务领域发挥积极作用。在采用云计算技术实现财务共享服务的全球化、虚拟化的同时，会不断获得海量的业务数据，有效分析、使用这些数据，发挥其价值，将成为财务共享服务中心的核心竞争力。

三、财务共享服务中心支持企业司库管理建设

资金，作为企业生存、发展和获利的最基本保障，在企业追求价值最大化的过程中，始终以不同形态贯穿于企业的各项经济活动中。资金管理渗透于企业管理的全过程，它是财务管理的主要对象。推行以资金管理为核心的财务管理工作更有利于实现集团企业管理目标。目前，企业也正在寻求一种更好的方法来管理企业的现金头寸。于是，从资金的集中管理、内部资金结算中心、内部银行到财务公司的建立，出现了各种典型的资金集中管理模式。目前来看，资金管理的范围不断扩大，正从企业内部向外部延伸。在管理手段上更加先进，现代信息技术和计算机网络的应用加快了价值链各环节之间传递信息的速度，使资金管理中心的工作人员能够通过网络及时了解各子公司的财务状况，控制其资金流向。

（一）信息技术对资金管理的推动作用

从国外企业集团资金管理的实践来看，大多数大型跨国企业集团开始通过借助先进的信息技术、通信手段和金融体系建立了企业司库，并赋予企业司库越来越丰富的职能。司库一般具有如下特点：组织专业化，独立于会计、税务的管理体系，实行垂直管理；资源集约化，全部资金都由集团司库掌控，风险统一管理，资金统一运作；手段信息化，使用成熟软件，与 ERP 无缝衔接。司库管理的核心是集中管控资源、集中管控风险、提升公司价值。在司库管理内容上，从收支管控向融资、投资和风险等内容扩展，形成体系化的流动性管理、债务融资管理、金融市场投资管理、风险管理和决策支持，扩大了管理范围，丰富了管理的内涵。

（二）司库成为资金管理转型的方向

在财务管理领域，人们普遍认为企业管理的核心是财务管理，财务管理的核心是资金管理。这种理念使得企业集团的资金管理逐步从分散走向集中，其主要

缘于企业集团分散的资金管理模式所存在的突出问题。这些问题主要表现在：①由于资金分散管理造成大量资金散落在分子公司，资金使用效率低下，存贷双高的现象又带来融资成本增加；②资金分散管理使得集团对于下属企业的资金质量及其运行情况无法得到有效及时监控；③资金账户分散管理容易形成信息孤岛，使企业集团无法有效配置资金资源，无法做出正确的投融资决策；④资金分散管理无法发挥集团公司的规模经济效应，获得更多的融资优惠，降低融资成本。在这些问题凸显的背景下，企业集团逐步开始尝试实施资金集中化管理。于是逐步出现了适应不同公司规模、不同发展成熟度、不同金融监管背景环境下的资金集中管理模式，它主要包括报账中心（统收统支、拨付备用金方式）、财务结算中心、内部银行、财务公司、企业司库等各种形式。

目前来看，企业司库管理模式是在金融监管逐步放开，通信、信息技术更为成熟，金融体系更加健全的背景下实施的一种最成熟的资金集中管理模式。它使资金管理的运作满足了集团公司统一配置金融资源、集中进行风险管理、最大化进行资金利用、为战略管理提供决策信息等一系列的管理需求。

司库管理是集团企业资金管理的高级形式，其目的是通过集团企业内部资金的整合和风险管控，实现生产经营、投融资决策、业务协同、风险管理的一体化应用，以更好地为集团的战略发展服务。一个完整的司库管理系统如图19-1所示，它包括决策支持、理财及风险管理、流动性管理三个部分。

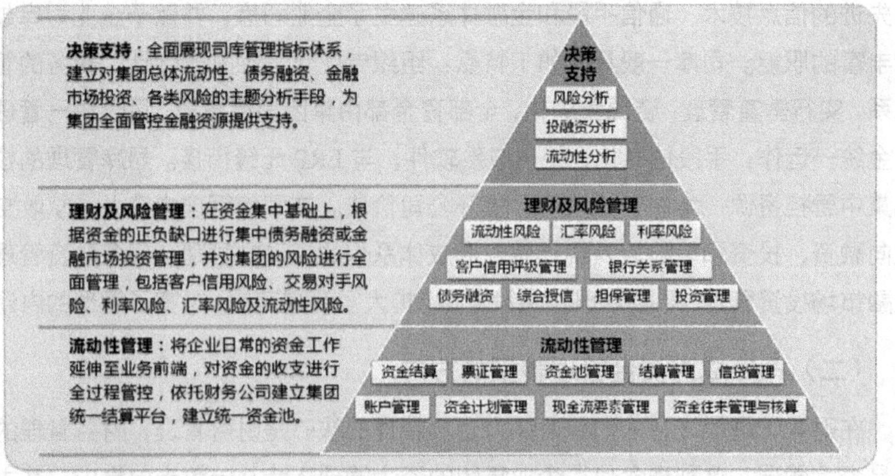

图19-1　司库管理的组成结构

目前，司库系统已经在西方国家大型跨国公司中进行了多年的尝试和实践。像通用、壳牌、英国石油公司、西门子、三菱等跨国集团公司都专门设置了与会计部门平行的企业高级司库管理职能。通过建立全球资金池，进行垂直化统一管理，借助银行高效的直联系统来提高资金使用效率、降低资金使用成本和使用风险。尽管我国的中石油集团在2009年就已经开始研究、借鉴和引入了大司库管理的资金管理平台，但对于我国大多数的大型企业集团来说，更多地还是停留于传统的财务公司或财务结算中心的资金集中管理模式，更多职责内容限于流动性管理之中。

（三）财务共享服务与司库的分工协作

财务共享服务中心的建设，在资金统一收付、账户集中管理、银行资源集中协调等方面的经验已经十分成熟。如果将财务共享服务中心与司库管理系统进行对接，第一，财务共享服务中心可以发挥“支付工厂”的角色，通过银企直联、第三方支付公司与企业的对接，实现资金安全、高效的集中收支；同时，通过资金池的建设，使企业内资金流转更加透明、便捷，资金计划执行更清晰，能够增强资金的可视性和流动性管理，加强对于资金支付时效的管控。第二，通过企业内银行账户的集中管理，能够实时监控企业所有银行账户使用情况、资金头寸，能够有效降低资金沉淀，增强资金安全，有效避免小金库等问题的出现。第三，通过资金的集中收付管理，能够将企业资源整合，更加高效地整合银行资源，保证银行关系管理更有利。第四，财务共享服务中心还可以通过信息系统集中风险管理的流程，将资金风险监控预制到系统内，进行风险预测及预警，保证资金风险有效屏蔽及管理。

财务共享服务中心资金结算中心的建设，能够解放司库管理人员的时间和精力，去从事资金增值的管理，而不是停留在对支付流程的管理和监督上。财务共享服务中心的数据集中优势还可以针对司库管理的决策提供数据分析支持服务，这将大大提高司库管理的效率。

在国外，司库管理在欧美企业运营已经逐渐趋于成熟，在国内的发展尚有很长的路要走，而财务共享服务中心平台，可以更快地推动司库管理在企业中的应用。

四、财务共享服务中心支持企业管理会计的发展

管理会计目前研究的内容主要集中在成本管理、预算管理、业绩评价、管理会计信息系统和人才管理五个方面。财务共享作为企业整体财务数据的集合平台，未来可从以下五个方面支持管理会计的发展。

（一）成本管理支持

成本管理是采用全成本管理理念，将成本转化为可对象化的费用，使成本的提取维度不断精准，从而控制企业的成本，提高企业的价值。在财务共享的财务管理模式下，可以从以下两个方面体现财务共享对管理会计中成本管理的支持。

1. 财务共享推动精细化成本核算

财务共享通过对作业更加精细、标准化的核算，有利于加强企业对整体作业成本的管控能力。传统财务管理模式下，各机构按照自身的核算标准进行会计成本核算，最终整合给母公司。由于各机构之间财务处理可能存在差异，集团层面得到的企业整体成本数据的可比性与真实性均有所降低。实施财务共享后，各机构的作业成本核算集中于财务共享平台之上，财务共享服务中心统一规范各机构间的财务数据核算口径，集团得到的各机构的成本数据以及整合的成本数据将更加真实、准确、可比，使管理层能够更全面深入地了解各机构的成本动因及企业整体成本情况，有助于企业寻找可优化的作业与流程，从而降低企业成本，加强集团的成本管理力度。另外，通过对各机构成本费用的分析和比较，明确各机构成本的来源，有助于集团防范机构虚增成本、侵蚀企业资产的风险，从而提高企业整体的成本管控能力。

2. 财务共享本身具有的规模效应降低企业成本

传统财务管理模式下，企业下属所有分子公司均需设置财务部门，配置整套财务管理系统，造成财务人力成本与系统成本较高。然而，在财务共享模式下，将各机构财务业务集中起来进行统一处理，形成规模效应，降低了财务人员的人力成本。实施财务共享后，一个员工可以处理多个机构的财务业务，在业务量相同的情况下减少了财务人员的数量，直接节约了人力成本；同时，在标准化流程

与规则基础上，通过集中处理，提高了财务人员的作业效率，间接节约了人工成本。可见，通过财务流程的再造，消除了重复的以及不增值的作业，优化了价值链，从而降低了企业的成本。可见，财务共享服务中心建立的其中一个重要原因也是基于企业成本管控的需要，从这方面看，财务共享可以认为是管理会计中战略成本管理应用的成果之一。

（二）预算管理支持

预算管理是利用过去的信息，对未来的经济活动与财务结果进行预测，并通过对预算执行的监控和改善，帮助管理者更好地管理企业。在财务共享的财务管理模式下，可以从以下三个方面分析财务共享对管理会计中预算管理的支持。

1. 财务共享有助于预算的编制更加准确

企业预算的编制是预算管理的第一步工作，只有制定合理有效的预算编制，才能真正起到预算管控的作用。企业的预算编制基本都是基于历史数据分析得出的。在传统财务管理模式下，集团下属机构众多、财务数据核算标准不一，使得集团预算编制工作繁重，且较难在集团层面制订统一的资源配置方案。实施财务共享后，统一的核算口径使得历史财务信息更加专业、可比。预算管理部门可以提取经财务共享服务中心标准化处理后各机构的财务数据，通过对历史数据的分析与比较，在集团层面制订更加准确的总体预算方案。

2. 财务共享有助于预算的执行更加有效

企业预算执行是预算管理最重要的一步，预算执行的效果是预算管理成果最重要的体现。在传统财务管理模式下，预算的具体执行与监控责任均由机构自身承担，最后将预算执行结果汇总于集团公司。可见，集团公司并未真正参与机构预算的执行，这加大了预算执行不力的风险。实施财务共享后，各机构的经济作业集中交付于财务共享服务中心处理，集团通过对财务共享的财务信息系统设置预算管控，可以有效并且精细地控制各机构、各费用的预算，保证预算的编制得到强力执行。同时，由于财务共享服务中心更具有时效性，能对预算执行过程进行实时监控与反馈，改善预算执行过程中的偏差，从而有助于预算管理目标的实现。

3. **财务共享有助于预算的分析考核更加公平**

预算是一种数字化的计划，其本身具有可考核性，因而可以根据预算执行情况来考核工作成效，分析差异并改进工作。在传统的财务管理模式下，各机构预算的执行具有独立性，其考核结果可能会引起各机构间、员工间的矛盾，不利于预算管理的进行。实施财务共享后，各机构的预算执行过程均由集团公司统一控制与监督，其预算执行结果也可以运用统一的标准进行衡量，这加大了考核的公平性，有助于实现有效的业绩评价与员工激励。

（三）业绩评价支持

业绩评价是企业对其经济状况及运行实质的评价反馈。在财务共享管理模式下，可以从以下两个方面分析财务共享对管理会计中业绩评价的支持。

1. **财务共享有助于业绩评价指标更为全面**

业绩评价结果的合理性与业绩评价指标的全面程度存在正相关性。在企业中，随着平衡计分卡这一业绩评价指标的积极引入，企业业绩评价指标所包含的内容更加丰富与全面。平衡计分卡作为一种框架性的评价方法，它不但与企业的短期战略有关，而且需要把短期战略的行动方案及对行动方案的度量与长期战略有机结合在一起，构造出公司战略和实施动态发展的全过程，更好地反映企业经济状况。其基本思路是将涉及企业表面现象和深层实质、短期成果和长远发展、内部状况和外部环境的各种因素划分为几个主要的方面，并针对各个方面的目标，设计出相应的评价指标体系，以便系统、全面地反映企业的整体运营情况，为企业的战略管理服务。然而这些指标的获取与衡量需要更加系统化、精细化的数据支撑，而财务共享恰恰可以提供这种精细化、系统化的数据。

2. **财务共享有助于业绩评价结果更为准确**

业绩评价结果的准确度与业绩评价指标数据的正确性存在显著正相关性，即业绩评价指标数据的准确性越高，其业绩评价的结果就越准确，反之则越低。在传统的财务管理模式下，财务部门需要耗费大量精力用于费用报销、会计核算、对外报告等基础业务的处理。鉴于传统财务管理模式下的企业财务管理过度分权，各机构以自身为中心追求利益最大化，会计核算准则也因机构的主观选择性而各具特色，从而造成数据核算口径的不一致，这大大弱化了数据的可比性和准确性。

财务共享作为一种新型的财务管理模式，通过信息技术、流程管理、组织再造等多维度学科知识，提供标准化、规模化、流程化的数据信息，利用这些信息来评价企业业绩，大大提高了评价结果的准确性。

（四）管理会计信息系统支持

在财务共享管理模式下，财务共享对管理会计中信息系统的支持主要体现在财务共享有助于管理系统的建设实施。随着以计算机技术和现代网络技术为代表的信息革命向经济和社会生活的深度和广度渗透，尤其随着近年来云计算、大数据、移动互联网等新兴技术的快速发展，企业越来越重视通过信息化推动和加强企业自身管理会计的等各项工作。推进面向管理会计信息系统的建设，是企业建立和发展管理会计的重要基石。随着大数据和互联网的发展、信息资源进一步的开放和共享，企业与外部环境之间、企业内部各部门之间的信息沟通更加广泛和快捷，业务信息与会计信息之间融合加快，为企业运用管理会计提供了更多可能。同时，也意味着管理会计要想真正发挥作用，必须在海量的数据中寻找和挖掘到有价值的信息，并予以整合分析，这一过程不借助信息化很难实现。因此，坚持大数据为基础，推进管理会计信息系统建设，能够保障成本控制、全面预算管理、业绩评价等更加高效、顺畅地运行和开展，是有效支撑管理会计应用的时代要求。财务共享作为一种流程化、精细化、系统化的管理模式，存在对信息技术的内在需求。一方面财务共享信息系统的建设在一定程度上促进了企业信息化系统的不断升级与完善，另一方面信息化系统是在相互制约、相互联系的基础上设计而成的，可以说加强了企业内部相互制约的管控能力。

（五）人才管理支持

随着国际竞争的日益加剧、信息技术的快速发展，人才资源已经成为企业竞争不可或缺的重要性、战略性、核心性资源。在财务共享管理模式下，财务共享对管理会计中人才管理的支持主要体现在以下两个方面。

1. 财务共享释放会计基础核算人才

会计人才作为企业人才体系不可或缺的重要组成部分，是企业持续、健康发展的关键所在。截至目前，虽然我国共有 1 660 万名会计人员，但总体来看，我国管理会计方面人才匮乏，难以有效支持企业经营决策。财务共享作为一种新型的财务管理模式，它不同于传统的集中式或分散式的管理模式，而是通过将各业务单位分散进行的某些重复性的业务集中整合到共享服务中心去处理，这种创新一方面克服了在传统财务管理模式下，随着企业集团成员的不断增加，组织机构逐渐庞大，需要的管理机构与服务机构也越来越多且不同的单位都需配备相似的职能部门的局限；另一方面释放了各机构财务部门的基础核算人员，将更多的人员和精力投放到管理会计方向。

2. 财务共享为企业输送管理会计人才

面对我国严峻的竞争形势，以及财政部对企业发展管理会计的要求，管理会计体系在企业的建设与发展成为必然，然而管理会计体系的建设与发展离不开专业人才的支持。随着财务共享内部核算人员的统一培训和工作，使得共享服务中心的人员更加熟悉整个企业的业务模式与经济实质。此外，核算会计的工作积累为管理会计的相关工作打下了坚实基础。

第二十章

财务共享服务中心建设政策建议

一、明确财政部在推动财务共享服务建设中的作用

党的十八大报告明确提出："经济体制改革的核心问题是处理好政府和市场的关系，必须更加尊重市场规律，更好发挥政府作用。" 健全社会主义市场经济体制应遵循这一规律，着力解决市场体系不完善、政府干预过多和监管不到位的问题。一个企业投资什么、怎么投资、在哪里投资，政府应该引导而不是规定，这样才能尊重市场规律和企业自身发展规律，才有利于调动企业家的积极性和首创精神。政府的职责和作用主要是保持宏观经济稳定，加强和优化公共服务，保障公平竞争，加强市场监管，维护市场秩序，推动可持续发展，弥补市场失灵。

基于以上认识，我们认为，尽管建设财务共享服务中心在国际上的跨国公司和西方大型企业集团经营管理中已经成为一种时尚或共识，但财务共享服务中心建设本身必须遵循一定的规律，具有一定的适用范围，并不是每个企业都必须实施的一种变革。选择是否建设财务共享服务中心更多的是企业自身需要思考的一种财务管理变革。企业需要结合自身的发展战略、行业特征、业务规模、控制环境、企业所处生命周期等多种因素评估实施的可行性。

财政部作为全国主管会计工作的政府监管部门，应更多地从政府与市场职责划分的角度出发，发挥引导、服务、沟通协调的作用，采取鼓励但不强制的态度，防止一刀切现象的出现。财政部应该针对财务共享服务认真组织相关课题或调研研究，探讨中国特色的财税体制下财务共享服务建设与运营中存在的主要问题，积极从未来中国企业走出去、做强做优的视角上，从法律法规、政策层面正确引

导和帮助一些已经建立、未来准备建设财务共享服务中心的企业扫除一些制度性的障碍，支持财务共享服务中心的建设与有效运营。例如，电子发票问题、信息化环境下的会计档案管理问题、财务共享服务中心绩效评价的标准化衡量指标等突出问题。

二、与国家税务总局协调发票问题

（一）作为原始凭证的税务发票归属地问题

按照我国税法规定，原始发票必须保留和归档在当地的业务机构，增值税发票也必须用当地防伪税控系统来开具，不能集中在财务共享服务中心所在地来统一开具。传统的母公司和分公司之间一般是采用快递的形式传递纸质的单据。共享以后，由于负责扫描单据的影像系统的上线，单据传递逐渐向电子化传递形式靠近。以往的单据传递模式均是由营业网点对相关报销单、收款单、付款单等原始凭证进行收集，传递到分公司入账，再传递到总公司入账。现在，单据只需要传递到各分公司扫描点，然后进行电子扫描传递到母公司。各原始凭证则仍然留在各扫描点，由分公司建立仓库集中入库管理。这样的处理虽然能够在很大程度上节省票据传递的成本，但也直接带来了票据不合规和管理难度加大的风险。同时，需要成员单位财务人员对原始单据进行仔细预审。由于各地执行标准存在不一致情况，需要制定复杂的单据匹配规则，因此对系统的要求相对较高。这在一定程度上增加了企业的运营成本，也给各个企业面对税务稽查时带来很大的隐患。

（二）电子发票问题

信息系统是财务共享实施的重要前提和技术保障，其中影像系统是共享服务中心可远程为集团各机构提供财务会计服务的基础。通过影像系统解决了业务核算过程中存在的原始凭证流转、查阅、审核等问题，实现了影像采集、传输、审核、查阅、业务单据跟踪等功能。电子发票的出现能够减轻原始单据流转采集的工作量。凭借自身电子信息形式优势，电子发票可以实现实时报销，大大提高了入账时效，能有效防止发票造假及丢失问题。但是对于电子发票这种新型票据，无论是发票提供方还是报销使用方，对于两者的会计信息系统要求都相应有所提高。因此，应出具相关系统管理的制度要求，来确保电子发票从出具到实际报销全过程的顺利完成。同时对于发票来源渠道不统一、管控难度大、监控范围有限等问题，财政部应会同相关部门及时出台相关使用规范。财务共享服务中心应结合有关规范加强对电子发票的协调管理，建立统一的发票管理流程，对内与影像系统互联，对外接入各种发票开具渠道，实现对发票的实时监控管理。

此外，银行电子回单也同样面临类似问题。财务共享的集中管理，带来了资金的集中收付，集团化运营必然会有大量的资金收付，从而带来大量的银行回单。传统的银行回单管理模式将纸质回单一一匹配到凭证中，工作量非常大。而目前银行的电子回单已经很成熟，企业可以自行在系统中下载使用，并且具有法律效力。如果能够推动银行电子回单的使用与存档，将大大减轻企业的负担。

（三）发票验真问题

发票验真是一项重要的财务审核工作，目前采用的方法是：登录税务局网站，逐项核对发票代码、发票号码、开票单位、开票日期、税务登记号码、开票金额等发票信息。发票验真一直是企业财务部门非常重视的一项合规审核工作，比较此前的分散审核，财务共享作业是高度集中的作业模式。如果把这项审核工作纳入财务共享服务中心的作业范围，工作量的巨大是可想而知的。因此，大多数财务共享服务中心没有承担这项工作。按道理讲，税务机关应当提供查询发票真伪的便捷渠道，但目前各行业、各地区发票不统一，部分地市的垄断性行业票据甚至存在与税务要求有差异的情况，如交通行业、通信行业、水电费等票据，会存在不加盖发票专用章、发票金额不明确（实缴金额与应交金额、预缴金额等同时显示）、未严格执行机打号码与发票号码一致性的要求等问题。没有统一的发票验证平台，验证途径较单一。

财政部应积极与国家税务总局沟通，建议开发全国统一的发票验证终端系统，统一同一行业的发票模板及票样、发票信息项目等，在发票取得时即可通过条形码等方式进行验真操作。如此，企业可以避免更换发票的麻烦及产生经济损失。或者开发全国统一的发票验证系统，允许企业财务共享系统与该系统进行对接，减少财务人员的手工操作，提高财务共享服务中心的运营效率，同时还能够降低税务风险，便于监管机构的日常检查和监管，也便于企业进行财务审核。

三、针对财务共享服务模式下的会计档案管理出台相应制度

虽然新的《会计档案管理办法》已经财政部部务会议、国家档案局局务会议修订通过，自 2016 年 1 月 1 日起施行。但从内容来看，其并未考虑财务共享服务中心这种特殊财务管理变革模式下会计档案管理工作的问题。

（一）财务共享服务带来的会计档案管理变化

财务共享服务中心的建设实施使得企业会计档案管理从原来横向、属地化管理转变为纵向、流程化管理，由此带来会计档案管理各方面工作的改变。

第一，财务共享的建立导致财务管理体制重心从依赖经营实体的属地化财务管理体系转变为依赖共享服务中心构筑的标准化管理体系，由此带来传统属地化会计档案管理体系变化。

第二，财务共享服务中心采用影像系统，形成影像资料后的纸质会计档案的管理受重视程度降低，造成会计档案归档的完整性与合规性受到考验。

第三，会计档案管理流程复杂。会计档案的形成从单纯在经营单位所在地一直延伸至共享服务中心，过程长、环节多、链条长，其间介入岗位增多且职责存在交叉，管理责任分工不明确甚至出现缺失，加大风险控制难度。

第四，会计档案质量控制主体发生变化。共享模式下共享服务中心成为会计档案质量控制最终主体，对会计档案质量承担责任。

第五，共享模式下会计档案的形成、保管、调阅等环节出现大量电子媒介会计档案，由此造成会计档案影像化管理、电子文档存储合规性、新内控防范点设置等问题。

第六，在集中核算的前提下，部分企业将原始单据进行集中扫描，故纸质档案也会集中在财务共享服务中心所在地，会计档案的异地存储面临监管压力。

（二）探索财务共享工作中的会计档案管理新模式

基于会计档案管理环境发生的变化，应不断探索共享模式下会计档案管理工作的新标准体系。

1. **建立会计档案管理新体系**

财务共享模式下财务共享服务中心作为会计档案质量控制的最终主体，应建立会计档案形成过程新责任体系，作为责任划分和集团管控的基础。

2. **规模化、电子化管理，降低管理成本**

在财务共享模式下整合会计档案各环节基础工作，建设统一的会计档案标准化、数字化处理平台，通过规模效应降低会计档案管理成本，增加会计档案基础服务工作，发挥集中化、信息化管理优势，延伸和革新会计档案管理的标准化和规范化，并在此基础上形成国家及行业标准。

3. **加强会计档案流程管理**

利用条形码、射频识别等信息技术，加强对会计档案各环节和步骤的实时跟踪和定位，并据此进行加工处理，实现会计档案标准化流程管理。

4. **注重会计档案质量管理**

通过标准化、专业化手段监控会计档案质量，降低因自身处理质量问题带来的风险。财务共享模式下纸质和电子会计档案并存，应确保两种形式档案资料一致，并得到政府监管部门的认可。

5. **加强会计档案风险控制**

确保纸质会计档案的真实性与相关影像资料的一致性，注重会计档案形成过程的风险控制，防范会计档案形成和流转过程中的外部风险。同时，应注意对电子会计档案的安全风险控制，确保存储介质物理性能不变，定期复制会计档案的介质，加强会计网络的安全性，定期检测信息系统运行情况，防止电子档案毁损和丢失。

6. **理顺会计档案保存方法**

理顺在集中核算、会计档案集中管理模式下，会计档案的保存方法；研究建立针对会计档案异地管理模式下财政、税务等监管方对会计档案的审查机制，在保证监管方能够有效了解企业真实情况的同时，减少企业会计档案流转存在的相关风险。

需要注意的是，我国财政部 2013 年下发了《企业会计信息化工作规范》财会

〔2013〕20 号文件，其中规定：“同时满足一定条件的会计资料，可以不输出纸质资料。”该规范从政策制度层面认可了电子会计资料的有效性，免除企业对一定范围内会计资料的打印责任，这是建设社会主义生态文明，促进社会整体信息化水平进一步提高的现实要求。但文件下发至今，对于这项规定，大多数的企业还大都持观望态度。我们认为，目前企业的困惑或顾虑主要还是来自监管部门的检查。因为目前大多数监管机关的检查，还都需要查看企业的纸质会计档案。

四、明确移动终端运用“软证书”电子签名（章）的合法性

2013 年 12 月 6 日，财政部以财会〔2013〕20 号印发《企业会计信息化工作规范》，该规范第 40 条、第 41 条规定：“企业获得的需要外部单位或个人证明的原始凭证和其他会计资料，同时满足下列条件的，可以不输出纸面资料：① 会计资料附有外部单位或个人的、符合《中华人民共和国电子签名法》的可靠的电子签名；② 电子签名经符合《中华人民共和国电子签名法》的第三方认证；③ 满足第 40 条第 1、3、5、6 项规定的条件。”

根据上述规范的要求，企业在电子签名过程中，普遍使用 UK（Usb Key）来保存数字证书。但在移动应用日益普及的情况下，UK 不太适合手机等移动终端设备的即插即用。建议财政部联合工信部及其他相关部委，明确在移动终端设备应用“软证书”进行电子签名的具体技术标准，以推动企业使用移动终端设备亦能实现电子档案和凭证无纸化。

五、开发建立通用/可比的服务水平量化指标体系

财务共享服务中心不是简单的流程操作与标准化管理，它需要不断地检查和更新业绩指标。通过服务水平协议的量化指标，以最低成本提供高效率、高质量、高满意度的服务。这些指标必须能够清晰地描述财务共享服务与客户双方最低可接受的服务水平。例如，一个财务共享服务中心承接一个客户的报销审核业务，那么协议中就要约定报销时限、差错率等指标。这些指标可以帮助财务共享服务中心清晰地认识顾客的需求，更好地满足顾客的希望。但问题的关键是，什么是高水平的服务，其标准是什么？从目前被调研的典型案例企业来看，缺乏统一的

指标类型、指标范围、指标定义，以致财务共享服务中心无论对内还是对外签订服务水平协议都在使用自己的一套标准。以日均处理单量为例，有的共享服务中心为 3 500 单，有的为 100 993 单，有的为 2 100 单，由于各自的指标定义不同，无法衡量财务共享服务中心效率的高低。因此，应该由专业的权威行业协会或研究机构发布具有指导意义的服务水平协议通用指标体系，并定期发布标杆企业各指标数据，以此来衡量财务共享服务中心的绩效，以督促其不断提高服务水平，促进行业的健康发展。

六、推动上市公司财务共享服务外包的放开

财务共享服务中心一般是集团财务内部业务分层、岗位分层、人员分层的产物，而集团在控股多家国内、海外上市公司、军工或其他重点保密单位时，根据《证监会——上市公司治理准则》第 22 条、第 23 条与《中华人民共和国保守国家秘密法》第 24 条、第 26 条之规定要求，财务共享服务中心在承接上市公司、军工企业或其他重点保密单位的财务共享业务时，遇到了现有监管要求的限制，而无法进一步拓宽财务共享业务范围。2013 年四川长虹财务共享服务中心欲对控股上市子公司——合肥美菱股份有限公司实施财务共享而请示安徽证监局时，得到的回复是由于四川长虹与美菱均是上市公司，与《证监会——上市公司治理准则》第 22 条、第 23 条的规定有冲突，因而不予批准。

建议财政部与证监会、保密局等国家部委沟通后，同意财务共享服务中心在签订《保密协议》和确保网络信息安全的前提下，可以承接上市公司、军工企业等集团内外部单位的会计核算业务。

七、探索和总结全球财务共享服务中心的实践经验

随着我国政府经济预期的调整，经济放缓将呈现“新常态”。面对国内的产能过剩，强调境外投资、鼓励中国企业投资其他市场将成为我国经济结构调整战略的一部分，旨在摆脱中国经济对国内生产和出口的传统性依赖。这时，我国的一些大型企业、企业集团开始考虑将经营活动和投资转移至海外，这需要我国的企业不断规范和提升海外经营活动的经营管理活动。财务共享服务的理念本身就来

自20世纪末跨国公司的管理创新，并迅速得到财务界的认同和推广。但财务共享服务在国内企业中的推广和应用不过十年左右时间，其在我国国内跨区域的建设与运营管理尚处于探索阶段，因此全球运营管理的经验肯定不足。但应该肯定的是，财务共享服务中心作为跨地域、跨职能、整合企业不同领域的能力和商业知识的最佳实践，无疑是中国企业加速实现价值链转型、完成国际化拓展的重要工具和手段。建议财政部加强对全球财务共享服务中心的扶持力度，支持“走出去”的企业更好地应对复杂的税收环境、信息系统技术环境、法律监管环境，在确保账务准确的基础上，放宽对海外会计核算、档案管理等相关基础工作的限制。同时，定期组织相关企业进行经验交流，相互参观，相互学习好的经验和工作方法，并鼓励我国已经和即将走出去的企业积极探索全球财务共享服务模式的经验和教训，为企业的全球化战略提供重要的决策支持、管控手段，并为推动全球化的发展进程服务。

第二十一章

企业集团实施财务共享服务典型问题应对策略

本书作者采用实地调研、发放问卷、课堂互动等方式，深入了解企业集团建设和运行财务共享服务中心过程中存在的典型问题，与实务和理论界专家充分研讨，提供如下可供参考的应对策略。

一、财务共享服务中心筹备类问题应对策略

1. 财务共享服务中心组织架构（机构设置）如何建设，是单独的一个成本中心还是公司本部的一个部门，或者作为财务部内的一个中心？

财务共享服务中心在整个企业中有以下架构形式。

（1）单独的运营中心：其实质是成本中心，可以采用事业部形式进行管理，实行独立核算，与被服务对象签订服务水平协议。此模式适用于规模比较大（百人以上）的财务共享服务中心；是与财务部相对独立的财务共享服务中心，定位更倾向于服务功能。

（2）公司内独立部门：适用于规模相对较小，内部职责单一，业务比较简单的财务共享服务中心。其优点是好管理，职能偏重于加强企业管控。

（3）财务部下设财务共享服务中心：适用于纯服务定位的中心，实行标准化的执行规则；该模式对财务部要求比较高，能够理解并发挥财务共享的价值，但不利于财务共享服务中心负责人的发展。

2. 财务共享服务中心的操作和管理人员的学历和胜任能力有哪些要求?

从实际运营经验看，综合考虑员工的接受程度、沟通能力、价值理念等，财务共享服务中心执行作业类人员的学历建议在本科生及以下即可，招收大量应届毕业生能够缓解成本压力。从阳光保险集团的财务共享管理经验看，本科生与本科以下学历人员成本差别不大，但从管理上能够体现出价值观和工作态度的差异，所以财务共享建设初期建议以本科应届生为主。共享中心的管理人员学历要求可更高一些，建议研究生甚至重点高校研究生，能够在优化提升方面为共享服务中心提供更高水平的工作成果。如果共享服务中心承担财务体系内部“人才基地”的功能，则应当适度提高对人员素质的要求。

3. 财务共享服务中心与各基层单位、主管业务部门、公司总部之间应如何划分职责?

现在比较通用的财务条线职责切分方法是：财务共享服务中心负责纯会计核算的业务，可能还包括资金收付与财务报告等业务，基本属于纯操作型业务；基层单位不做任何核算工作，而是利用会计数据进行财务分析、经营支持与风险管控等；总部财务主要负责制度政策的顶层设计，引领整个财务条线的发展，对财务共享的长期发展给予指导。

4. 如何定位财务共享服务中心（主要指业务定位）?

财务共享服务中心的定位主要基于集团公司整体的发展战略，目前财务共享服务中心主要分为集团管控、服务支持及集团管控兼顾服务支持三种战略定位。具体到每个财务共享服务中心，可依据集团公司对财务共享服务中心自身的职能和战略需求进行确定，其中财务共享服务中心业务定位应与财务共享服务中心整体定位保持一致，同时考虑财务共享未来发展的模式，综合考虑上述因素才能确定其业务定位。

5. 财务共享服务中心除开展会计核算业务外，如何开拓增值服务业务?

财务共享服务中心如何开拓增值服务，取决于企业对财务共享的定位。传统意义上的财务共享服务中心，仅接受规模化、标准化的作业。但当财务共享服务中心提炼出自己的专业团队和方法论后，任何拓展业务都可以承接和创造。对于财务共享服务中心而言，其建设过程更容易总结出符合自身发展的方法论，共享业务的标准化和规模化运作，也更容易培养自己的专业团队。以阳光保险集团财务共享服务中心为例，其业务范围除会计核算业务外，还有资金收付、账户管理、财务系统维护及需求管理、服务主体数据支持、商旅服务等。

6. 如何真正发挥财务共享服务中心的价值?

财务共享服务中心的价值主要体现在增强集团管控能力，提高财务组织运营效率，优化资源配置结构，支持业务快速发展等方面。因此，财务共享服务中心需要持续提升服务水平，降低运营成本，增强业务反应速度。

要发挥财务共享服务中心的真正价值，关键在于整个财务条线对财务共享这种新模式要有客观和正确的认识;财务共享就是针对大量的操作性、重复性工作，使其在这种集中模式下能够为服务主体提供各类数据、信息和人员支持。而在现实中，因为要执行标准化的规则和流程，灵活性很强的业务环节会抵制财务共享的实施。同时，部分人员认为财务共享是抢了自己的工作，抵触情绪更强烈。尤其是总部财务对财务共享的认识是否正确，直接决定了财务共享价值的发挥。对于整个企业财务管理而言，向先进的管理模式转型是必然的选择。我们需要做的是在转型变革中寻求发展，而不是成为阻挠改革的牺牲品。

对于财务共享本身而言，标准化、自动化、数据化的业务定位决定着所提供服务的价值的高低。财务共享服务中心的管理人员要学习并采用更先进的人力资源管理、质量管理等手段，财务共享服务的价值才能充分发挥。

7. 跨国公司的财务共享服务中心如何解决全球各分子公司的多语言、多准则、多税法等问题?

从目前来看，跨国公司一般在全球成立多个财务共享服务中心。在语言相同的国家，根据当地情况如教育水平、经济情况、人员稳定性、通信情况等选择一个地区成立分中心。此外，也会在中心内部根据准则和语言划分流程小组，从而根据不同的技能要求配备不同的人员。在多准则、多税法等情况下，华为财务共享的做法值得借鉴，也就是成立独立的政策制度研究部门，建立标准化、清晰的、可执行的全球通用手册。通过专门的部门进行综合研究，能够考虑各个地区的制度和政策，形成最终可落地执行的通用手册。另外，部分准则的转化可以由ERP的差异化配置实现，财务共享服务中心的作业人员只需要按照统一的流程标准操作即可。

8. **传统的制造业企业如何建设财务共享服务中心?**

无论在任何企业,财务共享服务中心建设的原则都不会变化,即业务标准化、流程化。无论是否是传统制造业企业，只要是有规模、无须面对面操作的业务，都可以通过流程重建、制度统一、系统改造等方法向财务共享模式转型。现在比较常见的方法是把费用审核、应付款项、人力资源、税务等业务先纳入财务共享服务中心，等模式稳定后再将专业性强的业务逐步纳入进来。只不过在不同行业实施共享服务的过程中，需要考虑行业差异而进行有针对性的设计。例如，制造业通常需要评估成本管理是否可实现标准化并纳入财务共享服务中心，同时需要关注订单采购流程的自动化和资金计划的准确性。

9. **集团下属企业信息化达到什么水平才能推行财务共享服务中心建设?**

财务共享服务中心建设的过程,也是企业信息化建设和优化的过程。所以说,企业目前的信息化程度不是决定财务共享服务中心建设的先决条件。对于信息化建设相对较差的企业，通过财务共享的建设，推动所有下属企业的信息化建设，既能节约购置成本，又能省去多系统对接的成本和后期核对的工作量。

对于信息化程度高的企业也要分两种情况：一是所有下属企业已经是使用相同的信息系统，这种情况对财务共享的实施最有利，只需要很少的优化即可完成实施；二是虽然信息化程度高,但是各个下属企业各自为政,信息系统各不相同,这种情况财务共享的实施难度将大大增加。是将现有系统大部分废弃，外购新系统来支撑财务共享服务中心的建设，还是通过系统优化和系统间接口来实现共享服务，这将成为难以抉择的事情。如果选择重新外购系统，那么成本会加大，项目实施周期会拉长，但是新系统使用将会非常顺畅。如果选择在系统间做接口对接，实施和改造成本会相对较小，但是后期系统间融合度和系统维护成本将大大增加。

10. **各个基层单位使用的财务软件不统一，如何实现财务共享服务?**

首先，考虑统一相同功能的系统，这样做的优点在于：一是标准化程度高。所有单位使用一套系统，业务流程单一标准化，后期操作手册编制及培训等方面可以节省人力与成本。二是系统后期运维成本低。使用一套系统、一组运维人员和统一运维费用，如果出现问题则易于解决。三是把业务集中统一在一个系统中。所有业务数据集中后，后期数据在使用与分析过程中能够保证数据口径一致，更易于管理。如果基层单位多，对系统的稳定性、并发数及系统数据库等硬件要求更高。在系统统一过程中，系统置换成本较高，实施周期相对较长，系统初次使用的培训也会成本增加。

其次，也有部分企业选择让下属企业使用各自原有系统，只做流程上的改造及系统对接。这样做的优点在于系统实施成本相对更低，员工易于接受。但从长远来看，后期维护、系统间数据核对等成本将大大增加。有的企业针对不同的系统配备不同的人员，而在财务共享服务中心单独分组完成作业。

11. 企业没有充足的资金且模块众多，在实施共享过程中，需要做哪些前期准备？

在有限资金投入的限制下，需要在财务共享服务中心实施评估时考虑投入产出比最大化的问题。当不能将所有业务模块纳入共享时，首先需要考虑的是企业建设财务共享服务中心的首要目的，是将风险管控放在第一位，还是将节约成本放在第一位。另外，应把标准化程度高、重复性高、能够体现规模效应的业务先期纳入财务共享服务中心。

在考虑纳入财务共享服务中心的业务范围以后，还需要考虑系统建设及优化成本、后期员工培训及招聘成本，以及财务共享办公地址选择还涉及职场成本和后期人力成本。因此，对于资金有限的企业，应当尽可能降低非必需的系统建设，最大限度地利用现有财务人员，并尽可能利用现有办公场地或寻找具有成本优势的办公地点。这样可以先形成共享管理的模式和平台，再逐步完成内部优化。

12. 企业领导对共享的认识决定着共享的建设，如何正确传导共享理念给被服务的基层单位领导？

企业在实施财务共享服务中心建设的过程中，财务共享服务中心的建设者需要向基层传达财务共享的业务范围，以及给基层单位带来的变化。在了解疑虑和误解后，有针对性地解决，并向基层单位传达财务共享后能够给企业带来哪些益处。

基层单位对财务共享模式的误解有以下几点：

- 财务共享是在抢基层单位的工作，实施财务共享后就要裁人；

- 财务共享会上收基层单位的管理权限；
- 质疑财务共享上线后工作质量是否有保证，效率是否有提高。

财务共享模式只是将重复性的操作进行集中处理，基层单位的核算员工可以从简单重复性的工作中解脱出来，转型至财务管理等方面的岗位，能够更多地支持单位的经营决策。所以在财务共享服务中心建设的过程中，必须考虑整个财务条线相关人员转型的问题。

财务共享只是做核算和资金的操作性的事务工作，如记账和审核等，对于费用报销审批等事项的本质没有影响，不会涉及管理权限的变更。

财务共享统一整个企业集团或企业的核算规则和业务流程，通过大量专业化的持续性培训来保证工作质量。财务共享服务中心内部也会设置质量监控部门，对共享内部业务进行多维度抽查，来保证业务质量。财务共享服务中心的标准化和系统自动化程度较传统财务工作高很多，工作效率会大幅提高。

在实施财务共享后，基层单位人员脱离重复性、事务性工作，能够将更多精力放在管理会计方面，能够有精力提供决策支持；实施财务共享之后，信息更加集中，全国甚至全球优秀的工作经验和方法都可在内部借鉴；数据集中化管理条件下，通过信息系统的建设，能够为管理决策提供更深入、更多维度的数据支持。

13. 人员在50人以下的财务共享服务中心应如何进行建设、运营和管理?

人员规模相对较小时，建议以企业内设部门或财务部下设部门方式进行财务共享服务中心的建设。财务共享服务中心的人员管理、行政管理、系统管理等职责不必独立，可以使用企业现有资源，如果单独投入则成本效果不明显。对于核心的核算业务、资金业务处理方式建议采用规模大的财务共享服务中心的方法，根据业务模块分组、分岗位，扁平化层级管理。依然需要设置质量管理、标准化管理、绩效管理等岗位，但根据业务规模大小可全部集中在一个模块下。这样一来，对运营管理团队负责人的要求会更高，他们需要了解各个模式的管理方法。此外，需要关注工作效率与服务水平的稳定性。在运营过程中，建议把重点放在标准化的执行方面，以及自动化系统建设和增值服务等方面。同时，需要重点关注风险控制（内部的不兼容岗位分离），以及降低业务波动对财务共享服务中心的冲击。

14. 财务共享服务中心的人力资源设计、岗位人员配比怎样才能达到最优？

人力资源设计的目标取决于财务共享服务中心的定位和业务规模。比较完善的财务共享服务中心的职能模块包括业务模块和后援支持模块。后援支持模块基本上分为运营监控、系统支持、人员支持等部分。业务模块必然纳入财务共享服务中心，根据企业财务共享纳入的业务情况，参考标准化程度等特性设计财务共享服务中心的组织架构。而后援支持部门是否纳入财务共享服务中心，取决于企业对风险及成本的关注程度。风险防范要求高的企业对支持模块的内控体系要求更高。

岗位人员配比可根据工作量法测算。对于业务模块人员的配置，可以预测财务共享服务中心在未来的一段时间内承接的业务量，再根据成熟人力单月的工作量（可进行试验测算）进行折算，从而测算各个业务类型的人员编制。

15. 跨行业经营的大型集团如何建设财务共享服务中心？

无论企业是否跨行业经营，只要管理层能够下定决心并得到财务总监的支持，财务共享服务中心建设就具备实施的条件。

对于跨行业经营的集团化企业来说，建议在建设阶段从各个行业均有的一般性会计核算或资金结算业务入手，先让各下属企业了解到财务共享服务中心能够带来哪些好处。其后再根据行业特点、下属企业支持程度、信息化建设程度进行分步、分阶段实施。财务共享服务中心内部对于各行业业务处理模式，可以依靠标准化的操作手册让所有业务人员接触所有行业的业务，也可以先让小部分人处理新行业业务，待成熟后再在财务共享服务中心内进行扩展。

例如，阳光保险集团财务共享服务中实施一定时间后，各下属企业将业务纳入财务共享服务中心的意愿很强烈。但财务共享服务中心纳入新业务是个考验，要研究准确各行业的业务特点、核算规则，兼顾全集团的会计科目体系、适用既有信息系统等情况。

二、财务共享服务建设类问题应对建议

1. 财务共享服务信息化管理水平对管理会计转型的意义有哪些？

财务共享服务模式作为集团公司财务管理的一种重要手段，其财务信息化管

理水平对于管理会计转型的意义主要在于：

（1）财务共享服务信息化管理，能够减少人工干预，使得信息更加统一、透明及高效，为集团战略决策、业务经营支持等创造良好的条件，为集团公司管理会计转型提供有力支撑。

（2）财务共享信息化管理的标准化与优化再造机制，能强化企业管理会计信息的基础，有助于企业管理会计的转型。

（3）管理会计强调财务、战略、业务等各方面信息的相互融合，而财务共享服务的信息化管理能够打通各部门业务间的壁垒，实现信息共享，从而有效实现财务与业务的结合，加速财务向业务前端的渗透，有助于企业战略的落地实施。

（4）财务共享的实施可以帮助企业将更多的人员和管理精力投入到管理会计工作中，从而有效推动管理会计工作的开展和优化。

2．“大数据”对于财务共享服务中心的建设和发展有哪些影响？

在建设期，财务共享服务中心较少考虑到数据技术的应用和拓展，主要还是以能够解决企业的基础会计核算、资金结算或系统管理为主。但财务共享的集中化、标准化、信息化的理念已经为大数据的应用打下基础。通过财务共享服务中心的建设，财务数据和资金数据做到了集中管理，将原本分散的、不规范的财务数据信息进行了整合，经过一个阶段的数据清理后，能够应用数据挖掘技术提炼出在常规财务管理模式下无法得到的数据信息。

同时，对于财务共享而言，在发展的升级阶段，可能会考虑建立数据仓库，整合并规范数据，结合企业的经营管理需求，提供强有力的数据支撑，甚至依靠可视化的数据展示提供给企业各级财务信息使用者。

在保证提供常规数据的同时，财务共享服务中心还可以考虑整合全国或全球的信息资源，将有效信息在企业全范围内分享。

3．是否有必要建设一套适合财务共享服务中心的信息平台？

总体建议：没有必要一定重新建设一套信息平台。

财务共享服务中心运营所使用的基本信息系统包括核算系统、报账系统、影像系统和运营管理系统。如果资金业务也纳入财务共享服务中心，另外还会有应收/应付系统、资产管理系统等。目前市场上有很多系统实施商，不少还有财务共享的实施经验，能够满足客户定制化系统的需求。因此，企业需要根据自己所属行业的特点、业务量等指标筛选系统供应商。

选择现有系统的优点是，有成熟的案例，企业可以了解系统的稳定性及适用性，实施周期短。但缺点是，系统间接口多，系统后期维护成本高。如果企业有专业化的研发团队，可以依据企业自身需求新建一套信息平台，优缺点正好与选择现有系统相反。目前，实施财务共享的企业自己建设一套信息平台的情况还很少，只有金蝶、中兴通讯等系统供应商有实力这么做。

4．财务共享的设立是否同步伴随业务系统的改造？还是设立的同时，同步开发业务财务一体化系统？

财务共享服务中心的建设过程，也是业务流程标准化、流程化、自动化的过程。在财务流程优化提升的同时，业务系统如果能够同步升级改造，对企业整体的业务效率提升会有很大帮助。所以建议在财务共享服务中心建设过程中，企业的信息系统规划部门能够参与到其中，一同考虑除财务系统以外的其他业务系统的优化与改造。

以阳光保险集团为例，财务相关系统都是外购产品，各系统间做系统对接。其业务系统也是外购产品并在全企业范围内共同使用，所以在财务共享服务中心的建设过程中，业务系统也做了相应优化。而对于财务共享实施后纳入的人力资源管理系统，则在共享服务系统实施时就考虑到业务需求并预留接口，所以在后期人力资源系统上线时与财务系统的对接就很顺利。

当然，企业的具体情况差异很大，企业需要综合考虑业务规模、变革难度和项目资源等因素，再决定是否在共享建设过程中同步推进系统建设。部分大型企业为了控制风险，降低变革难度，在财务共享服务中心建立后再逐步优化系统平台。还有部分企业选择组织和系统同步变革，好处是共享见效快，流程优化与标准化易于推行，知识转移成本低；缺点是短期内资源投入大，项目群管理难度大。

5．在客户分散的情况下，应收账款业务应该如何实现共享管理？

财务共享服务中心逐步将更多的业务处理放入系统中，以减少人为操作，提高效率，防范风险。在财务共享服务中心建设中要考虑，现实中没有完美的方案，在保证大部分业务集中处理的同时，应当在权衡利弊基础上允许非常小部分的分散操作，即按照集中的更集中，分散的更分散的原则将业务纳入财务共享服务中心。例如，保险行业客户非常分散，从地理位置角度看是遍布全国各地，从一线城市到村镇都有客户。在财务共享模式下，依然能够实现保费收入的集中处理，业务支出的集中收付。

6．对于资金支付业务，如果分公司开有网银，该如何管理?

财务共享服务中心实行资金集中结算，通过建立资金管理系统，与银行或第三方支付公司进行银企直联或支付通道对接，实现通过总部账户满足所有分公司支付需求的统一支付。在系统实施过程中，需要考虑企业 ERP 或报账系统与资金管理系统的对接，实现支付信息自动或半自动传送至资金管理系统，从而通过银企直联实现自动支付。

在实施资金集中结算的过程中，分公司的业务会尽量全部进入系统并统一支付。在这种情况下，分公司已经没有保留自己银行账户的必要，所以在财务共享实施过程中会大量减少分公司银行账户。

即使对于必须经过分公司银行账户进行支付的事项，资金管理系统也可以通过系统功能实现财务共享。通过银企直联操作分公司的银行账户进行集中支付，也没有保留分公司当地网银的必要。

如果存在很特殊的情况，分公司必须保留网银，财务共享服务中心可与总部财务联合对分公司网银使用、资金头寸申请等设置具体监控职责。

7．成本核算是否可以纳入财务共享服务中心?

对于难以完全共享的流程，需要从成本效益和管控需求等角度来综合判断是否需要转移至财务共享服务中心处理。不同行业的成本核算难度差异较大，成本核算是否纳入财务共享要视具体情况而定。对于某些流程复杂的制造型企业，其成本核算标准化难度高，且需要当地财务人员和业务人员对成本关键要素进行评估和分析，纳入财务共享服务中心的难度很大，必要性也不大。而有的行业，如发电企业的成本核算较为简单，因此纳入财务共享服务中心就非常现实。

8．下属机构现金收付业务是否还要在当地保留出纳岗?

假如下属机构存在现金收付业务并且无法避免，在当地保留出纳岗就是必要的。但是需要明确现金收付业务的规范性，清晰确定出纳岗位职责。例如，对于现金收入必须在规定时间内存入银行及上划至总部，对于现金支出则要明确资金申请流程及审批权限，对于下属机构资金头寸要进行严格管理，定期抽查机构现金收付情况等。

资金管理系统可以非常灵活地实现资金集中收付，银行和第三方也会提供多维度收付渠道供企业选择，所以财务共享模式下现金收付业务会大量减少。当然对于一些特殊行业，如电信除外。

9. 阳光保险集团如何管理个人债权债务（以个人备用金为例）？

阳光保险集团没有个人备用金制度，不允许个人借支备用金。但是针对员工个人借款制定了严格的账期管理制度。首先，原则上要求低于 5 000 元的事项不允许个人借款；对于发生的个人借款，要求在 1 个月内必须核销，超过一定期限则不再允许个人进行费用报销，并从个人薪资中扣除。其次，如果个人名下有借款单，每次报销时系统都会提醒是否要核销此借款。

10. 阳光保险集团的子公司对外付款是否都从集团资金账户支付?

阳光保险集团的资金管理使用委托管理的模式，即资金收付使用的银行账户都是各个法人子公司自己的银行账户，资金的收支都是在子公司的账户间调配，不会涉及跨法人公司间的资金使用。

例如，财务共享服务中心负责办理纳入共享范围法人的全部资金收入和支出，财务共享服务中心会分别将各个子公司的资金收入预留出下一日使用金额后的净额拨付给资产管理公司运用。同时，全公司实行收支两条线，分支机构不允许自行调配使用收入资金，收入资金实行全额上划共享。分支机构在有资金使用需求的情况下，可以做到当日申请，财务共享服务中心当日下划。通过资金管理系统和银企直联业务会使资金的上划下拨非常高效。

11. 如何实现跨系统凭证与单据的联查?

对于跨系统的凭证与单据的联查，首先应考虑建立系统间的数据传送对接，凭证与单据可通过这种传送对接实现数据信息的共享，在此基础上建立系统间联查的对应规则，以便跨系统间凭证与单据等信息的相互匹配。如果跨系统的规则能较好兼容，那么可直接使用原系统内部规则进行直接对接，如兼容不好则可考虑在两套系统传送对接时建立联查过渡对应规则进行跨系统转换，在联查时可通过预先设定好的对应规则进行跨系统对应查询。

12．在税务纳入财务共享服务中心后，如何解决与当地税务部门的沟通问题？

纳入财务共享主要是各服务主体的税务基础作业，以便能够提供管理性建议及协助集团整体监控，比较偏重于税务核算与咨询。与当地税务部门的沟通主要还是由设在各服务主体分支机构的财务部负责，财务共享服务中心会依据集团公司整体的税务筹划，以及集中化、标准化的税务核算财务数据信息，为各服务主体提供与当地税务部门沟通方面的支持。

13．工资发放是否纳入财务共享服务中心？如何做到信息保密？

集团公司范围内所有已纳入财务共享的主体的工资发放都要在财务共享服务中心完成。在工资核算的过程中，所有的工资信息仅仅是汇总数据。依据工资所属的机构账套、部门、渠道等维度进行汇总编制工资表，所有汇总数据均不会泄露明细的具体个人，因此在财务共享服务中心的所有人力成本核算数据仅明细到机构账套、部门、渠道等维度，不会涉及个人信息。在进行工资实际发放时，财务共享服务中心的资金结算人员也仅能看到实际支付的各主体工资汇总金额，无法看到个人发放信息，从而可保证工资信息的私密性。

14．如果已有网上签批流程，实施财务共享是否会推翻原有的网签平台？

签报流程需要区分是纯财务信息，还是包括非财务信息（如事项）的签批。如果包含非财务信息，已有网上签批流程与财务共享的签批流程是相互补充的；如果是纯财务信息的签批，在建立财务共享时是可以不用推翻之前平台的签批流程的。但为保证财务核算全流程的高效顺利进行，需要考虑原网上签批系统与后续财务共享的财务系统传送对接的系统改造问题。如果无法通过改造达到传送对接网上签批信息的话，可考虑将原网上签批流程的节点与权限整体设置在财务共享服务中心的报账系统中实现，这样就不用考虑原网上签批系统的改造，也无须变动原流程的审批节点与权限。

15．财务共享服务中心的信息系统组成部分有哪些？

一般企业的财务共享服务中心必备系统包括核算系统、报账系统、影像系统。其中，报账系统的主要功能包括分子公司单据的提交审核、电子流审批、SSC 内部单独自动派工、影像关联等；影像系统的主要功能包括将纸质单据扫描进行影像化，包括影像存储、调阅等。规模较大的企业，可以建设财务共享运营管理平台，它包含稽核模块、运营管理模块、绩效分析模块等。

如果财务共享涵盖资金收付业务，信息系统还需要有资金管理系统，通过与银行或第三方支付公司的对接，做到资金的批量收付、银行账户的统一管理。

在财务共享运营平稳后，可以建立数据平台，整合财务数据、资金数据和运营数据，建立高质量、全范围的数据仓库。在此基础上，研究报表系统的使用，让数据作为标准化、定制化的报表进行输出，为企业提供数据信息服务。

三、财务共享服务中心运营类问题应对建议

1．如何考核财务共享服务中心的员工？设置的考核指标主要有哪些？

针对财务共享服务中心的作业人员，通常采用量化数据指标进行月度绩效考核。作业人员执行标准化操作，工作枯燥，需要通过相对频率较高的考核机制来调动其积极性，能够将工作成果的好坏尽快兑现，而非像一般企业那样一年一考核。

通常使用的考核指标包括业务处理数量和业务处理质量。业务处理数量是指在考核期内处理通过的单据数量；业务处理质量是指在考核期内，处理错误的单据数量等指标；此外，一些企业也会考核业务处理时效的指标，即在单位时间内处理单据的数量或平均处理一单花费的时间。

需要说明的是，因为业务类型的不同，对处理不同业务类型的考核目标值或考核组的设定也不同，因此需要将处理同质业务的人员划为一个考核组进行对待。

考核结果也有两种方式：一种是考核组内大排名，根据排名给予绩效奖惩；另一种是设定目标值，达到考核组的目标值即及格，根据达到目标值的多少兑现相应的绩效奖惩。

2．如何调动财务共享服务中心人员的工作积极性？

首先，建立清晰的职业发展通道。财务共享服务中心内部的晋升通道、岗位轮换机制建立后，在企业财务条线的跨组织发展也很重要。要让员工意识到，在未来的三到五年内都有可能晋升，有可憧憬的职业未来。此外，财务共享服务中心在整个市场中处在什么位置也是可激励的方式。目前财务共享管理模式在国内外也非常流行，要让员工看到即使脱离企业本身，也能在市场中找到属于自己的

一片天。

其次，建立多方位的培训体系，为员工提供全方面、多维度的培训课程。财务共享人员招聘定位是应届毕业生，全面、适时、持续的培训会让员工更有归属感。持续培训能够为员工真正解决问题，也让员工开阔视野，意识到一直有进步和提升的空间。

再次，建立清晰、目标明确、周期短的绩效管理体系。绩效的导向性是让员工积极、顺畅地完成组织目标，并能够在尽量短的期间内见到绩效考核效果，同时辅以客观、明确的绩效评价。

最后，财务共享服务中心进入稳定发展阶段后，可以考虑与总部财务和分子公司财务部门建立人才培养与流动机制，一来可以拓展共享服务中心人员的发展空间，二来可以降低集团整体财务人员的流动率，利于人才发展与保留。

3．如何保持财务共享服务中心人员“能上能下”的职业通道畅通，塑造“又红又专”的专业人才?

职业通道是否通畅，与财务共享服务中心整体的培训体系、人员招聘入职速度有关系。对于各个岗位的定位、岗位间的轮岗机制、职业发展通道等方面，很多企业都能做到位。但在实际执行过程中，员工在岗编制往往紧张，导致员工工作饱和而没有时间学习，无法参与其他岗位的工作。新员工离职后需要尽快补充更新的员工。如果员工符合轮岗条件时无空余编制，而有空余编制时原岗位员工又脱离不开，职业通道就成为一纸空文。所以，员工入职速度、员工素质及培训体系的完善是员工职业发展通道畅通的基础。

财务共享服务中心在运营平稳后，员工存在偏离工作重心的风险，不再崇尚专业专注，而是谋求在财务共享服务中心获得更高的职位或职级。这种风气虽然与公司的薪酬体系有关，但是整个部门的导向性也不容忽视。财务共享服务中心能否在后期的运营中依旧发挥建设期艰苦创业、不计较个人得失、忠于专业的精神，决定了后期是否能保持专业团队和专家人才，也决定了财务共享服务中心是否能够走上持续优化的道路。

4．如何建立财务共享服务中心与各核算单位之间的沟通机制，以便更好地实现核算业务的高质量和高标准?

财务共享服务中心设有专门的服务支持部门，各核算单位可以通过热线电话或问题系统将核算业务相关问题提交至财务共享服务中心的服务支持部门。服务支持人员将依据公司核算相关文件制度进行答复，如遇较为特殊的疑难核算业务问题，会通过服务支持人员转交由财务共享服务中心内部负责相关核算业务的人员进行解答与处理。财务共享服务中心服务支持部门能保证问题的及时解答与处理，确保各核算单位与财务共享服务中心之间的沟通顺畅。服务支持人员运用标准话术，按照公司核算业务相关文件制度进行标准化的处理，能保障核算业务的高质量和高标准。同时按各核算单位的管理需求，每月提供实际情况报告，便于各核算单位了解自身的每月实际状况与问题。

5．如何培养适合财务共享服务中心建设的财务人才和优秀管理人才？

财务共享服务中心是标准化、规范化的高效运作平台，所涉及的行业、业务及主体范围多而广，对会计信息化水平要求也较高。适合财务共享服务中心建设的财务人才需要具备相应胜任能力，对其综合能力和素质要求也较高，需要其掌握业务、财务、系统及管理等多方面的知识和技能。

依据财务共享服务中心的工作性质，财务共享人员可以分为基础作业人员与管理人员。其中，基础作业人员主要负责财务共享的基础作业，依据基础作业的难易程度再细分设置不同岗位。财务共享服务中心应依据基础作业人员自身的经验和水平与不同难易程度的岗位进行匹配，并按照由易至难的岗位进行轮岗，实现基础作业人员对业务、财务及系统的递进学习，最终达到全面了解、掌握的目的。而管理人员主要负责财务共享服务中心内各职能部门的日常运营，除了熟悉业务操作与需求，系统掌握会计核算、财务管理及会计信息系统知识之外，还需懂业务会管理，具有系统性、全局性、前瞻性思维能力。管理类型人才参与财务共享服务中心项目建设、咨询及内部管理等工作，共享服务中心应依据管理人员的工作性质提供不同的培训。同时，基础作业人员可作为管理人员的储备，可将较优秀且已经全面掌握相关知识和技能的基础作业人员转为后备管理人员，确保工作人员与财务共享服务中心共同发展。

对财务共享服务中心的员工进行培养，能够让他们了解集团公司内部的各行业情况，从而财务共享服务中心将这些人才推送到集团各主体担任关键性岗位也就有了可能。

6. 从财务共享服务中心核算职责角度来讲，如何监督各核算单位业务的规范性、标准性、合法性、及时性和真实性?

从财务共享服务中心核算职责角度来看，监督各核算单位业务的规范性、标准性、合法性、及时性和真实性应由财务共享服务中心与各核算单位共同完成。会计处理的规范性、标准性主要由财务共享服务中心负责，合法性和真实性通常由核算单位的业务部门负责，因为财务共享服务中心的工作人员只能从财务单据和审批的角度进行事后复核。财务共享服务中心可依据集团公司相关制度章程制定统一的核算规则，依据制度章程及规则进行标准化的核算业务审核与处理，运用标准化流程并发现流程中不符合要求的风险点，进行持续的优化再造。同时，依据各核算单位的监督需求定时反馈外部管理建议书，帮助各核算单位进行内部改进与优化，这样在保证账务核算的规范性、标准性、合法性、及时性及真实性的同时，履行辅助集团总部对各核算单位的监督职能。

7. 财务共享服务中心如何对被服务单位进行考核?

财务共享服务中心应与服务主体签订服务水平协议，约定双方权利和义务，不建议对被服务主体（业务单位）进行考核。如果有考核职能就增加了财务共享服务中心的管理职责，这对于财务共享服务中心的长期发展而言不见得有利，不利于服务主体双方权责的划分。

虽然财务共享服务中心不直接进行考核，但是可以为被服务单位的总部部门提供考核依据，对于被服务主体及其分支机构的会计基础规范，如提单质量、提单时效等指标可提供相关数据，为总部部门对被服务机构及其分支机构的考核提供依据。

8. 如何应对财务共享服务中心建设对现有财务人员职业生涯的影响?

财务共享服务中心集中处理企业内部操作型业务，规模化和自动化效应必定造成财务人员减少，但人员减少是结构性的。从事日常会计核算的人员必定减少，但是财务人员也不必悲观，因为很多国内企业会计人员的核算业务占据了大量时间，财务团队无暇顾及管理会计相关事项，或者不能把管理会计引向深入。减少核算人员，或者说财务人员转型能够为企业经营决策提供更多财务信息。核算会计减少，不意味着财务人员的失业，而是把人力资源释放出来，转入其他财务相关岗位。

在建设财务共享服务中心时，集团财务部门必须要考虑下属企业相关人员转型的问题。首先是转移到财务共享服务中心继续从事核算工作，其次是在本级企业转岗至其他财务岗位或其他部门，最后才是无法接受改变而选择离职。

9．在财务共享服务中心模式下，下属单位是否还存在一些个性化的核算业务？

在财务共享服务中心模式下，集团下属单位可能会涉及一些特殊业务或监管需求。对于这些非标准的个性化核算业务，可依据财务共享业务纳入的成熟度分批次纳入。在此基础上，可求同存异。在不影响整体业务及制度规范的情况下，针对个性化业务建立单独的规则与作业流程标准，使其“有章可循，有法可依”，确保个性化核算业务的质量与效率。

10．下属单位是否单独委派财务经理？如果委派，与财务共享服务中心之间如何分工？财务管理系统中权限如何分配？

在财务共享服务中心模式下，集团下属单位可以单独委派财务经理。财务共享服务中心的职能就是为财务基础作业及为各服务主体提供财务支持与服务，集团各下属单位财务部主要负责公司整体战略及业务方面的财务工作及内部财务管理工作，因此财务共享服务中心与集团各下属单位财务部之间的具体分工主要依据各自负责的方面并结合本公司实际情况进行合理分配。

11．下属单位如需要数据，如何获取本公司的数据？

财务共享服务中心具有创建、修改、过账等操作权限，这些权限不对集团下属各单位财务部开放。同时，考虑下属单位因战略与业务财务工作方面对财务数据的需求，各系统可对下属单位财务部开放查询与自由下载数据报表的权限，确保本公司财务数据的获取与使用。

12．财务共享服务中心为所有下属单位提供核算服务，是否单独和所有单位签订服务水平协议？

财务共享服务中心与接受服务的主体（集团下属单位）签订服务水平协议，以此约束双方权利和义务。对于同质业务，财务共享服务中心提供的服务标准应该是相同的；对于特殊行业的特殊业务，则需要特别对待，根据投产比和作业效率分别确定服务标准及奖惩措施。所以，财务共享服务中心需要单独和服务主体签订服务水平协议。签订协议的好处是对财务共享服务中心本身有约束，一是保持运营情况维持在一定水平，二是能够检视自身的实际运营成本，三是服务主体的要求也会反向推动服务水平的持续优化。

13．阳光保险集团的财务共享与资金集中管理是如何协调运作的？

第一，建设资金管理系统是资金集中管理的基础。通过资金管理系统，前端与银行和第三方支付系统对接，后端与企业 ERP 和报账系统对接，能够实现资金收付信息的自动传输。

第二，实现银行账户的集中管理。银企直联对接后，能够在总部银行账户下挂分公司的所有银行账户，实现全公司银行账户的全生命周期管理和资金的流动性管理。

第三，资金的上划和下拨。在分公司有资金使用需求的情况下，可以实现分公司资金的随时申请和总部资金的随时下划，减少资金沉淀，提高资金使用效率。

第四，资金的集中收付。银行和第三方能够提供多种收付通道（批量收付、POS 结算、超级网银等），以满足企业资金收付的多样需求。

第五，资金收入业务的统一管理。资金收付业务整合后，企业用来与银行和第三方谈判的资源得到整合。在新的子公司或新的收付业务纳入财务共享服务中心时，通过财务共享的整体资金收付规划，能够为企业提供更便捷、高效的结算业务。

14．阳光保险集团所有的下属单位是否还会单独设立收入账户，然后由集团层面统一上划？这种模式下涉及多层级下属单位，是逐级划拨吗？

阳光保险集团的大部分收入资金直接进入总部账户，只有部分下设机构因业务特殊而在当地单独设立收入账户。即使如此，收入账户的资金会由财务共享服务中心直接全额自动上划，机构不保留收入账户支付权限。在此模式下，账户资金直接划拨至总部而非逐级上划。为提高资金支付效率，阳光保险集团的资金上划和下拨，都是直接到各级单位，并不经过逐级汇总划拨。

15．阳光保险集团的下属单位是否会单独设立支出账户，还是由集团层面统一支付？统一支付情况下，发起方为下属单位还是财务共享服务中心？

阳光保险集团下属单位主要的资金支付由财务共享服务中心完成，只有少数特殊资金支付业务需要由下属单位自己支付，所以在下属单位还会设置少部分支出账户。下属单位支付所用资金由下属单位每日申请，财务共享服务中心根据申请审批后下划。在统一支付情况下，财务共享资金管理系统直接与业务系统对接进行支付数据的传输，不会再由下属单位发起。

16．阳光保险集团资金集中的统收统支模式，是否存在法人主体间非经营性资金往来的情况？财务共享服务中心层面是否单独计息？是否把资金占用导致的计息纳入内部效益考核？

阳光保险集团不存在法人间资金的占用和往来情况。财务共享服务中心在统一管理资金收付的过程中，直接使用各个法人主体的账户和资金。法人间资金流动独立，不会有交叉使用的情况。企业集团如果建立了资金池，可能会对资金往来有偿计息。但需要避免将资金集中管理和财务共享相混淆。资金成本管理通常属于资金和资本管理的范畴，传统的财务共享服务中心的主要职责是执行和操作。

17．费用报销的集中涉及各单位，财务共享服务中心是否需要履行资金支付的签批程序？还是资金结算审批到各单位负责人即可？

在费用集中支付环节，财务共享服务中心不再审批。费用报销的合理性和真实性由下属单位负责，报销的合规性由财务共享服务中心的会计审核岗负责，同时关注发票及收款方的一致性，在资金支付环节无须财务共享服务中心审批。如果业务单位希望授权给财务共享服务中心，则财务共享服务中心也可以经过评估后行使一定的签批职责。

18．战略财务的职责包括哪些？

战略财务应该是总部财务扣除财务共享服务中心职责外的内容，一般包括管理会计相关的成本管理、绩效管理、预算管理、风险控制等内容，还可能包括投融资、资金管理、企业兼并收购等内容。

19. 税务调整业务是由财务共享服务中心实施，还是放权给业务财务或决策财务处理?

如果所需调整的税种、数据及规则，财务共享服务中心可以直接取得，那么可依据被服务主体的调整需求进行税务数据加工整理，编制调整数据附件，并完成调整凭证的全流程账务处理。

如果所需调整的税种、数据及规则，财务共享服务中心无法直接获取，那么用于调整的原始数据将由各服务主体负责加工编制，财务共享服务中心将依据各服务主体提供的调整原始数据进行调整凭证的账务处理。

无论采用哪种方式进行调整，最终的税务调整业务都由财务共享服务中心完成。

20. 阳光保险集团以事业部形式通过财务共享服务中心为独立法人提供服务但却不收费，势必会加大各子公司的应税利润，从纳税筹划如何分析此问题?

阳光保险集团的财务共享服务中心以事业部形式作为集团下属的独立组织，所有成本分摊到各子公司，根据为各子公司提供服务占比确定成本分摊比例，按总成本和总业务量确定虚拟服务收入，保证预算收支平衡。所以，财务共享服务中心并没有独立或单独成为成本中心，实际成本直接落地到各子公司，不会有只提供服务的情况。

21. 财务共享服务中心是否针对多元化经营的每个产业都要设置一套标准?

对于多元化的企业集团，每个产业的业务特点、经营要求会有所不同，因此财务共享服务中心会依据纳入财务共享服务中心的业务特点，制定个性化的标准化规则与流程，但对于如招待费、差旅费、人力成本等各行业通用的业务（如没有特别个性化的需求）都统一适用同一套标准。

在多元化发展过程中，财务共享服务中心建设遇到的困难主要集中在如何适应公司的多元化发展、及时有效对多元化发展业务做出反应，并能快速准确应对从而提供所需的专业化服务。这就要求企业建设适应多元化业务的信息系统，提升其可扩展性与灵活性，培养综合性的团队与人才，建立有效的标准化规则与流程。

22．资金集中支付在事前、事中环节的风险管控手段和方法有哪些？

财务共享服务不单集中了资金业务，还在一定程度上集中了风险。这就要求财务共享服务中心有效提高其资金运行质量，防范操作及道德风险。通过建立和完善资金结算各个岗位的职责，规范全业务操作流程，强化前、后台的操作检查，同时实施内控前移，将风险管理重心由事后补救向事前预防、事中控制转移。

管控手段和方法主要有：① 定期召开有针对性的防范风险分析例会，排查和消除系统及人为操作的风险隐患。对于资金业务的内部管理和系统运行维护方面存在的薄弱环节和风险隐患要积极排查，寻找漏洞，防患于未然。② 经常交流学习风险防范类的案例，强化各操作岗位的风险防范意识。通过解剖案例引以为戒，将比经验分享对员工的触动更大、教训更深刻，能切实有效规范员工的日常操作行为。③ 在系统的前、后台设置阈值以及时预警，确保第一时间发现并解决隐患。

23．财务共享服务中心的员工像机器或流水线操作人员一样工作，其满意度、稳定性及成长性是否存在问题？

虽然财务共享理论把财务共享服务中心的作业人员描述得像流水线操作人员，但国内企业实践中还没严厉到这种程度，只是业务处理自由度相对低一些，人员管理和考核更个性一些。

为了提高员工的满意度、稳定性和成长性，可以按照如下方法处理：在财务共享服务中心的业务架构设计方面，尽量避免特别、单独的小组设置。例如，在费用审核方面，所有的费用审核人员都可以审核单据并记账，而不必将费用类单据再细分。可以通过多维度的培训来提高员工的稳定性，让员工能够接触到多行业的财务业务。还可以针对年轻人的特点，给予清晰的职级发展通道和融洽、紧张与轻松并存的工作环境，或者举办各种团建活动。

24．财务共享服务中心是否会演变为公司的控制中心或权力中心？

一般情况下，财务共享服务中心还是以操作类业务、标准化执行为主，无管理权限。即便赋予一定管理职责，也是管理的执行者而已，而不是决策制定者。财务共享服务中心只是制度政策的执行者，以及业务执行情况的反馈者，不会演变成为控制中心或权力中心。

25．会计档案归档的流程是什么？（举例说明）

阳光保险集团的会计档案由下属机构管理，没有实行统一归档。所以目前的归档流程为：经办人在报账系统内提交单据后，纸质单据交接给下属机构扫描岗，扫描岗进行初审并扫描后，暂时保管，待单据审批入账后，根据凭证号码打印凭证，再进行档案装订归档。

在苏宁的会计档案管理模式中，下属企业不扫描单据，员工直接邮寄报销单据至财务共享服务中心，财务共享服务中心配备专门的流水线和岗位对单据进行初审、分类、扫描、流转审核，最终流水线传送至档案管理部门进行统一归档。下属企业的会计档案统一管理，执行严格的档案借阅管理制度。

在中英人寿的会计档案管理模式中，要把全国纸质单据邮寄至财务共享服务中心，记账完毕后统一装订，再邮寄回各个下属机构。这样，减轻了总部档案管理的压力，也方便机构随时查阅。

26．财务共享服务中心是否能将机构的所有凭证都处理完毕？

财务共享服务中心每月会依据各主体月结时间要求制订月结计划，各主体会依据月结计划来完成所有凭证单据的提交。财务共享服务中心依据月结计划完成所有机构的凭证处理，其中包括转账、分摊及计提等。在此过程中，还会通过绩效看板及时对未处理的单据进行追踪控制，调整工作资源配置，确保所有凭证处理的效率。

27．财务共享服务平台二次开发的难度与成本如何？

在财务共享发展历程中，第一阶段是保证基础的会计核算、资金结算业务能够顺利实施上线。第二阶段是将各项运营指标维持平稳。二次开发之前需要运用各种专业方法论来对运营情况进行评估分析，如绩效管理方法、六西格玛质量控制方法、标准化管理方法等。评估分析在于发现问题，需要运用项目管理方法等工具和手段进行持续优化，同时辅助人力资源管理等手段，让全员参与优化和提升，方能带动整体的提升。在优化过程中，要以标准化、自动化为原则。总之，二次开发的难度和成本，取决于财务共享服务中心建设的成熟度和对二次升级的定位。

28．资金收款是否有更便捷的方法？用“银行到账通知单”做账，无法显示款项来源与明细，因此还需要银行纸质回单，如何解决？

首先，通过银企直联与银行对接，业务系统的收款信息自动传送到资金管理系统，资金管理系统定时将收款信息传递给银行，实现银行自动收款。当收款成功的信息自动传回业务系统时，实现业务系统自动发送指令到核算系统，实现自动做账。

其次，财政部对会计信息化建设的推广比较支持，对于无法实现自动批量收款的事项，可以使用电子回单进行账务处理。

29．财务共享服务中心员工的个人职业生涯前景并不乐观，什么人适合做财务共享服务中心的领导？

财务共享服务中心员工（包括中心负责人）的个人发展前景取决于市场对财务共享模式的认可。一般情况下，市场对财务共享的理解就是基础性、重复性的会计作业，认为财务管理转型条件下的财务共享重点在会计业务，其实这是市场和财务总监对财务共享模式的一个误解。财务共享服务中心在建设过程中会给参与人员带来管理理念、方法、手段和工具方面的冲击，简单重复的作业业务只是表面现象。尤其在整个财务管理模式变革的过程中，财务共享服务中心的负责人要参与说服全公司接受变革的各类工作。所以，财务共享服务中心员工的个人发展前景是不断创新和提升的。在财务共享模式下，财务信息、数据的集中给财务共享带来了更广阔的平台，财务共享服务中心向税务、外包、咨询的拓展，也为财务共享服务中心的员工提供了更广阔的发展空间。

30．财务共享服务中心如何支持成本核算业务？

财务共享服务中心对于成本核算业务的支持没有固定模式，只是要依据成本业务核算的差异提供不同的支持。例如，阳光保险集团主要的成本核算业务为前端业务类成本核算，包括保险销售、赔付成本等；管理成本包括人力成本等。其中，前端业务类成本经常性地，批量地发生，且数据量较大，成本构成也相对复杂。对前端业务类成本的管理采用财务系统与前端业务系统直接对接的方式，进行无人为干预的系统制证核算。财务共享服务中心针对此类成本核算的特点，将服务支持重点放在如何提升核算的自动化水平及如何确保两系统对接的凭证数据准确性、完整性、及时性及一致性方面，同时结合公司业务实现“业财融合”，实现“业财一体化”分析。

31．专业化、标准化财务共享服务中心的背后，工作乏味、枯燥，轮岗机制、调薪机制难以实现，企业应当如何应对？

对于财务共享服务中心的员工来说，轮岗和调薪是最好的激励方法和手段。即使企业本身的轮岗机制和薪酬水平不合理，但在财务共享服务中心建设过程中，需要在企业管理机制范围内，在财务共享服务中心内部做到灵活实施。财务共享服务中心的建设者应提前考虑适用的轮岗和薪酬机制。内部轮岗在符合业务需求的前提下比较容易实现。

在企业整体薪酬框架、总人力成本水平不变的前提下，财务共享服务中心的薪酬机制可以更加灵活，薪酬兑现周期可以缩短，这样能够激发员工的积极性。

此外，培训和团队建设活动等也是解决工作乏味的做法。

财务共享服务中心不建议强求员工有高的忠诚度。对于非关键岗位，设立人员招聘和培训机制，并且可以接受人员的快速流动，对这个现实问题我们要持接受的态度。

32．财务共享服务中心如何应对人员的快速流动？

第一，在人员招聘方面建立成熟的招聘机制。可以采取高校委培、高校合作等方式，提前储备高校毕业生。

第二，建立完备的新员工入职培训机制，力争在最短时间内达到上岗要求。

第三，建立高度标准化和规范化的制度政策和操作手册，能够让新员工在短期培训后就能够上岗。

第四，关键岗位人员需要有留存机制。一般岗位人员可替代性强，并且一岗多人，即使人员无法及时补充也不会影响整个中心运营。但是财务共享服务中心需要设定关键岗位人员，如小组长、培训讲师等，如果此类人员离职，将对整个新人培训、团队管理造成负面影响。

33．财务共享与司库如何整合？

司库是资金集中管理的高级阶段，包括资金的收付、计划、流动性管理、投融资、资金安全等内容。对于财务共享服务中心而言，能够通过资金管理系统与银企直联的对接，提供基础的资金收付结算业务；因为掌控着企业的资金收付业务，同时也可以提供资金的流动性管理和资金预测服务。资金跟着业务和核算走，财务共享能将全部核算业务进行集中处理，对应的资金业务也同样可以集中管理。当然，司库管理的过程也会推动资金管理流程的标准化、集约化（如资金池）和自动化（如资金管理平台），因此也会促进财务共享服务能力的提升。另外，二者对于资金风险控制的诉求和导向也是相同的。

34．战略财务、业务财务与财务共享三者的职责如何细分？

战略财务更接近于企业管理，为企业管理提供财务相关的决策支持；通过核算资金数据，进行多维度分析，向企业经营管理层及时、准确反映企业经营情况，并给予财务方面的专业分析及建议。

财务共享更接近于实务，它将会计核算、资金结算、财务数据、财务系统等业务进行整合，提高企业整体业务效率。

业务财务更接近于面对客户的经营业务，财务共享将业务财务的重复性操作进行整合，让业务财务脱离出来支持业务前端的经营发展。

35．财务共享服务中心绩效考核的最佳方式是什么？

绩效考核没有通用的最佳方式，只有选择最适合企业特点的考核方法。通常来说，绩效考核来源于财务共享服务中心总体目标的分解。根据财务共享服务中心与被服务主体之间服务水平协议约定的服务标准，细分到财务共享服务中心内部的各个模块，形成各个模块的组织绩效指标，根据组织绩效指标再细分为个人岗位绩效考核指标。

在一般情况下，服务水平协议会约定及时处理业务（业务完成时效和数量），且会约定财务共享服务中心业务处理的对错（业务处理质量）。因此，可以根据各项业务类别制定对应指标的目标值。

就考核周期而言，由于绩效考核效果能够及时体现，绩效考核结果兑现周期越短，越有利于激发被考核人员的积极性。自主性比较强的财务共享服务中心可以将考核周期设置成月，即每月按照考核指标考核并兑现绩效工资。如果无法按照月度发放绩效工资，建议将考核周期设置为季度。

36. 在财务共享服务中心运营阶段，员工的职业发展通道和规划是什么？

第一，在财务共享服务中心内部根据各类业务特点，区分基础作业岗位和专业岗位。基础类岗位和专业类岗位之间设置晋升通道，包括清晰的晋升条件、岗位要求等内容。

第二，内部各类业务间设置转岗通道。员工可以在核算业务、资金业务、内部控制等岗位间根据岗位任职资格申请轮转。

第三，财务共享服务中心员工对被服务主体的支持。如果熟悉、精通被服务主体的业务，可以作为战略财务或业务财务的储备人才。

第四，对集团下新开子公司方面的财务人员支持。也就是如果员工具备多行业核算经验、标准化管理经验，则有助于子公司的筹备及新业务的开展。

37. 财务信息化对财务共享服务有哪些影响，风险分别是什么，如何规避？

财务信息化支撑着财务共享服务中心的建设与发展。信息化建设能够将更多的人工操作纳入系统内操作，通过自动化流程减少人工操作风险，同时将内控措施融入到系统中，能够更好地防范风险。信息化建设能够大幅提高工作效率，将原来需要面对面操作的业务处理系统化、电子化，尤其是移动网络、手机客户端的开发与使用，让办公变得随时随地就可实施。

财务信息化程度越高，对企业数据库、IT 硬件设备、网络设备的要求就更高，异地备份、定时备份等数据安全措施需要更加健全。

要在业务端充分考虑系统监控及预警措施，在系统高度集中化及自动化的前提下，业务处理量和速度会成倍提高，相应的处理错误风险也会成倍增加。

参考文献

[1] ACCA，德勤管理咨询. 中国企业财务共享服务现状与展望[R]. 2013.
[2] 陈虎. 未来之路：财务共享服务[J]. 财务与会计，2008（7）.
[3] 陈虎，董皓. 财务共享服务中心的绩效管理及评估[J]. 财务与会计，2008（11）.
[4] 陈小鹏. 财务共享服务中心人才能力特征与培养：基于 Z 公司的经验[J]. 财务与会计（理论版），2013（5）.
[5] 董皓. 技术变革驱动共享升级——安永中国 2015 财务共享服务调查报告[R]. 2015.
[6] 高山，王静梅. 对企业集团多元化经营问题的再思考[J]. 北方经济，2005（5）.
[7] 黄海萍. 浅谈企业会计信息化的发展方向[J]. 现代商业，2007（11）.
[8] 黄莞苓，赵进. 关于跨国公司发展特征的研究[J]. 江苏理工大学学报（社会科学版），2000（2）.
[9] 韩朝胜. 中国企业跨国经营问题及对策分析[J]. 商业时代，2003（18）.
[10] 何瑛，周仿. 我国企业集团实施财务共享服务的关键因素的实证研究[J]. 会计研究，2013（2）.
[11] 胡响钟. 集团型企业财务共享服务模式研究[J]. 冶金财会，2013（6）.
[12] 冀亚楠. 浅谈从分散到集中再到共享的财务管理模式[J]. 现代商业，2012（8）.
[13] 刘巨钦. 论中国企业集团化经营与扩张中的风险防范与管理[J]. 湘潭大学学报（哲学社会科学版），2000（1）.
[14] 李艳妮. 企业财务管理信息系统的设计[J]. 科技情报开发与经济，2011（9）.
[15] 李继培. 中兴财务云[J]. 新理财，2011（9）.

[16] 刘绘，张靖. 会计信息系统对企业管理的影响[J]. 合作经济与科技，2011（24）.
[17] 孙文君. 浅议企业集团财务共享服务模式[J]. 东方企业文化，2011（12）.
[18] 王元龙. 论马克思的资源配置理论[J]. 当代经济研究，1995（6）.
[19] 王永祥. 论企业数据安全保护方案[J]. 网络安全技术与应用，2011（6）.
[20] 魏迎迎. 财务集中模式下的银行回单管理创新案例[J]. 北方经济，2012（12）.
[21]谢志华. 企业财务管理模式——从集权到分权、从分散到集中[J]. 财务与会计，2008（18）.
[22] 许洪贵，赵王昆. 企业集团财务管理信息化构建研究[J]. 管理现代化，2010（1）.
[23] 许馨. 互联网时代云会计的兴起对财务外包的冲击[J]. 无线互联科技，2012（10）.
[24] 余嘉琦. 云时代下企业财务管理信息化研究[J]. 商情，2013（3）.
[25] 杨志华. 财务管理软件的数据安全性研究[J]. 中国集团经济，2012（3）.
[26] 袁跃. 财务共享中心选址攻略[J]. 首席财务官，2012（6）.
[27] 俞立平. 大数据与大数据经济学[J]. 中国软科学，2013（7）.
[28] 朱婧，周光芝. 企业集团中母子公司的治理结构[J]. 经济论坛，2004（14）.
[29] 张瑞君，陈虎，胡耀光等. 财务共享服务模式研究与实践[J]. 管理案例研究与评论，2008（1）.
[30] 张瑞君，陈虎，张永冀. 企业集团财务共享服务的流程再造关键因素研究——基于中兴通讯集团管理实践[J]. 会计研究，2010（7）.
[31] 左秀梅. 会计电算化在财务管理中的有效应用[J]. 中国集体经济，2011（2）.
[32] 张建红. 基于云计算技术的企业集团财务管理[J]. 商业会计，2012（2）.
[33] 钟邦秀. 大型跨国集团公司财务共享服务中心构建模式研究[J]. 财会月刊，2012（5）.
[34] 张伟兵，张永. 创新导向的企业绩效管理体系构建[J]. 科技进步与对策，2012（5）.
[35] 张娜. 浅淡中国电信建立财务共享服务中心的实践[J]. 广东通信技术，2012（6）.
[36] 张添翼. 财务共享服务存在的缺陷及其化解[J]. 财会月刊，2012（7）.

[37] 张曾莲，孙毅颖. 财务共享服务在北京联通的实践[J]. 财务与会计（理财版），2012（12）.
[38] 朱琳琳，王芳. 财务共享服务的实施要点浅析[J]. 商业会计，2013（2）.
[39] 张艳，丁亚莉. 以 KPI 为核心的绩效指标体系设计方法研究[J]. 时代金融，2013（5）.
[40] 张爱民，蔡剑锋. 财务共享服务中心实施中的人力资源管理和架构策略[J]. 商业会计，2014（3）.
[41] 张庆龙，黄国成. 创新业务领域服务企业集团财务共享[J]. 中国注册会计师，2012（1）.
[42] 张庆龙，董皓. 财务共享服务模式探讨及其选择[J]. 中国注册会计师，2012（2）.
[43] 张庆龙. 财务共享服务中心的建设思路与要点分析[J]. 中国注册会计师，2012（3）.
[44] 张庆龙. 财务共享服务中心建设项目的组织实施[J]. 中国注册会计师，2012（4）.
[45] 张庆龙. 财务共享服务中的流程再造与流程管理[J]. 中国注册会计师，2012（5）.
[46] 张庆龙，张春喜.财务共享服务中心的信息化建设研究[J]. 中国注册会计师，2012（6）.
[47] 张庆龙，董皓，田春红. 财务共享服务中心建设咨询绩效管理[J]. 中国注册会计师，2012（7）.
[48] 张庆龙. 财务共享服务中心会计档案管理[J]. 中国注册会计师，2012（8）.
[49] 张庆龙. 财务共享服务中心视野中的内部审计职能[J]. 中国注册会计师，2012（9）.
[50] 张庆龙. 财务共享服务中心有效运行的保障措施[J]. 中国注册会计师，2012（10）.
[51] 张庆龙. 初次实施财务共享的误区与障碍[J]. 中国注册会计师，2012（11）.
[52] 张庆龙. 财务共享服务未来发展趋势[J]. 中国注册会计师，2012（12）.
[53] Bryan Bergeron.共享服务精要[M]. 北京：中国人民大学出版社，2004.

[54] 陈虎，董皓. 财务共享服务[M]. 北京：中国财政经济出版社，2009.
[55] 陈虎，李颖. 财务共享服务行业调查报告[M]. 北京：中国财政经济出版社，2011.
[56] 陈向东，魏拴成. 当代跨国公司管理[M]. 北京：机械工业出版社，2007.
[57] 丹尼尔·C. 梅尔基奥尔. 服务共享[M]. 胡应坤，王志英，译. 大连：大连出版社，2009.
[58] 邓志阳. 管理学（第二版）[M]. 广州：暨南大学出版社，2011.
[59] 杜映梅. 绩效管理[M]. 北京：对外经济贸易大学出版社，2003.
[60] 方振邦. 战略性绩效管理[M]. 北京：中国人民大学出版社，2003.
[61] 迈克尔·波特. 竞争优势[M]. 陈小悦，译. 北京：华夏出版社，2005.
[62] 彭剑峰. KPI 指标与绩效管理[M]. 上海：复旦大学出版社，2008.
[63] 秦杨勇. 平衡计分卡与绩效管理——经典案例解析[M]. 北京：中国经济出版社，2012.
[64] 石友蓉，黄寿昌. 财务战略管理[M]. 武汉：武汉理工大学出版社，2006.
[65] 维克托·迈尔-舍恩伯格，肯尼思·库克耶. 大数据时代：生活、工作与思维的大变革[M]. 盛杨燕，周涛，译. 杭州：浙江人民出版社，2012.
[66] 武欣. 绩效管理实务手册[M]. 北京：机械工业出版社，2001.
[67] 王鹏，黄华峰，曹珂. 云计算中国未来的 IT 战略[M]. 北京：人民邮电出版社，2010.
[68] 奚玉芹，金永红. 企业薪酬与绩效管理体系设计[M]. 北京：机械工业出版社，2004.
[69] 徐延利. 绩效管理：理论、方法、流程及应用[M]. 北京：经济科学出版社，2011.
[70] 杨周南. 会计信息系统：面向财务业务一体化[M]. 北京：电子工业出版社，2006.
[71] 杨雄胜，陈丽花. 集团公司财务管理[M]. 北京：人民出版社，2007.
[72] 张瑞君. 财务管理信息化[M]. 北京：中信出版社，2008.
[73] 张庆龙，潘丽靖，张羽瑶. 财务转型始于共享服务[M]. 北京：中国财政经济出版社，2015.

[74] 曹海燕．零售企业财务共享体系构建研究[D]．山东大学，2011.
[75] 陈可．财务管理革命：财务共享模式研究及应用[D]．厦门大学，2008.
[76] 邓志萍．企业集群与企业集团竞争优势的比较分析[D]．山西大学，2010.
[77] 董世利．银座集团财务共享服务中心构建研究[D].山东大学，2011.
[78] 邓正炜．电力企业财务共享服务中心建设项目实施研究[D]．华北电力大学，2012.
[79] 戴腾飞．基于共享服务中心的跨国公司全球学习策略研究[D]．上海外国语大学，2013.
[80] 李言炎．企业集团构建共享财务服务中心的研究[D]．首都经济贸易大学，2011.
[81] 李耀峰．财务共享服务本土化研究[D]．西安建筑科技大学，2012.
[82] 乔东方．基于平衡计分卡的施工企业财务共享服务中心绩效评价体系研究[D]．清华大学经管学院&北京国家会计学院，2013.
[83] 饶水林．基于财务共享服务模式的企业财务管理研究[D]．湖南大学，2011.
[84] 史艳梅．跨国公司财务共享服务中心在中国运作的研究[D]．上海交通大学，2010.
[85] 阳习芳．跨国公司共享服务管理模式研究[D]．北京交通大学，2008.
[86] 杨方平．财务共享服务模式在我国集团企业应用问题探讨[D]．江西财经大学，2012.
[87] 张园．企业集团财务管控问题研究[D]．首都经济贸易大学，2012.

举报电话：（010）88254396；（010）88258888
传　　真：（010）88254397
E-mail：　dbqq@phei.com.cn
通信地址：北京市万寿路 173 信箱
　　　　　电子工业出版社总编办公室
邮　　编：100036